Georg   Wilhelm   Friedrich   Hegel

Gesammelte Werke

Band 7

Jenaer Systementwürfte II

hrsg.   Rolf-Peter Horstmann und Hohann Heinrich Trede

Hamburg: Felix Meiner Verlage 1971.

本书译自历史考订版《黑格尔全集》第7卷，
费利克斯·迈纳出版社，汉堡，1971年版。

[德] 黑格尔 著

杨祖陶 译

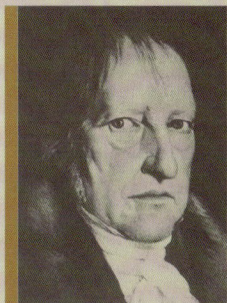

耶拿体系
1804—1805:
逻辑学和形而上学

人民出版社

目　录

译者导言

[上篇]：逻辑学

[下篇]：形而上学

译者导言

一、黑格尔《逻辑学和形而上学》①的 诞生和出版以及各种译本

黑格尔早年怀有通过建立新宗教和运用实践哲学改造现实的理想。1800年，而立之年的黑格尔转向于思辨哲学的研究，即对社会生活和实践哲学作系统的哲学理论的说明。他在1800年11月20日致谢林的信中说："我不能满足于人类低级需要的科学教育，我必须攀登科学的高峰。我必须把青年时代的理想变为反思的形式，也就是化为一个体系。"②1801年黑格尔到耶拿大学任教，结束了以往在法兰克福、伯尔尼等地担任家庭教师的经历，这样他就有条件来实现建构自己的哲学体系的宏愿。黑格尔作为哲学家的历程也就从此启航了。

黑格尔在初到耶拿、尚未到耶拿大学任教之前出版的《费希特

---

① 本译本书名全称为《耶拿体系1804—1805：逻辑学和形而上学》。
② 《黑格尔书信百封》，苗力田译，上海人民出版社1981年版。

与谢林哲学体系的差别》一书中，尽管提出了绝对或绝对物是"主体和客体的有差别的同一"，而不同于谢林所说的"主体与客体的无差别的同一"，但就主体和客体之无主次这点来看，却尚未完全摆脱谢林哲学的影响。黑格尔要建立自己的哲学体系，就意味着他要彻底摆脱谢林，走自己独立的道路。这一进程自 1803 年谢林离开耶拿后就日益明朗和加速了。

黑格尔到耶拿大学任教后，在 1801—1803 年三次讲授《逻辑学和形而上学》。从 1803 起开始讲授《哲学大全》或《思辨哲学体系》或《哲学的一般体系》，其内容为逻辑学和形而上学、自然哲学和精神哲学。在这一过程中，黑格尔除撰写《论德意志宪法》和《伦理体系》等著作外，4 年之内还撰写出了三大部头的"体系草稿"，它们是：（1）1803—1804 年的《自然哲学和精神哲学》；（2）1804—1805 年的《逻辑学，形而上学，自然哲学》；（3）1805—1806 年的《自然哲学和精神哲学》。

如果我们以未来黑格尔哲学的主体部分的构成（逻辑学、自然哲学、精神哲学）为标杆，那就可以明显地看出，三部"体系草稿"中最具代表性的是《逻辑学，形而上学，自然哲学》（一般简称为《耶拿逻辑》）。因为其他两部"体系草稿"都缺少逻辑学和形而上学这两个至关重要的部分，而只有自然哲学和精神哲学。在一定意义上，我们甚至可以说，《耶拿逻辑》是黑格尔哲学体系形成史中的第一个哲学体系。

可是，《耶拿逻辑》作为黑格尔构建的第一个哲学体系却具有残篇的性质。正如历史考订版《黑格尔全集》第 7 卷的编者霍斯特曼和特雷德所说，它的残篇性质可以从两重意义上来理解：首先作为体系，它只有逻辑学与形而上学和自然哲学，而缺少自然哲学中的有机物哲学部分和整个精神哲学，因而是一个残缺不全的体系；其次，它是一个经过誊正的手稿，而其开头部分（1—3大张）已遗失，中间和末尾部分也有几处缺失，因而是一个残缺不全的誊正稿。他们还指出，黑格尔当年确有把《耶拿逻辑》作为体现其"体系思想"的著作来发表的意图和计划。如他在"新书出版预告"中和致歌德的信中都谈到了这部体现其"体系思想"的著作，而按其当时的体系思想，这部著作的内容应为逻辑学和形而上学，自然哲学和精神哲学以及自然法等等。可是手稿并没有如黑格尔所预期的那样完成，他很快就放弃了这个写作计划。导致出现这种情况的根本原因在于，黑格尔的"体系思想"或"体系概念"发生了变化。1805年5月他已在写《精神现象学》了。从这时起，黑格尔形成的体系新概念是：《精神现象学》是体系的第一部分，即"导论"部分；逻辑学、自然哲学和精神哲学是体系的第二部分，即"主体"部分。黑格尔认为，有了这样的两部分，"科学体系也就可以完备了"①。这样一来，《耶拿逻辑》就以残缺不全的誊正稿的形式保留在黑格尔手里一直没有出版。

黑格尔逝世八十多年后，H. Erenberg 和 H.Linke 于1915年以《黑格尔的第一个哲学体系》为书名出版了《耶拿逻辑》。G. Lasson 于1923年将《耶拿逻辑》作为他编辑的《黑格尔著作全集》第18a卷出版。Rolf-Peter Horsmann 和 J.H.Trede 将他们编辑的《耶拿逻辑》在"耶拿体系草稿之二"的名称下作为《黑格尔著作全集》（历史考订版）第7卷于1971年出版。

现在就让我们来看看黑格尔的《耶拿逻辑》在法、意、美等

---

① ［德］黑格尔：《逻辑学》上卷，杨一之译，商务印书馆1974年版，第6页。

主要西方国家里的译本情况。《耶拿逻辑》的主体部分是逻辑学和形而上学，它包含的"自然哲学"内容，不仅篇幅很大、没有写完，而且上述的黑格尔的其他两部《草稿体系》均有，在今天看来则是《耶拿逻辑》一书中的非主要的部分。也许正是鉴于这种情况，西方那些译本就都只有逻辑学和形而上学部分。如，1980 年出版了 D.Souche–Dagues 的法文译本《逻辑学和形而上学（耶拿1804—1805)》。1982 年出版了 F.Chiereghin 的意大利文译本《耶拿逻辑学和形而上学》。1986 年出版了 John W.Burbidge 和 George di Giavonni 的英文译本《耶拿体系 1804—5：逻辑学和形而上学》。现在译者的这部黑格尔《耶拿体系 1804—1805：逻辑学和形而上学》中文首译本比起上述法文、意大利文、英文译本来晚了 26—32 个年头，这是令人遗憾的，但终于来了。

二、黑格尔《逻辑学和形而上学》的对象、任务和使命

　　黑格尔怎样才能摆脱谢林哲学的影响走上建构自己独立的哲学体系的道路呢？

　　首先，谢林强调，认识、把握"绝对"只能通过理智的直观，即艺术的直观或宗教的直观（所谓"直接知识"），经验认识、理性认识、逻辑概念（所谓"间接知识"）是不在他的视野之内的。而黑格尔则认为只有理性的、概念的、逻辑的认识才是认识或把握"绝对"的最高形式，而经验的、知性的认识则是走向最高认识形式的道路。正因为如此，《耶拿逻辑》就必须从逻辑学着手或开始来展示黑格尔当时心目中的哲学体系。为此就必须首先改造

逻辑学。

其次，谢林的"绝对"是世界万物的实体和基础，但本身是静止不动的。可是本身静止不动的东西如何能动起来从而转化到自然和人去呢？为此，谢林就求助于盲目的欲望或冲动，认为"绝对"由于一种无意识的欲望——"意识到自己"而动起来从而产生了自然和人。黑格尔则认为"绝对"不仅是实体，而且是"活的实体"，即是说它本身就是如费希特的"自我"那样的能动的主体。这个既是实体又是主体的"绝对"，黑格尔称之为"绝对精神"。绝对精神由于内在矛盾的推动而辩证地发展着，宇宙万物，无论是自然的、社会的以及人类思维或精神的，都是它实现自己、认识自己的辩证发展过程的外部表现。为了理解绝对精神的这种本性，就必须改造形而上学。借用西方黑格尔研究界的话来说，就是要把过去的（包括谢林的）"实体性形而上学"改造成为"主体性形而上学"。

最后，在黑格尔看来，只有在改造逻辑学和形而上学的这个前提下，才能建立起他自己的根本区别于谢林哲学的哲学体系。而这也就是黑格尔《逻辑学和形而上学》的使命和任务所在。

三、黑格尔《逻辑学和形而上学》的
结构和主要内容

黑格尔《逻辑学和形而上学》由逻辑学和形而上学两个相对独立的部分构成。黑格尔把逻辑学和形而上学这样地划分为二的观点和做法与他后来成熟时期的观点和做法有本质上的区别。我们知道，黑格尔在《逻辑科学》（即《大逻辑》）的序言中指出，他的"客观逻辑"（由逻辑学的存在论和本质论两部分构成）"代替了昔日的

形而上学的地位"。^①这就是说，形而上学已不是相对于逻辑学的一个独立部分了。这一点在更晚一点的《哲学全书》的《逻辑学》（即《小逻辑》）中说得更明白、更直截了当："逻辑学便与形而上学合流了。"^②黑格尔当年把逻辑学和形而上学分开处理，表明逻辑学还只是单纯的关于思维的形式和规律的学说、形而上学还只是单纯的哲学世界观体系，而黑格尔对它们两者的改造则表现在他使两者都与研究人类认识的认识论合流，即与认识论统一起来。逻辑学是认识的逻辑学，讨论人类认识的本性、进展的规律和过程；形而上学是认识的形而上学，讨论人类认识的客观根据和主观根据。

下面我们就来对逻辑学和形而上学两者的内容进行分别的考察。

（一）逻辑学

我们知道，黑格尔在把逻辑学与形而上学统一起来后，范畴（思维形式）同时也就是客观事物的本质，因此范畴就是有内容的，而这个内容是范畴从对自己的认识中来的。这样就发生了这个认识的内容与范畴自身是否符合的问题。如果不符合，范畴就必须对自身进行再认识，于是就会有一个新的认识内容，与此相应就会有一个表达着这个新认识内容的新范畴产生。可是这样一来又会重新发生认识内容是否与范畴自身符合的问题，范畴又必须重新认识自己、从而随着新认识内容又会产生一个表达它的新范畴。这个过程不断的重复，于是就会有一系列新的范畴产生，从而构成了一个范畴体系。可是，现在，在《逻辑学和形而上学》中，逻辑学是与形

---

① ［德］黑格尔：《逻辑学》上卷，杨一之译，商务印书馆1974年版，第47页。
② ［德］黑格尔：《小逻辑》，贺麟译，商务印书馆1982年版，第79页。

而上学分离开的，因此，就不能像后来范畴与事物本质统一时那样直接地说范畴是有内容的，但是范畴又不能是空洞而无内容的思维形式（如在康德那里那样）。那么范畴作为思维的形式，它的内容是什么，又是从那里来的呢？统观全书，我们可以看到，黑格尔的回答是这样的：

范畴以认识的"自身"为内容。但是，离开了认识，就无所谓认识的"自身"。所以实际的认识进程也就是认识的"自身"运动的进程。而在黑格尔那里，认识除去它的自身以外别无认识的对象。这样，实际的认识进程就是认识认识其自身的进程，而范畴则是表达认识认识其自身所取得的认识内容，只是认识自己并未意识到这点。认识只有在后来的更高阶段上才逐渐意识到这点，而且只是在最高最后的完成阶段上才完全自觉到这点和完全实现对其自身的认识。这个最高最后的完成阶段就是绝对精神。换言之，绝对精神就是认识了其"自身"的认识，或者说就是作为"自身存在"的认识。在这种意义上，我们就可以说、而且必须说整个的实际认识过程也就是绝对精神认识它自己的过程，绝对精神以扬弃的形式把整个实际认识过程都包含在自身中了。

现在，我们就可以以上述的见解为引线来展示逻辑学的内容了。

1. 简单联系

整个"简单联系"部分相当于黑格尔后来逻辑学中的"存在论"。所谓简单联系就是指存在的外部联系，即每一事物作为自身统一体都与作为自身统一体的其他事物处于外在的联系中。表达这种联系的范畴主要有质、量、尺度。

（1）质

由于手稿开头部分缺失了三大张，关于质的论述就是不完整

7

的。但从留下的部分中我们还是清楚地看到作为实在性和否定性相统一的"限度"这个范畴在整个"简单联系"中的重要性。首先"质"是在限度里实现的。质由于实在性而是独自存在着的规定性，而由于否定性作为规定性并不是一个无联系的规定性，而是在其自身联系中同时与一个他物相联系。这样，质由于否定性而是一个与一个他物否定地联系着的，这个它与之否定地联系的他物就是量。

（2）量

黑格尔关于量的论述还没有提高到像后来逻辑学那样从"纯量"进到"限量"，而是从"量的总体"进到限量。所谓量的总体是指数字的"一"和数字"一"的众多相统一的"全体性"，大致上相当于后来逻辑学中的纯量。黑格尔指出，"量的总体"的真实概念是一种排斥众多的否定的单一性；但这个否定的单一性实质上是肯定的单一性，或者说是否定的单一性和肯定的单一性的统一，因为在它里面包含着扬弃了的众多性的可能性。黑格尔认为这样的"量的总体"才是真实的量。尽管手稿在此遗失了不少，但仍大致清楚表明黑格尔当时已经像后来那样地认为这个真实的量由于其否定的单一性而是连续的，又由于包含着扬弃了的众多性的可能性而是间断的；而连续的量同时也是间断的量，反之亦然。不过在量的总体中连续性和分离性的区别还是潜在的。一旦这种区别成为现实的，即明白地确定起来时，量就表现为有区别的和受限制的，这就过渡到"限量"。

（3）限量

限量是有限度的量，数则是实现了的限量。这就是说，限量在数中作为它实际上是的那种东西表现出来了。限量作为受限制的，本身是排斥着的，但它所排斥的也是限量，就是说所排斥的是和它等同的，因此实际上是不排斥着的。限量的这种矛盾性，黑格尔称之为限量的辩证法。由它黑格尔直接得出量的差别是一种外在的差别，即不影响事物的质的这样一种外在的规定性，而这也就是说事物自身的规定性（质）可以通过这个限量、也可以通过另外一个限量标明出来。为了说明限量的这种外在性，黑格尔特别引用了微积分中的无限小的例子。这一部分充分地显示出了黑格尔对高等数学的深厚功力和素养。但是限量作为外在的规定性的变化仅仅是在一定限度内不影响事物的质，而当限量的变化达到一定程度时，事物的质就会起变化，如水温上升到100℃的程度时，水就会汽化，下降到0℃的程度时就会结冰。我们知道，黑格尔后来把不影响事物的质的限量称为外延的量，而把引起事物质变的量称为内涵的量，即"程度"。

（4）尺度

程度可以说是一种具有质的内容的限量的规定性，由此黑格尔就过渡到了有质的内容的限量，即"尺度"。尺度是不确定的，就是说尺度中的限量是可变的，当限量的变化引起质的变化时，尺度就变为另外一个尺度。我们知道，后来黑格尔把这表达为尺度就变为"无尺度"，而"无尺度"本身则是一个新的尺度。因此，绝不可能有某种作为绝对尺度的限量。

由于限量是一种事物的外在规定性，所以它不能表达事物本身的规定性（质的规定性），更不能把质的规定性表达为对立的质的不同规定性。对此，黑格尔就运动中的时、空对立的同一性，以及引力和斥力、离心力和向心力，乃至感受性和激动性等等的对立的同一性进行了说明。

限量是受限制的，但作为外延的量又是不受限制的，即是无限制的，黑格尔说这是一个"绝对的矛盾"。而无限性就是在这个矛盾中设定起来的。这就是说，由于不受限制或无限制它就要超越那个有限制的限量，而这超限制者本身又是一个限量，即一个受限制者，如此反复递进以至无穷，这就是无限性。

（5）无限性

无限性是简单联系发展的最后阶段，它表明简单联系的各要素（质、量、限量等等）都是无限的，或都是无限物。无限性分为质的无限性和量的无限性。关于质的无限性黑格尔当时还没有进展到以某物之外有别物、而别物本身就是一个某物、它之外又有一个别物、如此反复递进以至无穷这样地来说明，而只简单地说质的无限性是无限的一大堆质。量的无限性即是上述那种无限的递进或延伸，黑格尔称此为坏的无限性。坏的无限性的特征就是仅仅表达出一种成为无限制的东西，即无限的要求，而实际上始终是一个有限制的东西，即有限的东西。而"真实的无限性"则与之相反，"它不是一个总是在一个始终在自己以外的他物中才有其系列的完成"（如坏的无限性那样），而是他物就在它（作为特定物）自身那里，他物就是它自身的直接的对立面，它自身作为这个对立面的统一就是真实的无限性。我们知道，黑格尔后来把这一点表达得更为直截了当和明白易懂：真无限性就是包含有限于自身中的无限。简单联系中的各要素——质、量、限量等等的无限性都应这样来理解：它之所以是无限的，因为那被它排斥出去的那个他物仍然在它自身里面。

因此，无限物是包含他物于自身内的统一整体。这样，黑格尔就从"简单联系"过渡到了"关系"。

从简单联系到关系（黑格尔把关系划分为"存在关系"和"思维关系"）的过渡，也就是后来黑格尔逻辑学中从存在论到本质论、接着再到概念论的过渡。西方黑格尔研究界有人曾称本质论为"关系论"，其历史根据也许可以追溯到这里。

2.*存在关系*

关系是指两个项之间的这样的联系，一方面两个项都是"自己本身等同的联系"，另方面则是"两个项的和"，即两个项各自都与对方联系。这个意思在后来黑格尔的逻辑学中就更简洁地概括为"关系就是自身联系与他物联系的统一"①。

黑格尔将存在关系划分为实体性关系、因果性关系和交互作用三种，这跟后来黑格尔逻辑学中本质论的第三部分"现实"中的划分是一致的。

（1）实体性关系

为了说明实体性关系是绝对必然的关系，黑格尔首先阐明了什么是可能性、现实性和必然性。实体的规定性如果是一个被扬弃的规定性，这个实体就叫作可能性。实体的规定性如果是作为把一切别的规定性从自己那里排除出去的否定的单一性，这个实体就是现实性。从可能性到现实性是可能性的辩证发展，而现实性本身同样有它的辩证发展。这个辩证的发展不是简单的从现实性到可能性，而是把从可能性到现实性和从现实性到可能性结合起来或合而为一的直接转变或更替。既然可能性是内部的东西，现实性是外部的东西，所以上述的直接转变或更替也可以说是从内部东西到外部东西和从外部东西到内部东西的直接转变或更替。而这样辩证发展了的现实性就是必然性。黑格尔的原话是这样的：可能的东西（内部的东西）和现实的东西（外部的东西等）等"诸对立东西的不同的

──────────

① ［德］黑格尔：《小逻辑》，贺麟译，商务印书馆1982年版，第281页。

'和'，向它的对立物或实体的直接转变就是**必然性**"。黑格尔在后来的逻辑学里把这表述得更明确、更经典："发展了的现实性，作为内与外合而为一的更替，作为内与外的两个相反的运动联合成为一个运动的更替，就是**必然性**。"①

这样的必然东西在其直接性形式下，就是实体与偶性的关系（即"实体性关系"）。实体作为现实性是一个被设定起来的可能东西，即一个存在着的偶性。而这并没有取消偶性作为可能东西的本质，因此，这个偶性必须扬弃自己而成为另一个现实东西，即另一个偶性。而实体作为现实性不是这个偶性或那个偶性，而是各个偶性构成的全体，即它们的"和"。这就是说，实体即寓于诸偶性之中，作为必然性的力量支配着诸偶性，并将其丰富的内容显示在诸偶性里。由此可见，实体是把自身规定为偶性的必然性的力量，它与偶性的联系实际上是一种自相联系。实体因而是可能性与现实性相结合的必然东西。而偶性作为与实体有区别的外在的、存在着的东西，本身也和实体一样是一个可能性与现实性相结合的必然东西。这样设定起来的两个必然东西的联系就是"因果性关系"。

（2）因果性关系

黑格尔一开始就明确地把因果性关系规定为这样一种关系："它就是实体或作为那些自身就是必然东西或实体的对立物的一种联系的必然性。"实体不是像在实体性关系中那样过渡为偶性，而是相反地把自己反映到自己本身内，自己与自己本身相联系，从而它的可能性就是在它自身之内；但它是自己与自己本身相联系，正是因为它把它的可能性是在自己之外这件事从自身内排斥出去，而

---

① ［德］黑格尔：《小逻辑》，贺麟译，商务印书馆 1982 年版，第 305 页。

这样一来它从自身中排斥出去的东西就是一个现实的东西。它是一个真正现实的东西，仅仅因为它始终是与一个东西排斥地相联系。这样的实体确切地说就是一个"原始的"事态，即一个"原因"。那被排斥出去的现实东西则是效果。

在阐明因果性关系时，黑格尔与此相交织地论述了"力"这个概念，这就增加了理解因果性关系和力的复杂性和难度。而在后来的逻辑学中黑格尔则是把力同因果性关系分开、将它作为在此以前的全体与部分的关系和内与外的关系的中间环节"力及其表现"来十分简洁地加以处理的。

接下来在"注释1"中，黑格尔批评了对因果性关系的肤浅概念。这就是把事物设定为互相联系的独自存在着的东西（其实如果事物是相互联系的，那么事物就只能在与一个他物的联系中存在，而不是什么独自存在着的东西），然后再用因果性关系的形式把它们联系起来，这样地予以说明。而实际上这里并没有什么因果性关系，而只有一种因果性关系的外表。如说雨是地湿的原因，湿被设定为效果。其实雨和湿是一个东西，都是水，说雨是原因、湿是结果，也就是说水是水，这样的说明就是一种"同语反复"。因此，通常所谓的说明无非就是设定一个这样的所谓因果性关系，实际上无非是制造出一个"同语反复"。黑格尔指出，正是由于这种因果关系的无关系性，休谟才有理由否认那的确应当包含在里面的必然性，并将其解释为一种单纯的错觉。在休谟看来，事物，正如前面指出的肤浅看法说的那样，只是前后相随或彼此并列的独自存在着的东西，所谓事物的因果必然联系无非是来自人们经常、反复看到它们如此出现的一种"习惯"而已。黑格尔在此也批评了康德，认为在事物的联系，首先是因果性联系上"康德说了休谟曾经说过的同样的东西"。康德和休谟一样，认为事物都是独自存在的、彼此漠不相干的，只不过他把休谟所说的事物叫作感觉、知觉或感觉印象等等。休谟把事物的必然联系看作来自人的主观的习惯，而康德则把它看作来自人的主观思维的"知性范畴"。人在运用范畴来综合统一各种感觉、知觉、感觉印象时就把联系、必然联系，如因果性联系等等加到它们上面去，使它们从彼此独自存在、漠不相干的，变成了有联系、必然联系、因果联系等等的对象了。黑格尔对休谟、康德关于因果性关系的观点的批评在后来逻辑学的因果性关系部分中是看不见的。值得我们特别注意。

黑格尔在"注释2"中详尽地阐述了"力"这个范畴，这也是后来的逻辑学中所没有的，同样值得我们特别注意。

在阐明因果性关系时，黑格尔已经明确地指出"原因作为无限性——但这无限性自身只是在可能性的形式中、并在自己以外拥有其现实性——就叫作力"。这就是说，原因作为与它从自身中排斥出去的现实东西绝对对立的那种"仅仅可能的东西"就叫作"力"，而这个力为了作为原因存在就必须表现出来，或者说扬弃那种与现实性的对立，而过渡到它的对立的规定性，即现实性去。在力的表现中没有什么不是在力本身中的东西。力和力的表现之间的区别，或一般的内在东西和外在东西的区别是一种完全空洞的区别。由此可见，力在其内部已扬弃了因果性关系，力作为因与果之统一就被看作一种现实的实体。在此黑格尔指出，把力看作原因的现实性所得到的实在性的看法，是一种多余的无效的看法。黑格尔详加讨论的是力作为实体这种看法所引出的一系列问题。

把力看作是实体，作为实体的力就是原因，而且力自身上就具有它的对立面，自身就是对立物的统一，就是说自身就包含着联系或自身就是一种联系。如吸引力自身同时就是对他物的联系活动，就是从这一个到另一个的联系。

力是一种联系，而却被认作实体，而且是一种不同于其他实体的特殊实体。这个特殊实体与其他实体结合起来（实际上是注入或移植到其他实体中去），从而就把"联系"赋予其他实体。这样，力就成为了诸实体的一种联系，而它自己则成了一种无实体的联系，从而成为了一种纯粹的形式，某种仅仅自身同一的东西，任何规定性都可以设定到其中去，因而形成了如前述因果性关系那样的"空洞的"同语反复。例如，诸实体为什么是联系的？因为有一种联系力使它们联系起来，这无非是说因为它们是联系起来的。

力是怎样被设定成为一个特殊实体的？黑格尔的回答是这样的：相互联系的不同实体包含一个矛盾，一方面它们是独自存在，另方面它们是相互联系的，即在相互联系中存在。如果我们只承认它们是独自存在的一面，而认为联系对于它们来说是异己的，即外来的，这样联系的根据当然也就是在诸实体之外。在这种情况下，如果要求指出诸实体联系的根据，那指出来的就是联系力，从而如上所说的那样就陷入了同语反复。例如，为什么磁针指向南或北？如果回答：因为它指向南或北，这样回答的同语反复就太直接、太明显了。因此，就换一个说法：因为磁石里面有某种不同于它的东西，即一种磁力，它有使磁石如此指向的力，其实这只不过是那一个同语反复的改头换面而已。黑格尔从这番讨论得出结论说：对于真正的认识来说，没有什么力，认识考察的不是磁力，而是磁，不是推动力，而是运动，不是想象力，而是想象，不是理性能力，而是理性。在这里表现出来，黑格尔对当时的各门自然科学十分熟悉，具有这些方面渊博的知识和深刻的见解。

黑格尔认为，力去掉其多余的规定性就是因果关系。在因果关系里，实体加倍了：实体作为原因通过效果与一个他物相联系，但这个他物自身即是实体。作为原因的实体与作为他物的实体的联系是这样的：作为原因的实体把它的规定性作为效果设定到作为他物的实体中去，而这个作为他物的实体则把它的规定性设定到作为原因的效果中去。这样一来，两者就成为互为因果的两个实体，从而因果性关系就过渡到"交互作用"。

（3）交互作用

在交互作用中，每一个实体都被设定为以同样方式与自己本身联系着，都被设定为由别的实体所决定（不是为别的实体所否定），在这种相互决定中每一个实体都被设定为与别的实体等同和它们的区别都被设定为无关紧要的区别。交互作用把每一个实体都置于平衡的静止中，因为它扬弃它们自身那里的区别，以致每一个实体本质上都是和别的实体等同，每个实体都是对立物的简单性，那必须设立起来的区别只是一种外在的区别。

这样的交互作用是两个实体的漠不相干的独自存在，一种无关系的平静，活动完全不在这同一不变的整体中。这种交互作用不是一种有生命的整体。这只是由于把两个实体分离开为独自存在着的而来的结果。实际上，交互作用的两个实体，每一个都是作为可能的必然东西和现实的必然东西。但可能的必然东西必须同现实性相联系，这就是产生，而现实的必然东西则必须同可能性相联系，这就是消逝，从而每个实体都处在产生和消逝的无穷进展之中。

在交互作用中，每个实体的这种产生和消逝的无穷进展又是彼此交织或交错在一起的，从而使交互作用成为诸实体的一个它们在其中产生着和消逝着的存在，实质上就是诸对立物的自己本身等同的简单性。诸实体作为规定性在这种简单性中直接地被扬弃，并被设定为扬弃了的、观念的规定性。这样返回到自己本身的交互作用就是原来那些分离开的实体的扬弃了的存在。在这里一切规定性，即存在关系的所有那些作为实体性关系、因果性关系和交互作用的对立的规定性都只是被设定为扬弃了的、观念的规定性而集中在一起作为一个扬弃了的东西。这个扬弃了的东西是自己本身等同的、纯粹与自己本身联系在一起了的，即诸观念的规定性的联系在一起了的存在，或者说是它们的观念性。这样，就从存在的关系过渡到了思维的关系。这一过渡和后来逻辑学从交互作用过渡到概念的思路是一致的，只是尚未达到后来的那种简明性和经典性。

3. 思维关系

思维关系这一部分大致相当于后来黑格尔逻辑学的概念论中的主观概念部分。

黑格尔指出，过渡到思维关系，也就是过渡到普遍东西和特殊东西。普遍东西不是同特殊东西对立的，它直接就是特殊东西的形式，特殊东西或规定性则是普遍东西在其中始终保持自身等同性的形式。

（1）特定概念

我们知道，在后来的黑格尔逻辑学中，概念本身包含三个环节：普遍性、特殊性和个别性。黑格尔那时虽然还没有进展到这种简明的经典的表述，但基本的思想内容已有了。这表现在他对特定概念的规定中：特定概念是这样联系着的普遍东西和特殊东西的"单纯的无对立的相互渗透的存在"。这个"单纯的无对立的相互渗透的存在"相当于后来逻辑学中所说的"作为普遍性与特殊性之否定的统一的个别性"。黑格尔在讲到"单纯的无对立的相互渗透的存在"时指出，在这里实质上有着两种不同的情况：一种是特殊东西被包摄到普遍东西之下，特定概念作为特殊东西就是被包摄在普遍东西之下的东西；另一种是与此相反的情况，即特定概念作为被包摄到普遍东西之下的特殊东西，就是与普遍东西联系在一起的东西，被设定为在普遍东西里扬弃了的东西，从而本身同样是普遍东西，就是说它是一个把普遍东西包摄到特殊东西之下的东西。"因而，特定概念在它自身那里的矛盾就是：它自身 [是] 这个双重化的对立的包摄。"

（2）判断

在后来的逻辑学中，判断的经典定义是："判断是对概念的各环节予以区别，由区别予以联系"。黑格尔那时还没有进展到这一步，但基本的思想内容大致上已有了。他指出：特定概念里结合为一的那些对立的成分隔离开来并显示各自的特性，就是判断。判断是特定概念实际上是的那个东西的表达。

特定概念是一个包含对立成分的否定的"一"。这个否定的"一"在判断中就是作为包摄在普遍东西之下的特殊东西的"主项"（或者说主项是一个把普遍东西包摄在自身之内的特殊东西），而特定概念中的那个如此对立的把特殊东西包摄在自身之内的普遍东西，在判断中则是与主项联系着的"谓项"。主项与谓项的联系则是系词"是"——空洞的存在，不被反映的联系活动。

接下来是判断的分类。在后来的逻辑学里黑格尔是按照逻辑理念的发展从存在到本质再到概念而把判断划分为质的判断（与存在阶段相应，包含肯定判断、否定判断和无限判断），反映的判断（包含单称判断、特称判断和全称判断）和必然的判断（包含直言判断、假言判断和选言判断。这两类判断则与本质阶段相应）

和概念的判断（与概念阶段相应）四大类。黑格尔当时还没有进到这一步。他当时的分类原则是按照判断里主项和谓项的情况来划分。

在判断里主项和谓项作为特殊东西和普遍东西相联系，它们是互相矛盾的。这表现为：每一个都是独自的，同时又都是在独自存在时涉及另一个，并且互相设定另一个为被扬弃的东西。因而每一个都仅仅由于另一个是不独自的而是独自的。这又分为两种情况：谓项是独自存在的和主项是独自存在的。下面分别标以甲、乙来论述。

甲）在判断里谓项没有被包摄在主项之下就是独自的，它成为独自存在着的东西，并使主项成为被扬弃的。这就有了：

1）全称判断：主项本来是特殊东西，被扬弃而是一个普遍的东西，但为了判断不致中止其为判断，主项对谓项依然保持着特殊东西对普遍东西的关系。主项虽然被设定为特殊东西，但它丝毫没有丧失其普遍性。主项因而就把自己作为全体性表达出来，这就有了"所有的 A 都是 B"的全称判断。

2）特称判断：主项的普遍性在其中受到限制的判断就是特称判断："有些 A 是 B。"但这个判断是一个有疑问的判断，这是由于主项"有些 A"是某种完全不确定的东西，因为对立的判断，有些A 不是 B 是同样正确的。这就是说，特称判断只陈述了这样一点：不应把 A 当作普遍的东西来包摄，因为它直接是一特殊东西。不过，它除了这种单纯的"应当"以外，什么都没有表达。这样就过渡到了"单称判断"。

3）单称判断："'这个'是 B。"由于主项是一个"这个"，特称判断中主项的单纯"应当"和不确定性就消失了。但是单称判断的作为主项的"这个"本身却是有问题的，是一个尚待建立的东西。

因为"这个"在单称判断中本应是个特殊东西，可是由于它脱离普遍东西就不是特殊的，而是一个不与普遍东西相联系的个别东西。由此可见，特殊性或普遍性与个别性之设定为"一"在单称判断中是一个仅仅被要求的东西。这就过渡到了假言判断。

4）假言判断："如果有这个，则有 B。"单称判断的"这个"（被要求的个别性与普遍性之设定为"一"）是假言判断的主项，但只是作为可能的，并将这个单一性表达为一个定理（如果有这个）；谓项 B 支配整个判断，它是把主项包摄于自己之下的普遍东西，这样谓项之为普遍东西就保持、确定下来了。假言判断是一个或然的判断，因为主项只是作为一个仅仅可能的设定起来的。因此，假言判断也就是一种对必然性的要求，就是说，在前此的那些判断里作为消失了的必然性在假言判断里重新出现了，但只是作为一种被要求的必然性实现出来。

乙）主项的独自存在和谓项的实现。

1）否定判断："B 是非 A。"B 是 A 是肯定判断。但 B 也可以不是 A 而是非 A，即 B 是非 A，这就是否定判断。否定判断里的这个非 A 是一个特殊的否定，因而也是作为一个肯定的东西而与 A 对立的。例如"B 不是绿的，它没有这个颜色"，对此想到的是它有任何一种别的颜色和它总有一种颜色。但如果非 A 不是特定的否定，而是一般的否定，那就过渡到了无限判断。

2）无限判断：否定判断是主项没有这个谓项（如 B 不是绿的）的判断，无限判断则是一种没有任何谓项的判断或者说一种主项和谓项不相干的判断，如"情感没有一种红颜色"，"精神不是六呎长"等等这类荒谬、无聊的东西。这是由于谓项完全被否定时，一般说来就没有判断发生，而只有一种判断的空洞的假相，而这种假相则必定化为乌有而成为荒谬无聊的东西。但是我们看到，在后来的逻辑学中，黑格尔则向前发展了一大步，认为不能把它看作毫无意义的玩艺儿，它是肯定的直接判断和简单否定的直接判断辩证发展的直接得出的结果，它明确地显示出来了它们两者的有限性和不真性。黑格尔举出犯罪、死亡作为例证来予以说明（见《小逻辑》§173 的附释）。

3）选言判断："主项不是同 A，就是同 C 有联系。"在这里 C 是一个非 A，即 A 所排斥的对立物。由此可见，在选言判断里，谓项排斥其规定性的对立物，但它同样被它的对立物所排斥。主项则同它们两者都有联系，以致它在这种联系里就排斥另一个，而同时又同它有联系。

4）完备的判断：假言判断和选言判断结合为一个在自己内分裂为二的判断。这就是说，假言判断的主项被设定为独自存在着的那个判断作为普遍东西是一个极端，选言判断的谓项被设定为独自存在着的那个判断作为特定的，即特殊东西是另一个极端，而把它们两者结合起来的不再是空洞的系词（是），而是选言判断的实现了的谓项和假言判断的实现了的主项的完全一致的"中项"，而这个中项是特殊东西和普遍东西的统一，从而它们两者就是由两个极端的实现了的同一性结合起来的，也就是说是由必然性联锁起来的。这样一来判断就成为了"完备的判断"，即成为了"推论"。这个思路在后来黑逻辑学中的进一步发展，就是从"概念判断"过渡到推论。"概念判断"和当年说的"完备判断"是近似的、相应的。而且与此同时他还肯定地指出："细究之，必然判断构成由判断到推论的过渡。"（见《小逻辑》§181 的附释）而必然判断正是由直言判断、假言判断和选言判断组成的。

（3）推论

如上所述，推论是作为特殊东西的判断和作为普遍东西的判断通过一个作为特殊东西与普遍东西之统一的中项联锁起来的整体。我们知道，特定概念本身是普遍东西与特殊东西的无对立的相互渗透的存在；判断是概念的两个成分（普遍东西和特殊东西）之区分开而由系词"是"联系起来，而推论则是概念通过判断向自身的返回。在后来的逻辑学中这被经典式地表述为"推论是概念和判断的统一"（见《小逻辑》§180）。

关于推论的分类，在后来的逻辑学中也是按照逻辑理念从存在到本质的顺序来划分的而将其划分为质的推论、反映的推论（包括全称的推论、归纳的推论和类推的推论）和必然的推论（包括直言推论、假言推论和选言推论）。黑格尔当年还未进到这一步，他只是论述了假言推论和选言推论。

推论是个别东西通过特殊东西同普遍东西的联系，特殊东西是个别东西和普遍东西之间起中介作用的中项。但是，普遍东西和个别东西都同样可以是起中介作用的中项。在这里，黑格尔分为以下两种情况来论述。

1）普遍东西成为中项的推论。他把这称为"普遍东西的实现"。普遍东西不是纯粹独自的，而是在诸特殊东西的联系中，是诸特殊东西的否定的统一。它把诸特殊东西和它们的对立面都包含在内。以这样的普遍东西为中项的推论就是选言推论。

2）个别东西成为中项的推论。他把这称为个别东西的实现。在这个推论中个别东西是一个现实的存在，它既是一个起中介作用的中项，又是一个通过起中介作用的中项所设定起来的极端（作为主项）。以这样的个别东西为中项的推论就是假言推论。

概念通过判断在推论里返回了自身。但是，黑格尔认为推论同时拥有较高的观点："它一般是返回到了自身的关系"。我们知道关系对分为存在关系和思维关系，推论是思维关系的最后一个环节，因此，"推论是返回到了自身的关系"，就是说返回到了思维与存在的同一。黑格尔正是从这里过渡到了作为思维与存在同一的"认识"的。这与后来逻辑学中黑格尔从推论过渡到客体是不同的。

（4）比例

黑格尔在"比例"部分中所论述的就是认识，我们知道，比例通常是指两个比（如3：2和6：4）的等同性，而在这里黑格尔则是用它来指两种关系(存在关系和思维关系）的等同性，即同一性，也就是认识。不过他在这里是依据当时的经验自然科学的认识来谈认识的。他称它为一种"形式的"认识。

1）定义

主项按照它的本质的规定性来看是一个特殊的东西。这个本质的规定性就是它的定义。定义的主项和定义是等同的。主项也由于这个本质的规定性而与别的特定的东西对立，并在对立中保持自己本身，即自己与自己本身等同、自己与自己本身联系。它不是脱离它的对立物，而是同它相联系，在同它的对立物的联系中存在。因此，主项作为这样的特定东西就是已被接受到普遍性中去的。主项作为这个特定的个体就是既与普遍东西也与特殊东西有联系，或者说，它的本质就是普遍东西和特殊东西的统一。而这样一来主项本质上就是一个普遍东西。它作为普遍东西扬弃它的规定性（特定性），这样，主项就从定义过渡到分类。

2）分类

定义作为普遍的东西扬弃它的规定性，这就是说这个普遍东西成为一个空虚的、中性的空间，被扬弃的诸规定性则是作为持存着的诸项而在这个空间内。这就是分类。普遍东西在分类的诸项里实现自己，分类的诸项是直接由普遍东西的本性决定的，它们就必须立足在相互联系中，完全只是作为一个类的整体的诸要素。这就从分类过渡到认识。

3）认识

定义设定起来一种特定的否定的统一性，而在分类里那在定义里还是潜藏着的普遍性作为一种肯定的统一性被重新建立起来了。认识就是这两种统一性之被设定在"一"里，或者更抽象些说，认识是定义与分类的统一。作为这样的"一"或统一的认识因此首先具有一个定义。其次，这个定义不是静止不动的东西。定义由于分类而分裂为诸漠不相干的东西，为这种分裂提供构成它们联系的中间环节的材料的是它的构造。但是由于定义是它分裂而成的诸漠不相干东西的根据，所以它们就不是彼此漠不相干，而是相互联系的诸部分，这种联系显示为一种使诸部分从属于自己的否定的统一性。这就指明定义是这样一种把分裂、区别包含在自身内的统一性。而把构造和分裂引回到定义的统一性的那种东西就是"证明"。定义就是这样一个从统一性到分裂和从分裂回到统一性的运动。而这也就是认识的运动。

由上可见，认识或真实的定义是一个由三个层次构成的总体。第一个层次：定义本身的统一性被揭示出自身内包含着一种分离，虽然联系仍然是本质的。第二个层次：在统一转向分离的同时，分离又转向统一，二者联结在一起产生一个肯定的结果。第三个层次：这个肯定的结果不是别的，就是回到了定义，它把前两个层次都扬弃地包含在自身之内。三个层次构成一个首尾相贯的圆圈运动。这也是概念的诸要素（普遍性、特殊性和二者无对立的互相渗透的存在，即特定概念）的返回到自己本身内的圆圈运动。

定义的主项（认识的对象）是一个无限多的质的聚集体，质是彼此漠不相干的，每个质都是排斥同它对立的质（因而是作为一种片面的肯定的统一性），它们作为一些部分构成作为整体的经验直观。认识则使它们的漠不相干的关系过渡到彼此有差异的关系，从肯定的统一性过渡到把对立物包含在自己内的否定的统一性，从诸部分过渡到诸要素(黑格尔以毕达哥拉斯定义及其证明为例证)——这是构成真实认识和真实定义的本性的东西。在此基础上，黑格尔认为认识还必须进一步揭示出漠不相干的关系和有差异的关系到二者等同的转变（过渡）。前一种关系本身是整体和诸部分的等同性，后一种关系本身是简单东西和诸被分开的东西的等同性。而存在关系和思维关系则属于第二种等同性的对立。

把认识里直到目前为止的东西概括起来，那就是：简单联系的整体、限量和两种关系（存在关系和思维关系）的总体以及作为圆圈运动的认识本身。而定义则是贯穿在这个圆圈运动中的内容。定义作为一个普遍的东西，从定义进到分类再进到认识，也就是从普遍东西进到诸特殊化的东西再进到使二者等同起来的认识的总体性。这个进程表明认识是"演绎"。演绎是从普遍到个别的"下降"道路，这条道路是不能同对立的从个别到普遍的上升的道路分开的。上升的道路和下降的道路彼此交叉并在作为特定东西的认识里会合。

贯穿在认识的圆圈运动里的即是内容。但内容和认识是分开出现的。内容保持自身是出现在认识之外，就是说是在自身之外有认识。内容或者是认识的运动，那它作为认识的内容就是一个不同于它自身的他物。内容分散地出现，是一系列独自出现的漠不相干的东西，形成一条直线。而认识作为将内容的漠不相干的关系转变为有差异的关系的这样的有差异的统一性则是一个圆圈。这个圆圈表现为从一个定义经过分类和总体性过渡到另一个定义，这个圆圈总是朝着内容滚动的，而认识在这样的圆圈里总是返回到自己内。内容虽然是永远变化着的，但认识却是在这种变化中始终保持同一。

总结起来说，认识的"自身"是与自己本身等同的东西，而实际的认识则是从一个范围进到另一个范围。而认识作为这个摆脱了一切同他物的联系、其种种要素本身都是种种反映到了自己内的总体性的"自身"，就不再是逻辑学的对象，而是形而上学的对象了。

（二）形而上学

形而上学作为关于认识的根据的学说，其对象就是认识本身，或者说就是认识的"自身"。既然形而上学本身就是一种认识，所以形而上学也就是认识成为认识的进程，即认识对其"自身"认识的进程。这个进程分为三个大的阶段或部分：认识作为诸原理的体系，客体性形而上学和主体性形而上学。

1.认识作为诸原理的体系

在这部分里讨论了形式的认识作为其根据的原理或定律，这些原理或定律是其作为普遍的规定性的要素，"这些要素作为不被扬弃的东西表达一切事物的绝对的存在和本质"。可见黑格尔并不是完全否定形式逻辑的这些定律，而只是否定将其绝对化为"一切事物的绝对存在和本质"。这部分的内容在黑格尔后来的逻辑学中属于本质论的第一部分的第二章"本质性或反映规定"（《小逻辑》这部分的标题是"纯反映规定")。

（1）同一律或矛盾律

同一律 A=A（A 就是 A，矛盾律是其否定的表达：A 不是非 A）。对此的批评黑格尔从那时到后来的逻辑学都是一致的。"树是树"是对树的认识的虚无，"树是……"，人们期待着关于树会说出某种东西来，结果这个命题完全没有说出什么来。在后来的逻辑学中黑格尔说，没有意识按照同一律思维或想象，没有人按照同一律说话，也没有任何一种存在按同一律存在；如说"星球是星球"，"磁力是磁力"，那是笨拙可笑的（见《小逻辑》§115 的"说明"）。

（2）排中律

排中律，A 或者是 A 或者是非 A，排斥第三者（即第三种可能：既是 A 又是非 A）。

黑格尔在后来的逻辑学中指出，"排中律是进行规定的知性所提出的原则，意在排除矛盾，殊不知这种办法反而使其陷于矛盾。说甲不是正甲必是负甲；但这话事实上已经说出了一个第三者即甲，它既非正的，也非负的，它既可设定为正的，亦可设定为负的"（见《小逻辑》§119 的"说明"）。当时黑格尔还没有达到这种简明性，但思路是完全一致的。由于排中律有三个项（甲、非甲和第三者），所以黑格尔在这里特别以"众多"这个概念为例进行讨论。按排中律，众多或者是众多或者是非众多，没有第三种可能，即第三者，而这个第三者就是：既是众多又是非众多这个矛盾体。非众多即是单一，这样或者众多或者非众多就成为或者众多或者单一，而所要排斥的第三者就是：既是众多又是单一。但众多本身就是这个要被排斥的第三者，因为众多就是众多作为"一个众多"，即作为一个单位的众多，也就是众多既是众多又是单一。所以众多自己本身

27

是一个矛盾体，而不是一个"非此即彼"的众多。它不是一个单纯自己本身等同的东西，而是彼和此这两个对立项的绝对的、直接统一，是对立的统一或同一。黑格尔在此加了一个页边注："所有个别东西都是自相矛盾的"，并从这里过渡到了根据律。

（3）根据律

上述黑格尔的页边注"所有个别东西都是自相矛盾的"并由此过渡到根据。这和他后来逻辑学中所说的这样一段话在思路上是完全一致的，只是还没有达到它所具有的那种经典式的简明性："由对立面进展为矛盾的直接的结果就是根据，根据既包含同一又包含差别在自身内作为……环节"（见《小逻辑》§119 的"附释二"）。

这种一致性明显地体现在黑格尔在讨论根据律时一开始所提出来的这个思想中："规定性与其对立面的结合为'一'的这个统一性是规定性的根据。"不过，整个说来，黑格尔当时并未围绕这个论点来展开对"根据律"的论述，也未像后来逻辑学中那样对形式逻辑的充足理由律进行批评。而是围绕认识与根据的关系来阐述他当时的关于根据的思想。

认识认为，它达到了根据，就是达到了"自身"。那么根据是什么呢？

根据毫无疑问是认识的内容，而作为认识内容出现的是认识的诸要素之否定的统一性，正是这个统一性是构成根据的那种东西。但是认识的内容作为根据是一个与自己本身不同的东西，因为根据具有总体性。而根据是在认识中发生着的，是认识进展中的点，它成为真实的总体性要经过一条实现的道路。这就是：根据之所以是根据就是因为它是某物的根据，这样根据就向成为他物，即存在关系（实体性关系等）转化，然后又从这种成为他物重新成为他物，即存在关系的诸要素这个他物的他物，那就是以认识为最后结果的思维关系。只有这样，根据才成为了一个真实的总体：包括存在的诸要素和认识的诸要素在内的一个"诸要素的整体"，这样的整体就是根据本身。黑格尔正是从这里过渡到客体性形而上学。

2. **客体性形而上学**

客体性形而上学讨论灵魂、世界和最高本质。在后来的逻辑学中都不直接讨论这三者，而只讨论构成它们的谓项的诸逻辑规定或范畴。认识首先把"自身"设定为这样的客体性的东西，就是说把这类客体性东西看作是认识的根据。

（1）灵魂

灵魂在后来的黑格尔哲学中是《精神哲学》的主观精神学说的第一部分人类学所讨论的对象，但其内容与这里所讲的是不同的。

黑格尔首先指出，灵魂是作为"根据"实现的第一个要素，因而它在同等程度上是一个被规定的特定的东西。作为这样特定的东西，灵魂是一个对他物漠不相干的"自身"，这个自身是一个否定的"一"：它把自己的要素排斥在自身之外作为自己的存在着的内容、并将其纳回自身，使之与自身等同。

灵魂作为这样的排斥着自己、并在排斥中与自己本身等同的否定的"一"，就是实体，而这个实体又宁可说就是主体。不过灵魂既不是真正的实体，也不是真正的主体，而是实体性和主体性的"一"。

灵魂作为对他物漠不相干的"自身"，有一个另外的"自身"漠不相干地在自己旁边，这个另外的"自身"就是"世界"。

（2）世界

灵魂以世界和自己本身作为在世界中为前提。

所谓世界无非是综合作用的交互作用减弱到完全的静止。但世界把自己分开并使自己处于运动中。它自己分开而成的这些东西是相互联系着的，它们从这种与他物的联系中返回自己，而与自己本身相联系。它们在这种联系中既是必然的也是自由的。它们彼此外在地出现，对他物漠不相干，所以是自由的。但这只是形式的自由，因为在同他物的联系中每一个都是被决定的，在交互作用中没有任何一个是独自的。自由和必然的这种同时存在是认识实现中的必然的环节，因为自由是对必然的认识。自由不能取消，否则一般说来运动和唯有通过运动才有的对立就被取消了。必然性也不取消，因为必然性就是为了自由存在而被自由扬弃的那个东西。在世界中，必然性的系统和自由的系统两者不是不相接触的系统，而是每一个系统都是另一个系统的要素，两者是同一个整体的要素。

世界也是类的进程。

在世界进程中，同一个东西既是能动的也是受动的。同一个东西从分化为能动的东西和受动的东西而回到自己之内，这就成为了一个"自身"、一个总体。这样它就扬弃了自己作为一个"这个"，即作为个别性，并作为总体性而成为普遍的东西。这就是它的个别性的没落和类的实现（灵魂作为单子也同样是扬弃其个别性而成为普遍东西的总体性，即实现为类）。从此以后，类就是"自身"，是其诸要素（作为个别性）的整体，是其诸要素的本质。类的自我保存进程也就是个别性的要素的自我保存进程。这样世界的进程也就是类的进程。在世界作为类的进程中也实现了更高的自由，即类的自由的领域。类的自由不是排斥个别性的自由的，因为单子或能动的东西都是作为总体性的类的要素。

类在实存中和类作为自己本身等同东西，两者是等同的，而且事实上只有类才是自身存在着的东西和实存着的东西。这当然不是说类是一个什么具体的实存着的物体。相反地，类是存在着的诸个别性（即它的诸要素）及其联系的根据或者说是它们的联系本身。这种联系是绝对的统一性，因为那些个别性不是"自身"，而是扬弃着自身的。黑格尔从这里就过渡到了"最高本质"。

（3）最高本质

在黑格尔后来的逻辑学中，正如不直接讨论灵魂、世界一样，也不直接讨论这里所说的"最高本质"，而只是讨论构成其谓项的逻辑规定或范畴。

我们知道，灵魂、世界、上帝是旧形而上学的对象。这里所说的最高本质实质上指的就是创造万物、包括人在内的上帝，但内容已经完全改变了。

灵魂作为个别性和世界作为类的进程是统一的，但这个统一是在个别性之外进行的。它们统一的根据不能是任何特殊的类，而是绝对的类（一切类的类）。这个作为一切类的本质或实体的绝对的类就是这里说的"最高本质"。

在对最高本质的规定的进一步讨论中表明，这里所说的"实体"似乎和斯宾诺莎以及谢林（谢林是德国古典哲学史中回到斯宾诺莎实体观的第一人）的实体一样具有思维和广延两种属性、它所创造的一切个体事物相当于斯宾诺莎所说的"样式"。最高本质正如斯宾诺莎所说的实体一样是自身存在的，"自因"的（不为外物所决定），绝对的，无限的，唯一的。但与斯宾诺莎的绝对实体不同最高本质不仅是绝对的实体，而且是绝对的人格，而这正是斯宾诺莎所未达到的（参见《小逻辑》§151 的"附释"）。所谓绝对的人格，即是绝对的、具有能动性和创造性的主体。

最高本质作为这样的绝对主体，它创造了万物，而它的创造即是一种否定，是指个别东西作为独特东西从它那里分离出来而言，因而也是一种绝对的否定。而最高本质则是这一切彼此相异的个别东西的根据，是一切不等同东西中的自身等同的东西。

最高本质将这绝对的否定展示为单纯的东西。这个绝对单纯的东西即是作为"自我"或智力的东西。黑格尔这样就从客体性形而上学过渡到主体性形而上学。

3. 主体性形而上学

主体性形而上学划分为理论的自我、实践的自我和作为二者统一的绝对精神。这部分是后来黑格尔逻辑学的概念论中的"理念"部分的胚芽和雏形，又是黑格尔哲学的基本概念和框架的确立。

自我是个别性和普遍性的绝对统一，它具有一个漠不相干的异己东西与它相对立。由于对立双方的性质、作用、地位的不同，自我就划分为理论的自我或意识和实践的自我。自我划分为理论的自我和实践的自我的思想来自费希特。但与费希特不同，黑格尔不是把二者的统一归结到主观唯心主义的"绝对自我"，而是归结到客观唯心主义的"绝对精神"。

（1）理论的自我

异己的东西是本质的东西，即会在作为被动东西的自我里设定起来自己的"自身"和在自我里不通过自我而产生一个他在，即规定性。而自我作为被这样的异己东西决定的东西，它就是理论的自我。当然理论自我在这样的异己东西面前也有其主动方面，这就是它感到自己是形式的，因而主动地把规定性接纳入自身以充实自己。

（2）实践的自我

与理论的自我相反，实践的自我感到自己是绝对充实的。这就是说，规定性是它自己的规定性，这样的规定性也就是绝对的规定性。而跟它对立的异己东西则只不过是它按照自己的规定性加以改造而使之符合自己的要求的对象。因此实践的自我是本质的东西，决定的东西，而异己东西则是被决定的东西。自我作为理论自我是精神一般；作为实现了的、实践的自我——对于这样的自我来说规定性本身是绝对的规定性，它就是绝对精神。

（3）绝对精神

认识作为"自身"存在是在绝对精神里实现的。

认识在逻辑学里是形式的，还不是认识"自身"，认识的"自身"理念实现在形而上学中，因为形而上学是对认识的认识，即认识成为认识自己的内容。但在单子里只不过是渗入到了认识的"自身"这个理念而已。理论自我和实践自我发现自己是认识的"自身"，因而是精神。但是它们只是形式的精神，因为它们都有一个异己东西，即他物与自己对立，而这样一来它们作为形式的精神就是把无限性跟自己对立起来。因为跟它们对立的那个他物其实是它自己的对立面，绝对的对立面，即对立面扬弃自己又重新成为对立面，一种无休止的绝对不安静，这就是无限性。精神不仅直觉到自己是自己，而且直觉到他物作为他物是它自己本身，而不是一个与自己对立的异己东西。这样的精神就不再是形式的精神，而是绝对精神。绝对精神是从简单联系直到实践自我的全部发展的结果，它以扬弃的形式包含着全部以往的内容。

在这里黑格尔给绝对精神下了这样一个定义："精神是与自己等同（或同一）的，而且是与他物等同的；他物是那个扬弃自己本身，并与自己本身等同的东西。这个统一性就是绝对精神。"这就是说，绝对精神是这样三个阶段或方面的统一：1）"与自身等同"——肯定自身的阶段或"正"面。2）"与他物等同"——否定自身、转化为他物的阶段或从"正"面转化到"反"面。3)"他物扬弃自己本身、并与自己本身等同"的阶段，即扬弃他物，在他物中回到或达到与自身等同——否定自身否定的阶段，或"正"与"反"之"合"（统一整体）。

黑格尔把上述"在他物中达到与自身等同"的进程称之为"绝对精神的绝对的循环运动"。这样的循环运动周而复始，永无止境。在这个循环运动中绝对精神是自己只与自己联系的自己本身等同的东西。因此，"精神是绝对物"。

上述绝对精神的循环运动是一个从一个圆圈到另一个圆圈的螺旋式的进展，而其最大的圆圈就是：绝对精神作为自身等同的理念（逻辑理念的阶段），到转化为他物，即自然（自然阶段），再从扬弃自然这个他物、在这个他物中回复到或达到自身等同（精神阶段）。"自然是自己实现着的精神的第一个环节"，人和人类精神则是第二个环节。这就确立起来了后来黑格尔哲学体系的基本框架。

四、黑格尔《逻辑学和形而上学》的
历史意义

我们在前面已经指出，黑格尔《逻辑学和形而上学》的使命和任务就是改造逻辑学和形而上学为建立黑格尔自己独立的区别于谢林哲学的哲学体系奠定基础。现在我们就可以从这样一个视角出发来看看《逻辑学和形而上学》一书的历史意义了。

首先，我们看到，这部著作第一次提出和展示了黑格尔唯心主义辩证逻辑的理念和雏形。它的逻辑学部分虽然还没有像后来的逻辑学那样划分为存在论、本质论和概念论。但其"简单联系"讨论质、量和尺度，相当于后来的"存在论"。"存在关系"讨论"实体性关系、因果性关系和交互作用"，相当于后来的"本质论"第三部分"现实"。"思维关系"讨论概念、判断和推论，相当于后来"概念论"中的主观性（或主观概念）部分。"比例"讨论定义、分类和认识，相当于后来"概念论"的"理念"中的"综合认识"。

这部著作的形而上学部分所讨论的"认识作为诸原理的体系"讨论同一律或矛盾律、根据律，相当于后来"本质论"的第一部分"本质性或反映规定"部分的内容。"客观性形而上学"所讨论的有关灵魂、世界和最高本质的种种规定，相当于"本质论"所讨论的诸多范畴。"主体性形而上学"所讨论的理论自我、实践自我和绝对精神相当于后来"概念论"的理念部分所讨论的"认识的理论"和"绝对理念"的内容。

由此可见，《逻辑学和形而上学》已大体上具备了黑格尔后来《逻辑学》的一切要素。对这些要素进行清洗和精炼，将它们提升为纯粹的逻辑概念（范畴），进而把这些逻辑概念在更高的逻辑原理下综合为一个严密的、前所未有的辩证逻辑体系，是黑格尔哲学思想发展史中一个历时 12 年（1805—1816 年《逻辑学》三卷出版）的飞跃，是其长期"艰苦思维"的伟大创造和划时代的成果。它为黑格尔缔造其包罗万象的哲学体系奠定了广博而深厚的逻辑学、本体论、认识论和方法论的基础。

其次，黑格尔在《逻辑学和形而上学》中，第一次明确地、完整地提出了其未来哲学体系的基本概念——"绝对精神"。

我们知道，在初到耶拿发表的《费希特与谢林哲学的差别》中。黑格尔认为"绝对"或"绝对物"是"主体和客体的有差别的同一"，但主体和客体却无主次之分，这表明黑格尔尚未完全摆脱谢林的影响。在 1802 年 12 月的《论自然法的科学研究方法》一文中，黑格尔打破了主体和客体的对等关系，提出了"精神高于自然"，也就是认为主体高于、超出客体。到 1803 年，特别是在 1803—1804 年的"体系草稿"中，黑格尔就进到了"精神的自身联系"的观点：自然是精神的他在，精神在这个他在中又回到或达到了与自身的同一。但即使这时黑格尔都还未提出"绝对精神"这个术语和概念。只是在 1804—1805 年的《逻辑学和形而上学》中，当论证"主体性形而上学"时，他才第一次提出了"绝对精神"这个术语和概念，并用了单独的一节对之进行了专门的论述。在拙文《黑格尔〈耶拿逻辑〉初探》(《哲学研究》，2011 年第 2 期) 中，我曾对此作了评析。

黑格尔在《逻辑学和形而上学》中提出和论述的绝对精神的概念，对未来黑格尔哲学的性质和建构具有决定性的意义。这就是它为未来展示绝对精神发展三阶段（逻辑理念、自然、精神）的黑格尔哲学体系奠定了基础和框架。

再次，通过上述两方面的理论创造黑格尔可以说已经和谢林哲学划清了界限。但是，把逻辑学放在首位，从它开始展开整个哲学体系的正当性却是需要"证明"、"论证"或"演绎"的，否则逻辑学本身就会像黑格尔本人所讽刺的谢林的"绝对同一"一样，是从手枪里发射出来的①，就依然是一种康德所已经驳倒了的旧形而上学的独断论。也许正是由于这种考虑，黑格尔才把正在撰写中的庞大的《耶拿逻辑》停下来，而转向于撰写《精神现象学》，用以阐明：人类意识从感性确定性开始的经验发展历程是逻辑概念和作为逻辑

---

① 参见黑格尔：《精神现象学》上卷，贺麟、王玖兴译，商务印书馆 1982 年版，第 17 页。

概念体系的逻辑学得以产生的前提，而逻辑学从经验发展历程中产生的必然性则是对逻辑学的真理性的"证明"、"论证"或"演绎"。只有做到了这一点，黑格尔才算真正彻底摆脱了谢林，从而真正了走上了建构自己独立的哲学体系的道路。而《精神现象学》也就被认为是黑格尔建立自己独立的哲学体系的"宣言"。

总之，《逻辑学和形而上学》作为"1804—5：耶拿体系草稿"的主要部分，至今仍是研究黑格尔逻辑学的重要的，甚至不可绕过的经典著作。20世纪80年代这部著作的各种文字的译本相继出版就是对其重要性的重新发掘与弘扬的明证。《逻辑学和形而上学》以及未完成的这部耶拿体系草稿（《耶拿逻辑学，形而上学和自然哲学》）是黑格尔哲学体系思想发展史的重要阶段，它上承耶拿早中期研究成果，下启《精神现象学》的写作，为《精神现象学》的到来做了充分的思想、理论、方法的准备，从而也为未来以《精神现象学》为导论，以逻辑学、自然哲学和精神哲学为主体的黑格尔哲学体系的问世开辟了道路。《耶拿逻辑》为黑格尔登上了自己哲学科学的顶峰作出了不可磨灭的里程碑式的贡献，这就是它作为黑格尔的第一个哲学体系的重大历史意义所在。我现在推出的这个中文首译本，希望对于推动我国的黑格尔哲学，特别是逻辑学的研究发挥其应有的作用。译文不当、疏漏，甚至错误之处，在所难免，恳请专家和读者批评指正。

*　　　　*　　　　*

这个中译本所依据的是历史考订版《黑格尔全集》第7卷《耶拿体系草稿之二：逻辑学，形而上学，自然哲学（1804—5）》（G. W. F. Hegel, 1971, G.esammelte Werke, Bd. 7, Jenaer Systementwürfte II, hrsg. Rolf-Peter Horstmann und Hohann Heinrich Trede, Hamburg: Felix Meiner Verlage.）。在翻译过程中参考了格·拉松编译出版的《黑格尔全集》第18a卷：《耶拿逻辑学、形而上学和自然哲学》（G. W. F. Hegel, Sämtliche Werke, Bd. XVIIIa, Jenenser Logik, Metaphysik und Naturphilosophie, hrsg. von George Lasson, Leipzig 1923, Verlage von Felix Meiner）。此外，还参考了Jolm W. Burbidge 和 George di Giovanni 翻译校订的《耶拿体系1804—5：逻辑学和形而上学》的英文译本（G. W. F. Hegel, The Jean System, 1804-5: Logic and Metaphysics, Translation edited by John W. Burbidge and George di Giovanni, introduction and explanatory notes by H. S. Harris, McGill-Queen's University Press, Kingston and Montreal, 1986）。为了便于查对德文原本，在本书边码处注明译文所依据的德文原本的页码。

杨祖陶

于珞珈山麓

二〇一二年九月十八日

[上篇]^①：逻辑学

---

① 译者增补。——译者

[Ⅰ.简单联系]

[A. 质]①

……都是存在着的东西②。对立的一方必然是单一性自身;但是,正因为如此这个单一性就不是绝对的单一性,而由于它同时不仅应当是一个有对立的东西,而且应当是自己自身,所以它作为它自身和同它对立的东西的统一就只能是限度;因为作为两者的统一,它本身就不再是一个对立的东西。这样,所谓由对立的**活动**,即**观念的**和**实在的**,来构造理念的活动,作为两者的统一,所产生的绝对只是限度。观念的活动和单一性是完全同义的;这个单一性的双关语义就把自己确定为对立面的统一,因为它作为它自身和实在的活动,即多数性的统一,依然不能自己地还是一个没有统一起来的单一性和同它

---

① 此标题为 G. 拉松编辑出版的《逻辑学,形而上学和自然哲学》增补。——译者
② 手稿历史考订版编者注:此前缺失 3 大张。——译者

2

对立的多数性；以致每一个这样对立的统一，作为整体的要素，同样也作为整体、即最高的理念，自身依然绝对地只是限度。为了判定是否单一性只是限度还是绝对的单一性，从对此的判定中直接得出的是 ① ：不论在单一性之外，还是在它之后，那些在它里面被设定为一的东西仍然是独自存在着的东西。所以，在限度自身的概念中单一性和多数性或实在性和否定性还是独自持存着的东西，而它们的原则，作为知性逻辑的普遍原则，由于事实上被扬弃了，而不是它仅仅应当被扬弃，就被承认为不是独自存在着的。由对立的活动组成的构造——这种构造称自己为观念论——，它之所以无非是知性逻辑，正是由于构成的诸层次是在这个原则的范围内形成的，而这种观念论也就始终是这种逻辑，因为从它的绝对推论中得出的是：观念的活动、单一性——这个单一性作为开端一般总是不确定的，而且它是真实的单一性还是作为质的单一性也是暧昧不明的，——只是后者（质的单一性），因为绝对的完全一致依然只是一个**应当**，就是说，依然是一个同限度的单一性相对的彼岸，并且两者（作为彼岸的绝对单一性和限度的单一性）是彼此分离地发生的。

(4)

物质由**对立的力**，引力和**斥力**构成的情况也是一样的，引力表示（不同的）单一性，斥力表示（不

---

① 拉松本删去了"为了判定"这个短语。——译者

同的）多数性；它们作为被对立起来的东西，就如被对立起来的单一性和多数性一样，本身什么都不是；但是，由于它们被描述为力，它们就被固定为独自存在着的，固定为绝对的质。但是，当它们被这样单独地考察时，它们就都表明它们是完全相等的，只要有引力，就有斥力；它们之间除去方向之外绝无什么差别，而对立起来的方向的任何一方都同样地既可以看作引力的效果，也可以被看作斥力的效果；因为方向是空洞的关系，它为任何一个固定的东西所确定；方向的对立无非是一种完全空洞的对立；可是，方向借以真实地区别开来的那个东西，即一个设定的点，就会是两者的合一体，在这个合一体中一切的对立和它们（方向）自身都消失了；在它们的这个消失了的存在之外它们什么都不是，就是说，它们根本完全没有实在性。物质绝对地只是那个"一"，或者说是它们的绝对的平衡，在这个平衡中它们既不对立，也不是力，而在它之外它们同样地不是。但是，它们曾被设定为独自存在着的东西，而物质的差异则应化为这些抽象观念，或者说，这些力应在其扬弃它们的平衡之外出现，并在这平衡之外拥有存在。但是，物质的差别本质上只是：物质、平衡自身始终与自己等同；差别不可能[是][1] 引

(5)

---

[1] [ ] 内的字为历史考订版编者增补，以下均此，除特别注明外，不再注明。——译者

力和斥力的一种差别，因为这种差别将会是物质
自身的扬弃。这种差别将会是一个多些，而另一
个少些；但是，它们完全只有作为相互关联的东
西才有意义，作为对立的方向，这一个超过另一
个到什么程度，它自身就在什么程度内不再存在。
可是，两者在它们的平衡中，在它们的区别的范
围内，都同样地被扬弃了，然而它们不应当作为
被扬弃的东西存在，而是作为质，或作为独自持
存着的东西；而它们应当是这样的东西，这显然
是由于，它们在平衡之内，在它们的合一体之外
还应当存在。因此，这个平衡甚至并不是真正的
单一性，因为这样一些本质上只是作为独自存在
着的东西的合一体只不过是这些东西的无；因此，
那被设定起来的不是物质，不是真正的实在性，
而只是限度，即对立东西的无**和**这些对立东西的
存在。

2.在限度中实在性和否定性的无就设立起来
了，与此同时它们在这个无之外的存在也设定起来
了；**质就以这种方式使自己实现在限度里**；因为，
限度这样地把质的概念表达为诸规定性的独自存
在，以致在它里面这两个规定性，每一个就其自身
而言，都被设定为相互漠不关心地、彼此分离地持
存着，而同时每个规定性就其内容来看，都不是如
在概念中那样的一般规定性，而是把它表达为特定
的规定性，表达为实在性和否定性，或者就每个规

定性本身［所表达的］① 来看，就是它仅仅在对立中，在与其他规定性的联系中将会是的那种东西：这种与其他规定性的联系——被纳回到自己里面，并且因为它作为联系只不过是一个外在于其他规定性的东西，——现在[是]② 在它们旁边设定起来了；一个本身即诸质的无，另一个即诸质的存在。

  但是，诸质的无和存在的这种漠不相关的持存并没有穷尽限度的**和**；或者说限度不仅是实在性的这一面，即包含在限度里面的诸质的独自存在的这一面③；限度来自否定，而否定只是④ 实在性的在限度外的存在，而且也是同它的联系；由于这种联系限度就以联系的形式与它的内容等同了。它的内容的一个方面就是实在性，即诸规定性的存在或持存；它的诸规定性，即诸质的存在和无，就都这样地持存着；另一个方面就是诸规定性的无，它们就这样地被联系到了，但是在这种联系中它们是无；不管诸质的存在和它们在存在之外出现着的无通常会以哪种方式设定起来，不是一个无，无就是这样地和存在联系起来，以致两者都持存。但是，诸质的无同它们的持存的联系是这样一种排斥存在的联

(6)

---

① 拉松本增补。——译者
② 同上。
③ 埃伦贝尔格（Ehrenberg）和林克（H.Link）出版的《黑格尔的第一个体系》："这一面"为"实在性"（以下简称埃本）。——译者
④ 埃本："只是"为"[不] 只是"。——译者

系；这就是说，不是一个两者无差别的持存，而是
一个自己与自己相联系的否定性，可是在这种自身
联系中，或者说在这种肯定的联系中，扬弃的不是
存在本身，而只是在与自己本身的联系中的存在，
就是说，一种否定的联系。限度只有在它自身联系
的范围内才是真实的质，而它只有作为仅仅在自身
联系中否定他物的那种否定性才是这种自身联系。
同时限度以这种方式才是综合，才是其中两者都同
时持存的统一，或者说，才是实在的质。但是，那
必须变成限度的质，因而自身就变成了它自身的对
立面；它的概念就是诸规定性的独自存在；在否定
性里真正设立起来的那个东西被表露出来时，质就
成为了限度，质［诚然］仍旧是它自身的概念，即
一种自己与自身联系的否定，[并]① 把实在性从自
身中排除出去的否定；但是，这个质不再是质的概
念，因为否定在自己与自身的联系中是同它所排斥
的那个东西相联系的；因为它不是绝对单独的，而
是在它不是一个他物的范围内，它才是单独的；质
的概念却是不考虑他物，只与自己本身等同的。质
在限度中就成为它按其绝对本质是的东西，而这个
东西却是它按其概念（设定起来的本质）所不应该
是的，与此同时它的概念则必须变为那个东西；因

---

① John W. Burbige 和 George di Giovanni 的英译本 *The Jean System, 1804–5: Logic and Metaphysics*（以下简称英译本）增补。
——译者

7

(7)

为这概念被设定为它所应该是的那个东西；因此，限度就是总体或真正的实在性；这实在性与它的概念对照起来，就同时包含着它的概念的辩证法，因为它的概念在这辩证法里以这样的方式扬弃了自己，以致变成了它自身的对立面；质作为它的概念就是实在性，质从实在性变成它自身的对立面，变成否定性，并从否定性变成它自身对立面的对立面，重新作为总体变成自己本身，这个总体本身是质，同时是既来自质的对立面，又自身表示着这个对立面的质的概念，而这个概念就这样地——由于它同时自身具有一个不同于它所是的他物，——变成了质的对立面。限度，作为总体，作为这种否定性，即在其自身联系中把自己 [作为] 一个他物排斥出去、[并]① 由此而与一个他物，即持存相联系的否定性，就把那个曾经是我们对质的必然反思的东西设定起来了，这就是：质应是而实际不是的独自存在着的规定性并不是一个真正无联系的规定性，而是在其自身联系中否定地与一个他物相联系，或者说，这个限度叫作量。

---

① 英译本增补。——译者

B. 量

a. 数字的 "一"

1.[单一性]① 量就其自身而言直接是一种否定着的自身联系。这个否定从自己里面排斥出去的东西就是作为有区别的诸质的持存，即众多的存在。这种简单的、纯粹与自身发生着联系的单一性——这个单一性把一切的众多从自己里面排斥出去，即从自己那里否定一切的众多，——就是**数字的 "一"**；单一性作为自身等同性一般总是过渡到 "一"，即**一个**自身等同的东西，这是由于单一性在它自身上就已表露出来包含这样的反思：它排斥众多；众多是否定的单一性。这种绝对的限度，作为排斥着众多的，就被公正地设定为自身联系和独自的；不是一种对众多的否定活动，而是在其否定活动中只与自身联系，这就是说，是一个众多的被否定的存在，或者，众多的被排斥的存在，以致否定活动——有如质的总体反映在自己内，而不向外去一样，——就以这样的方式而具有绝对质的形式。在这里就说明了已经成为了限度或量的质何以是总体的真实意义：质是总体，因为质的概念，即作为 (8)

---

① [……] 为拉松本增补的标题。——译者

规定性的自身联系的规定性，回到了自己里面；不止与自身联系的规定性，还有这样的规定性——它成为了它自身的对立面又从这个对立面成为了它自身，——以及这个成为了它的对立面又重新成为了它自身的进程，都不是一个过去了的东西，而是作为这个运动构成了作为一个总体的质的内容。这样地作为总体在自身内表达着它的这个成为了他物的过程的质，正由于这样就在它是它自身的同时是它自身的他物；概念仅仅是这个：质自身，质的自身联系，而真实的概念却是这个从它的他在成为了它自身的东西，或者说质在他在里是它自身。质的这不同于它自身的他在就是它的对立的方面，质的规定性，或它的内容，一种否定的联系；因为质自身是简单的仅仅与自身的联系。但是真实的概念就这个内容而言同时就是这个：质自身；而这个质就跟质对立的这种内容而言则是这个：内容，仅仅与自身联系起来的否定的联系，不是例如一种力，一种区别对待他物的单一性，而是与自身等同的、作为一种他物的已被扬弃了的存在，或者说，是一个数字的"一"。

2.[**众多性**] 从数字的"一"排斥出来的东西就是众多性一般，即诸质的存在，但是由于诸质只是被设定为没有否定的自身联系，这个诸质的存在就汇流入单一性，是与自身等同的，是存在，是**肯定**的东西，同样也是回到了自身里去的众多，这个

(9)

众多因而就不再是一个众多，而只是进行区分的可
能性，是**扩展**，这扩展是自身等同的，同时又不是
点的否定的等同性，因为［关于］它没有什么否定
的东西被设定起来。这种单一性由于它跟否定的或
数字的"一"的对立才得到这种肯定的单一性的规
定性；数字的单一性是从它里面被排斥了，但是它
因此也就只是被设定起来的区别的这种被否定之存
在的概念，在它自身上这种被否定之存在并不作为
一种否定行动表现出来。否定性的质就这样把自己
确定为否定的单一性，把实在性或肯定性的质确定
为肯定的单一性：这种规定行动无非就是，质作为
真实的概念得到了一个内容，与此同时质自身则变
成了形式，数字的"一"通过两个绝对的质的对立
把自己规定为了限度，而实际上只不过是作为两个
绝对的质的统一，然而——作为独自存在着的，作
为总体——则是它们的扬弃了的存在，由于这样数
字的"一"就是通过限度独自是它们的概念，或
量，而决定着它们，以致它们自身就成为它们的概
念，而且只是作为跟量的概念对立的的概念；这个
概念是否定的"一"，它们则无非是肯定的"一"；
或者说，由于这个概念与自身联系，它们就同样地
与自身联系，并且它们在这种自身联系中成了自身
等同性。而因为它们是一种被排斥的自己本身等同
性，但第一个却是否定的自身等同性，它们这样就
是肯定的自身等同性；但是，以这样的方式设定起

11

来的又只是一种被要求的区别，而不是一个现实的区别；因为肯定和否定的这种对立表达的无非是仅仅被要求的、绝对的对抗；对抗不仅设定在诸项那里，而且单一性也［是］作为两者共同的东西。两者的这种共同的单一性是和多数性的可能性同样的肯定的单一性，这多数性不久前是跟否定的单一性对立起来的；但是关于否定的单一性业已表明，它更确切地说是这两个项在其中与自身等同的那个东西。在这个肯定的单一性中肯定的东西和否定的东西彼此对立，可是它们单独地看都没有意义，而所表达的无非是这个不是另一个，或它们相互排斥，因而两者［都是］数字的"一"，或者说，真正设

(10) 立起来的是数字"一"的众多性。

b.数字的"一"的众多

1.[肯定的单一性］否定的单一性是排斥着的，把自己设立为反对他物而独立存在着的，但是在这种排斥中它就直接地与这个他物有联系；而如果这个被排斥的东西被理解为众多性，那么否定的单一性自身就直接同样是一个众多，因为众多是如此反复出现的，它就如此反复出现地被单一性所否定，是一个如此反复出现地否定着的东西，或者说，一个如此反复出现的东西就是单一性自身；而否定的单一性宁可就是它的对立面，肯定的单一性，并且作为这种自身内部有区别的多数性，就被设定为许

多数字的"一"。

2.[无] 这许多有区别的东西（数字的"一"）彼此互相排斥；它们的联系，肯定的单一性，它们共同的东西，沉静的媒介，或者说它们的持存是一种彻头彻尾否定的联系活动，一种绝对的流逝，一种一切部分的彼此相互拒斥，或者说，什么都没有的平衡，一种未加区分的单一性，就这种单一性而言肯定的单一性和否定的单一性的区分都同样地消失了。

注释。存在之不可克服性，由于它作为否定的存在，作为数字的"一"而给予自己的那种形式，就更加牢固了；存在作为存在看起来是自身独自的，是空虚的，至少需要一个他物，而数字的"一"却看起来是绝对独自的，因为它把存在需要的那个他物从自己里面排斥出去，并被设定为绝对无所缺乏和某种不可摧毁的东西。但是，由于它的否定的单一性，它就是规定性，并通过向它的对立面的过渡而扬弃自己；否定的东西绝对地同一个他物联系，而且作为这种联系它就是它自身的他物，或者说它是理想的，是被扬弃了。"一"的单纯的简单性甚至就是虚无，但"一"的否定着的简单性恰好应当保持它的自身等同性，因为这种简单性从自己那里排斥他在；但是在这种排斥活动里它自身就与这个他存在合二为一，并扬弃自己。这种自我等同 (11) 性是绝对的量，或者说，是量真正是的那个东西，

13

这就是说，是量自身的被扬弃的存在，并且是绝对的质所是的那同一个东西，这就是说，也同样是质的被扬弃的存在；是自身等同的东西。

c. 全体性

（1）一种"一"和众多的也不是区别的区别，或者说，一种"一"和众多的也是一种不联系状态的联系。（此注释是黑格尔手稿写在页边的注释性文字，以下均此。——译者）

1. $^{(1)}$ 但是，这种自身等同性自身是特定的，这是由于它是绝对的质，或者说，它来自数字的"一"的众多性；它不是单独地被设定，而是被设定为这种特定的众多性的虚无。作为已经过渡到它的对立面——"众多的'一'"的"一"，因而与这个"众多的'一'"相等同，它就是**全体性**。

2.[数；分离和连续] 但是这个全体性并不是绝对的等同性，而是特定的：这个"一"和众多的等同性，否定的单一性和肯定的单一的等同性；它只是这些东西的被扬弃的存在，就这些东西自身是存在的而言，或者说，它是受它们制约的；但是，因为它是这些东西的单一性，所以只是在它把这些东西的存在从自己里面排斥掉的限度内才存在，并且它自身就是量；它是这样一种否定的单一性，这种否定的单一性就是"一"和众多的等同的存在，并且已把它们的不等同或它们的单独存在从自己里面排斥出去了。由此被设定起来的是一个"一"和众多相联系的存在，和一个"一"和众多的从它那里排斥出来的不相联系的存在。

这个全体性就是量的总体；它的概念是否定的

单一性，这个否定的单一性作为许多众多成为自己的一个他物，而作为全体性又成为它自己；但是，量一般地说来在它的这种总体性中自身就已成为不同于它所是的一个他物，并且在它到自身的返回中过渡到它的对立面；量自身，或者说，它的概念曾是排斥众多性的单纯的否定的单一性；量反映到自 (12) 己内，或者说它的真实概念就是否定的单一性，这个否定的单一性自身就是否定的单一性和肯定的单一性的统一，而也同样曾把两者排斥了，量是——这样说是一样的——一个受限制的肯定的单一性；因为它作为两个单一性的统一，就是那在它之中被设定为扬弃了的众多性的可能性，它们的统一因而是作为共同性的等同性；而且它是受限制的共同性或延伸；因为两种单一性的未联系起来的状态还[是] 在它们的统一之外；这个真实的量是**一个量**，或者说 ①

[c.限　　量] ②

在力的简单性中 [扬弃] 自身；但是，它仍然需要一种大小的区别，以便把它规定为一个限量，就是说，以便在它身上设定一种差异性，这种差异

---

① 以下缺失两页。拉松本在此增补了 "Sie hebt"，把上下文联系起来。全句可译为 "这个真实的量是一个量，或者说 [它]在力的单纯性中 [扬弃] 自身"。——译者
② 英译本增补。——译者

性也许并不是它自身的一种差异性。单纯的力的程度作为大小绝对地表达出它对他物的联系；而同时程度作为强度就应当把力表达为纯粹的自身联系，就像它是绝对自身独自的，自身单纯的那样；程度应当排除原子论的绝对众多以及下述的看法：物质的差异性是仅仅外在的，而且是一种形状的差异性；因而是一种外在位置的差异性和原子由于不同的虚空而来的分离。动力学的物理学则相反地要求这样地来认识这种差异性：不是把它当作一种外在的差异性来认识，而是把它当作本身即是在物质中的那样来认识。上面已经指出，从互相对立的力的某种不同比例去说明尚待理解的差异性是自相矛盾的；除去假定一种具有不同程度的力以外，再无别的办法；但是程度由于它是大小，它就既没有扬弃众多性也同样没有扬弃外在性，以致宁可说它本质上就是这样的东西。一较大或较小数量的质量、热等的分子，转变为质量或热等的一较大或较小的强度，当然是扬弃了作为质量或热等出现的那种东西里面的原子论的众多性的假相；但是，如果现在这种众多性应当真正表达为一定的大小，那么这种情况的发生，除了借助于同数的联系外，别无他法。第40、第100等的程度，当然还是没有表达出程度自身的一种众多性，而是表达出程度的单纯性；但是这种差异性绝对只有在与一个他物的联系中才有某种意义；这个特定的强度，如果不对于一个外

(13)

在东西来说是这个的话，它就完全不是这个，而且它绝对不会是什么自身独自的东西；它作为动力学的东西则应当是这样的东西。单纯的东西本身，例如速度、特殊的重力、热等，逃脱了大小规定；而且单纯的东西，就它一般地被规定为大小而言，就被认定为一个经常出现的东西，一个外在的东西；这样，它就没有撕去大小或强度大小的单纯性形式。①

[连续] 的大小；反之，分开的众多的一，被设定为本质的东西，对于这些"一"来说联系是外在的东西，这是一种**分离的大小**。连续的大小把它的界限设定在它之外，而不是把它设定为在它自身那里的一种外在的界限；为了它本身单独地就是限量，它一定必然地设定自身本质上是受限制的或在它内部是绝对分开的，或者说，是一定数量彼此有别的、否定的单位。**数**才是实现了的限量，限量在数中作为它实际是的那种东西表现出来了；程度作为一种连续的大小为了能被规定为限量，同样必须求助于数。在限量里面被涉及的东西一般说来就是数字的"一"，而众多也是同样地被涉及的；在数中限量这个概念并不是一个他物的形式，相反地，

(14)

---

① 在这后面誊正稿缺失了整个第 7 大张。拉松本对缺失部分作了如下的补正（黑体字句是编者增补的）："它就没有撕去**众多性联系**的大小或强度大小的单纯性形式，**并得出一种连续的大小**；"。——译者

众多的每一个都是数字的"一"；而整体也同样是
如此，因为数字的"一"[1]本身具有两重意义：
是否定的、排斥着的一，但作为单一性同时是肯定
的单一性，或者说，是众多数字的"一"的联系。

(1) 绝对的度。

这个整体的部分就以这种［方式］通过自身而完全
被规定了，因为整体的部分是数字的"一"，而与
自身即是"一"的整体的形式相等同，但不是与整
体的内容相等同，而整体通过这个内容就是限量。

3.[2]［限量的辩证法］限量扬弃自身，这不
仅是就它与自身相联系或它是整体和诸部分的统一
而言，而且是就它排斥着[这个统一]而独自是"一"
和众多的联系起来的存在而言，——在这联系起来
了的存在之外将会是"一"和众多的未曾联系起来
的存在。

(2) **限量的辩
证法。**

关于整体和诸部分的关系业已表明：整体作为
"一"和诸部分作为众多个"一"实际上是彼此分
开出现的，而不是相联系的；限量只不过是作为自
身排斥着的；这个被排斥的东西就会是"一"与众
多个"一"的未曾联系起来的存在；但是在限量自
身中"一"和众多个"一"是彼此漠不相干的，它
因而自身就是和它从自己那里加以否定的东西等同
的，而实际上是不排斥着的。限量，特别是作为
数，应当设定限度、他在为自身存在着的；可是它
却表明：数没有限度；而是与被排斥的东西相等同。
这个被排斥的东西（它与之相等同的）就是"一"

和众多的未曾联系起来的存在；限量形式上被看作
它应该是但实际上不是的那个东西，即一个有限度
的东西，而被排斥的东西同样只被看作一个与它等
同的东西，所以设定起来的同样只是形式的东西，
或者说，设定起来了这样的要求：有限度的、否定
的东西使自己等同于那个它与之等同的被排斥的东
西，或者宁可说被设定起来的是下面这点：否定的
东西设定[自己]等同于那个由它自己否定的东西，
即它设定为与自己绝对不等同的东西。在有限度的 　　(15)
东西自身之内，那先前只被看作漠不关心地分开出
现的东西，仍然是那个把自己同它设定自己与之绝
对不等同的东西等同起来的活动。数作为数字的
"一"是肯定的统一，这种肯定的统一联结起许多
"一"，但是就在这时数作为否定的统一则把自己与
许多"一"等量齐观，它把自己和它们看作一样的，
这只是就它们作为与它们不同的东西、即作为肯定
的统一而言的。数只有作为否定的"一"，作为一
定数量的、包含在自身中的"一"，才是限量，但
是在这些"一"中数同样地没有限度，因为这些"一"
作为"一"同样是统一，是数字的"一"的联结。
因此，数在涉及一定的数量时才确定自己，它由此
才是限量，实际上只作为一不确定的量，因为相联
系起来的诸"一"都是与自己本身等同的单一性，
或不受限制的东西，作为受限制的东西也就以此种
方式和不受限制的东西相等同。限量把自己同它从

自己中排斥出去的东西看作一样的，因而它在实际
上就没有排斥它；就限量被视做一个他物已从其中
排斥出去了的单独自身存在着的东西而言，那么在
限量自身那里就仍然是肯定的单一性，或无限度，
不被排斥的存在；无限地超出界限和在自身内无限
地分割，对于这两者来说下面这点是一样的：在它
们身上设定起来的界限、规定性并不是界限或规定
性；这就是在限量里面确立起来的绝对的矛盾，或
者说无限性。

    1.[量的差别] 从限量的辩证法得出：**量的**差
别，就它没有这种必要的反思而是一纯然外在的、
偶然的差别而言，[是] 这样一种实际上不是限度
的限度；因为一种绝对外在的限度为此就不存在在
它应当是其限度的那个东西那里。**但是，因此可能
看起来，好像一种单纯量的差别的这种形式**正因为
如此就正确地表达了**一般差异借以与绝对物联系起
来**存在或自身存在的方式，即是说，作为一种外在
的、完全不影响到本质自身的方式。由于绝对的
本质是这样的东西，在其中差异是绝对地被扬弃
了，所以就避免了这种假相，好像诸种差别本身是
在本质之外，而对诸种差别的扬弃也同样是在它之
外进行的，本质自身只是被扬弃的存在，而非同样
绝对地是存在和对立的扬弃。对立一般说来是质的
东西，而因为在绝对物之外是虚无，所以对立自身
是绝对的，而且只有通过它是绝对的，它才扬弃自

(16)

己本身，而绝对物在其被扬弃了的存在的宁静中仍
旧全然地是存在或扬弃绝对对立的运动。对立之绝
对的存在，或者我们如果愿意这么说，绝对本质自
身中的对立之存在，使对立很少成为一种其诸环节
彼此分离的、漠不相干的持存，以致绝对本质正好
只是这个东西，**在这个东西中对立扬弃了自己**，就
是说，通过这个东西对立就**既不是量的也不是外在
的**。但是，绝对本质的规定性单个地加以考察，同
样地不能通过这个或那个要素的多些或少些，被称
为这个因素或那个因素的那种东西占优势而被认
识，因为这种个别东西之所以存在，只是由于它本
质上从属于这个规定性，或者这个规定性被设定为
在绝对本质自身那里存在着；由于本质是一个实在
的东西，是对立东西的统一，这些对立东西直接是
同等大小的，它们除去只不过是互相对立这一点以
外没有别的意义，而且它们本质上就是这个，或者
说，它们身上绝无量的差别。由于量的差别，对立
东西作为被规定的主要是的那种东西，对于对立东
西来说就会是一种外在的东西；而由于同样的原因
对立东西就会可能不是绝对地在它们自身那里，即
是说就会可能不是扬弃着规定性本身的东西，如果
规定性会是一种绝对的、外在的、量的规定性的
话，甚至在它是独自的范围内；压根儿只有规定性
的偶然意外之物才会是独自的；但这个规定性的被
扬弃的存在却是在对立东西之外。

(17)

　　如果对立只有通过它是自身本来的和既不是量的也不是外在的，才扬弃自己，那么它一般地——不论它具有什么特殊的规定出现——只有作为一种质的规定性才是真实的规定性；而对于一件特定事情的本性的洞察仅在于：它的规定性，作为一种自身本来的规定性，**不被认作一种偶然的，即是说，量的规定性。限量的规定性**不是一种通过事情**自身设立起来的**规定性，或者说，**不是事情自身那里的那样一种规定性**；由于限量这样地把事情自身的规定性只表达为一种外在的规定性，所以限量就只是事情本身的规定性的标记，事情自身的规定性可以通过这个限量、也可以通过另外一个限量同样好地标明出来。

　　我们就来考察一下限量的这种外在性如何显现在限量的不同方面的。

　　aa）［无限小］限量的规定性作为众多的一种限度一般来说并不是事情自身的规定性；事情的概念并不由此受到影响；概念的实现是一个在它自身那里和通过自己本身设定起来的他在。在他在里概念始终是它所是的东西，或者说，他在仍然是绝对地被扬弃在它里面；他在的限量的对方 ① 虽然让概念保持它的原样，但是这个对方并不是在它自身那

---

① 手稿原文为"Anders"（对方），英译本将"对方"（Other）校改为"他在"（Otherness，德文则应为 Anderssein）。接着的"它的"也是英译本加的。——译者

里设定起来的他在，因而它的被扬弃的存在就既不
是为它自身、也不是由于它自身，或者说，概念是
简单的同一性，只不过是某种死东西的同一性。因
此，并没有某种成为他物被设定起来，无论是空间
的，或时间的，或质量的，或热的、色的等等，或
者甚至敏感性的、刺激性的等等，或者主观性和客
观性的等等，无论它们被设定为多大或多小，而且
也无论这多大或多小两者是外延的或内包的。限量
的限度是某种它们完全接触不到的东西，是某种限
量已确定时可以漠不关心地被继续向内拉近或继
续向外远移的东西。在**绝对小的东西里这个东西
不消失**，同样地，**它在绝对大的东西里不超出自
己本身**；消失，无论是由于增加或减少，都不会成
为可理解的；因为大小本质上是这样的东西，它不
是事物自身的一个规定。"意识作为具有一定程度
的力，它的消失是由于这种统觉能力的逐渐减少
的结果"①，这是一种空洞的思想，它带到精神的本 (18)
质里来的首先是大小这个规定，就是说，这样的
规定：[在] 本质 [身上] 一种规定性绝对是一种
外在的规定性，然而精神的本质宁可是这样的东
西：没有任何一种规定性是外在的规定性，反倒是
一种完全在它里面被扬弃了的规定性，于是减少就

---

① 见康德《纯粹理性批判》，B.413—415，引文实际上是黑格尔
的复述。——译者

必须过渡到意识的一种消失，当然大小的扬弃将会扬弃它所属的那个东西自身，如果它对于这个东西来说是本质的，但是大小按其本性是一种偶然的东西，是一种真正说来倒不是进行排斥的排斥，是一个真正说来倒不是限度的限度。当一个大小的这种本来偶然的东西消失时，一般地说是不会出现这个大小曾被设为在它那里的那个东西就会消失这样的事的，这个东西现在宁可说是纯粹作为它自己本来真正是的东西显露出来了。**没有程度的意识才是真实的意识**。这同时是**数学分析的正在消失着的大小**的真实意义；无限小的东西不应当是无。而却不应当再有大小。在这个概念用了一百年之后人们已使它成为了一个悬赏征答的问题：这个概念是否真正有意义？而我们看到，已有的种种回答对于其意义并不清楚明白。在无限小的东西里真正说来大小完全消失了；无限小的东西不仅仅是一相对小的东西，如沃尔弗（代数学入门，§.6）对这个问题的说明那样：在测量一座山时，风从山顶上刮走的一粒沙实际上使山低了一些，但在考虑山的大小时则被认为毫无价值。问题不在于对一个相对很小的东西的忽视，这种忽视满足于一种不精确的大小规定，这种不精确性不论是如何的小；而是在于，不顾对于小的忽视，在微积分的运用中作出的大小规定仍然成为绝对精确的。即是说当我们在一种大小（量）的体系中让一设定的大小绝对地消失时，那能够加以确定的东西的概念作为绝对的比例就由此而产生出来了⁽¹⁾我们唯一关心的是这个比例，而不是确定的大小；因而不变的大小——它们不仅表达它们在一个比例中是怎样的这样一点，而且表达它们在比例之外、单独地是怎样，——就完全撤离了；诸因素的比例同样地消失于其中的积把自己建立为和等等。微分是立即又被扬弃的大小的余数差的外表；微分用于一个相互规定的诸要素的体系被加倍以便把这个体系表达为不同要素的等同；在加倍中一个要素出现在不同的大小里；但是这两种不同的大小就概念而论是完全相同的，而由于差别被表现为一个微分，这样一来所发生的无非是不同的大小的消除和概念的建立。所以，为了表达一条曲线中次切线是完全通过它所属的横坐标和纵坐标所决定的，横坐标和纵坐标就被加了一倍，以便通过其余要素把这一单个要素的规定性表达为次切线对纵坐标的两个比例的等同性；在由此获得的规定中，没有一个由此会变得不精确的大小被抛弃，而是大小的差别性，横坐标和纵坐标的二元性完全被消除了，而且这个规定由此就是一种通过它的比例，而不是通过它的大小本身或通过大小作为概念的纯粹关系。上述那种加倍和欧几里德为了［证明］其诸简单命题所使用的是同样的东西，如证明一个三角形内，由于三种要素，其余的就完全被决定了（如果这些被决定者中是一条线，那它就不仅

(1) 2个横坐标。

(19)

在比例中，而且是特定的大小：如果不是线，因而被设定的就只是角，就是说，各线的纯比例，也只有各线的比例被设定下来了）。两个三角形的重叠就是微分的消失，或者说它们的消失不是作为一种大小的消失——因为它们不［是］属于不同的大小——，而是它们的完全形式的二元性[的微分] [①] 消失了；微分的消失相反地是一个大小的消失，但是这种种差别和三角形的二元性一样都仍然只是一种差异性的外表，因为在比例中这只涉及概念。把一个体系加以分解是数学把一个封闭系统的诸因素作为单独存在的或作为限量来处理的职责的需要。一个诸因素的系统是一个对立的统一体，这些因素在这个对立，即这个比例之外什么都不是，它们并不是仿佛具有超出另一个的余数，并因此似乎是独自的；相反地，它们仿佛是如此地相互吻合，以致当它们实际上通过它们的对立而被表明为一个系统或统一体时，它们就相互扬弃；这样，系统作为整体——这个整体如其必然地那样在其诸要素里销毁自己，——就是简化为零的方程式的表现。但是，诸要素作为限量应当显示为持存着的，而诸要素在系统中的**统一性**则因此被转变为**等同性**；系统作为一个整体是在自身内被设定为一的它自身的二元性；对立东西的统一自身就是这些对立东西的任

(20)

---

① 英译本增补。——译者

何一个；而这个统一在这样地展示为其双倍的存在或一般的存在的一种等同的情况下就土崩瓦解了，因为如在质那里已经指明的那样①，实在性是单一性的一种加倍，或者说单一性只有作为单一性和众多性才**存在**，而这两者是同一个东西，或者说是单一性自身。如果系统是一个系统的话，在统一性的形式中简化为零，这个系统现在就成了一种相异者[项]② 的等同；而诸要素的微分的设定则是加倍的一种形式，以便通过整体、并因而通过互相把诸要素的规定性表达为一个方程式；由于每一单个微分都保持着不同大小的外表，所以当这两个整体按照本质（按照它们诸要素的内在比例）是同一个东西的时候，就可以设定起来一种诸比例的等同性，诸要素是作为大小而在这些比例中，但这样的大小规定却消失了，因为它就内在比例而论没有任何意义，而内在比例是要素在它自身那里的本质的规定性，不是作为外在的、量的规定性，而是它的概念；而它所导致的就是规定作为这种内在比例中的 (21)
一个规定。在这种内在比例中诸要素没有独自的大小，而是完全只有一种作为比例的大小，而确定的东西并不是它们作为单个东西的大小，而只是它们相互的比例；这就是说，要素作为限量真正说来是

---

① 这部分的原稿已佚失。根据英译本注。——译者
② 英译本增补。——译者

在无限的减少中被扬弃了，而只有一种在系统中的大小，一个绝对相对的大小，或者说它自身是通过整体所规定的大小；斜边作为 $a = \sqrt{(b^2 + c^2)}$，纵坐标例如作为 $y = \sqrt{(px)}$ 等等，它们以这种方式表现为它们自身是的那个东西——就是说，不是直角[三角形]之外、特定的曲线之外的一条线，等等，它们正是作为限量才是这个东西——；相反地，它们本质上是斜边、纵坐标，等等。

从无限小的这种大小的这种本性中也得出了它的意义和它的使用的限度；如在所用的双倍横坐标的例子中那样，只是一个横坐标在另一个横坐标自身那里才消失，但横坐标作为横坐标仍旧还在，所以一般地说来，内在比例和它的诸要素就绝对依然作为这样的东西还在。如果横坐标（例如椭圆的横坐标，其起点得自中心点内）消失了，这样纵坐标就和短轴同一了，而如果我们愿意的话，我们就可以说横坐标＝0，同样与长轴同一；但这是无用的聪明；横坐标和纵坐标的比例真正说来是被扬弃了，而只有它们的形式上的表达还留着。但是。凡纵坐标作为纵坐标仍然留下来的地方，横坐标就仍然留下来，而且它们的特定的相互比例在它们的无限的减少中始终是同样的，通过这样的减少这种比例是完全不受影响的。让它们在绝对减少中彼此成为相等，并不是说去减少它们，或去扬弃它们作为大小，而是去摧毁它们作为它们本质上是的那种东西，或者说去摧毁它们的概念，借此它们的比例和整个系统就都被扬弃了，从那里绝对不能再生产出同样的东西及某种规定。因此，当甚至牛顿把弦、正弦和反弦在无限小中彼此等同起来时，——这就是对"消失"的绝对误用。这并不意味着扬弃它们的大小，而是扬弃它们［函数］^①自身和它们的系统；然后，在这个系统中就根据这种"消失"以一 (22) 种规定性代替另一种规定性，并以为系统及其比例依然还在，——这种看法必须视为一种完全的误解。

2.[程度] 业已指明，限量作为众多的限度本来是不确定的和这种外在的、偶然的规定怎样在微分学中通过作为一个限量的这种规定的根除而成了事物自身的一个规定。此外，这恰好在作为要素系统的物那里是必要的，或者说，要素的对立不得看作这种外在的、量的对立，而是必须看作如其本来面目那样的对立，即是说看作质的对立，看作规定性。一物的要素的量的差别不影响质的概念，以及物的概念，但是物只是其诸要素的系统，而诸要素只不过是它们在相互关系中所是的那种东西，而物本身就是这种关系；当个别要素变化时，它就改变着它同其他要素的关系，全部关系、即物本身就变为另一个物。而且，真正说来，不是一种要素的改变在发生，而是事物自身的生命历程在显露自己，

---

① 英译本增补。——译者

因为要素不是独自的，而它的变化则完全仅仅由它的关系、由它在事物中的存在决定的。但是，差异性作为一种量的差异性恰好没有触及要素的这个概念，没有触及如在事物自身中的、或就其本身而言的规定性。刻度计上的或外延大小的升和降只能看作一种外在的标记；内在关系（比例）的区别才使限量作为一个这样的东西的区别成为某种完全不同于它所表达的另外的东西。

这种差异性，作为对数彼此相对的一种不同的考察方式，在数的系统自身上表露出来了；数单独地是纯限量，但在其相互关系中它们却是按照质的方式设定起来的。加是纯粹量的变化，在这种变化中差异性呈现为一种单纯从外面添加来的，而且容许它单独存在，而非一种真正说来是一个系统中的作为要素的规定性；限量由于其独自存在的外表，——在这种外表中它完全是一个聚集体，是差异性，正是由于这样它就不是独自的，即某种外在的、任意的东西。① 数的比例是像［它们］在对另一个数的规定性中那样，即是说，像它们本来是的那样来表达数；但是数本身关于这个比例——它（比例）是一个完全外在的东西，或者说本身就是一个限量，——什么都不决定；相反地，数在它

(23)

---

① 英译本此句作："……不是独自的；［它是］某种外在的、任意的东西。"——译者

们自身那里也变为比例，8 和 9 就分别是 2^3 和 3^2；
每一个数都与自身等同，而它的限度则同时是那产
生自身的概念的一种内在关系，因此限度就在它自
身那里表达它的规律；把 1 加到 8 上去就把 2^3 变成
3^2，把 1 加到另外一个数上去就产生不出这样的结
果，或者说量的变化不表达在数——作为一个在数
自身上体现出来的系统的数——那里发生的变化。

　　正是通过水的温度的例子，单纯量的区别和事
物自身的变化之间的这种差异性就将变得更为明白
了。在热的刻度柱上的升和降已经让热的直接对立
面冷代替了热。但是就水的温度而言，量的区别完
全成了一个彻底表面的区别，它通过自身丝毫不表
示在事物自身那里什么东西在变化。温度从 80℉
下降 30℉，在水那里显现出一种膨胀的变化，即
是说，膨胀减小，但温度继续降低到 32℉，膨胀
就增大，水就从液体流动的［状态］过渡到固体的
［状态］；而由于浇注温度很高的水而变了样的雪则
保持同样的温度；同样，沸点的温度则抵制变化，
而水却相反地采取了气体的形式；以致从量显示出
来的温度的诸规定性就绝对只表达出事物变化的标
记，而非温度本身；质的东西到处都打断了量的标
度；而事物自身的变化，或者内在关系的变化，水
本身那里的实在的温度的变化，是一种完全不同于
关于温度的抽象概念的东西，这种抽象概念据说是
独自的，纯粹简单的，而且在这种自身等同中将只

(24) 能作一种量的进展；变化的量的方面仍然把温度设
定为在其进展中自身等同的，但是变化作为自身等
同物的这种抽象恰好成了一个对温度而言的外在的
东西，而同这种外在地设定的、自我等同的变化相
矛盾的却常常是这个事实：温度并不是这种自身等
同物，而只是一种关系［中］^① 的一个要素和由此
产生的内在的、时而阻碍时而加速那个均衡进展的
变化。如果横坐标表达变化的始终如一的限量，那
么真实的温度就将总是一个纵坐标，这个纵坐标的
变化作为限量则与横坐标有关联，但其绝对的规定
性是由它所属的曲线的本性设定起来的，而这本性
始终只与自己保持同一并反过来改变着单纯量的外
在东西。

　　3.［尺度］量的东西无论就其众多性和就其为
"一"而言，都同样地把［自己］表达为实质上不
确定的东西，或偶然的规定性。在数字的"一"的
形式中设立起来了如其本来所是那样的否定的单一
性，而数则是否定的单一性的外在而任意的组合。
但是，限量作为一种规定性具有一个内容，它就是
这个内容的规定性；在纯粹的限量那里数字的"一"
自身就是单一性，并因而是一个不确定的"一"，
而它这样地实存着，这是因为它是在一个在质那里
作为在质那里外在地设定起来的规定性。"一"，尺

---

① 　英译本增补。——译者

度就本身而论是一彻头彻尾不确定的东西；而且这
同样是绝对不可能的，无论是指出一个内包大小的
最高程度或最低程度，也无论是指出一个外延大小
的最大或最小。因为被设定为"一"的那个东西，
由于"一"是单一性之故，自身就是一个反复出
现的东西，既能减少又能增加；或者说它作为否定
的"一"本质上等同于它所排斥的那个东西，它作
为纯粹的"一"，和众多是等同的，而绝对不是纯
粹的"一"。它只是一个要求，这个要求的实现实
际上是不可能的。如果说到程度，它具有简单东西
的形式，仿佛也可以比较容易地表现出一个第一程
度，那么这是一种错觉。因为正如外延的东西就其
自身而言是绝对可分的一样，那么内包的东西就是
可以从外面绝对地加以限制的；程度本质上仍然是
一个作为外延的东西的大小。程度的最小的大小正
因为如此就还是一个不单纯的东西，而是被设定为
一种外在的联系；这种扩张自身完全是一种各式各 (25)
样的和一种内部可分的、偶然的和既可减少又可增
加的扩张。可能有最小的限度或最小的外延大小，
[就是说]① 可能有某种作为绝对尺度的大小，这种
可能性之所以 [被] 相信，是因为大小自身作为这
样的东西是可以完全被根除的，而这种被根除了的
大小，要是根除没有被理解的话，总还被认作是一

---

① 拉松本增补。——译者

个大小。

4. [不同的单位] 大小的规定很少表达如其在事物那里那样的规定性，或者说，就其自己本身而言的规定性，所以［它］就更少能够把规定性表达为对立的质的不同规定。这样一些对立的质完全不可能来源于它们的绝对－质的关系和等同性；或者说，在它们是被区别开的和被规定为大小的范围内，它们完全是不可通约的；因为它们本质上是相互对立起来的。所以，例如，一种绝对运动的时间和空间是彼此完全相等的，同一个绝对的关系把自己表达为空间，也表达为时间；速度[的大小] [1] 就是它们相互的绝对关系，而大小则按照这种关系的本性在两者那里显露出来；速度就是它的这些要素之被设定为绝对的"一"；但是在它们表达它们的对立——时间是方根，而空间是平方，——的范围内，那么这就不是时间自身和空间自身的一个大小的规定，而是它们的如其本来是的那样的规定性，或者说，如空间对时间和时间对空间，每一个都只在对另一个的关系中的那样的规定性。但是每一个单独地加以设定，那时间和空间就是作为一个特定的大小，即一个特定限量的方根和平方；而如果 9 个空间限量在 3 个时间限量里被经过，那么这些大小——9 个空间和 3 个时间就都是不可通约的；135

---

① 拉松本增补。——译者

英尺比 3 秒既不更小也不更大，正如一颗恒星的距
离那样；反之，如果英尺 [被看成为] 任意的空间
单位，同样地秒为任意的时间单位和运动为地球表　　(26)
面上的自由下落[的速度] ①，那么最初的 3 秒就完
全等于 35 英尺；或者说，在这 3 秒内的这种下落
的速度是这样一个大小，它在时间上表现为 3 秒，
在穿过的的空间上表现为 135 英尺；再者大小本身
单独地看是偶然的东西；物体在 1 秒内穿过 15 英
尺，这只是下面这件事的一个标记，即运动被设定
为地球表面上的下落；但是大小的表达，正如它以
不同的方式表现为时间和空间上的真正简单的大小
那样，是以时间和空间在运动中的绝对统一为基础
的，时间和空间作为区分开了的是绝对对立的要素
和这样地来表达它们的这种规定性或它们的本质，
即它们在关系中的存在，以至于一个是方根，另一
个是平方。

　　引力和斥力也同样是彼此绝对相等的；任何一
个都不比另一个更大，任何一个除了在它们的一
致，即它们的被扬弃的存在之内以外都没有意义；
绝没有任何一个超出另一个，或者说，如果它们被
区别开和被表达为大小，并被作了不同的规定，那
么它们就是完全不可通约的，并且正如不能说一个
时间比一个空间大些，同样也不能说那被叫作引力

----

① 拉松本增补。——译者

的东西比那叫作斥力的东西大些。它们不能超出它们的平衡，同样也不能超出它们本质上所是的单一性和众多性，当说到较大和较小的引力时，吸引——表现为各部分的凝聚性、可分性和可推移性，——就很容易浮现在脑海里；但是凝聚在斥力那里没有对立面，它被设定为一种纯粹的质，而它的大小不是同斥力的大小，而是同较大或较小的凝聚相比较，因而当谈到某种比斥力大些或小些、强些或弱些的吸力时，所指的就不是凝聚。由于物质[是]吸引和排斥的绝对平衡，这无非就是不同的单一性和不同的众多性的[平衡] ① 所以它们是纯粹观念性的，是纯粹的思想物，是本来被扬弃了的、没有实在性的诸规定性，没有一个能够作为单个的出现；它们是对于物质的认识的诸要素。但物质在认识的总体中恰好是它们的一致或者说存在的要素，而这个一致就是最初的实在性，物质自身的差别总是保持在那个"一"中，而如果说它是吸引和排斥的一种分离、差异，那么物质自身就会被分解了。量的东西是一种完全外在的东西，不是对"一"的一种分析或一种内在的比例；试图把它理解为一个内在的东西，理解为事物自身的比例，以致它作为这种关系必须依然是量的，这种企图是和量的东西的概念相矛盾的，它使物质的大小的区别

(27)

---

① 拉松本增补。——译者

成了物质的诸观念要素的一种分裂。比重只以实在的东西，即重量和观念的东西，即容积为其因素；可是它的限量却纯粹是简单东西的、广延的或绝对共同东西的、自身等同东西的一个各种各样的限量，而这个如此地被设定为外在决定的东西，无非是这两个要素的单纯的一致，即比重本身。

　　离心力和向心力的分裂也是同样的情况，这两种所谓的力就其自身而言什么都不是；向心力本质上无非是被扬弃的单一性的恢复的表现；它同某种离心力，即某种对这个单一性的独自存在着的扬弃完全不矛盾，而那种把它作为一种独自存在着的力来证明的方式则达到无聊可笑的地步。在它们应当加以区别的地方，它们直截了当地显示出总是同样大小，以致一种现象的大小是通过所谓向心力或离心力来确定，总是无所谓的。被确定为限量的始终是简单的东西，而这个简单的东西就是运动，而不是运动的大小——作为不同力的不同大小的一个结果。在一个被指明为比另一个更大的地方，如在理解近日点或近地点内的运动的较大速度和在远日点或远地点内的较小速度那样，这同样是完全无关紧要的，在一个地方把这一个或那一个设定为较大的，这就是说，它们总是［被设定为］两者始终同样大小，当这一个被设定为较大时，另一个也就必定被增大；在设定它们的差异性以便理解在不同宽度内摆动运动的不同速度时，也是同样的情况；真 (28)

37

正说来那个被设定为不同的东西，正就是同一个东西，运动在这里大些，在那里小些，不是两种一个比另一个大些、完全不可通约的力；关于这点下面还要更多地说几句。

从到目前为止的论述中得出有关这点之应用于感受性和激动性相互对立的不同大小：这两者仍只共同地上升和下降；它们的平衡不受干扰。它们的共同的大小不是一个保持着的总数，而当它们的任何一个偏离正常的程度时，它们就将这个总数不均等地［在］它们［中间］进行分配，这一个下降，与此同时那一个就会上升。作为对立的，它们都是绝对的规定性，这些规定性正以此而停止为互相对立的大小；大小的规定只影响它们的共同东西，它们的简单东西，这就是说，它们，在它们没有被区别开的范围内，或者说，它不是它们的相互关系：在简单东西——被理解为关系——被设定起来的范围内，那它就是一个内在的东西，而完全终止其能为大小规定。感受性是自身联系，同样引力也[是]①，而斥力、激动性则被认为是否定的联系，两者是不同的单位。

5②.[绝对的矛盾] 限量作为单一性对众多性的一种联系，这种联系是受到限制的，这就是说，它

---

① 拉松本增补。——译者
② 手稿此处为 3，兹依据拉松本校改为 5。——译者

从自己那里排除了单一性对众多性的不曾联系起来的状态，把自己设定为这个按照其概念而是的东西，即在外延的大小中的东西；但是关于外延的大小业已指明，由于它在它自身那里表现出联系起来了的众多性，它真正说来就把自己和未联系了起来的众多性等同起来，而且不是受限制的，而是无限制的了，它排除的那个东西，更确切地说是它自身那里具有的。我们不再考虑他物是从它那里排除出去了，因为它跟它的概念是一致符合的，而且，这种排除就在它的概念自身之中，因此，绝对的矛盾，无限性真正说来就在它自身那里设立起来了。 (29)

C.① 无限性

1.[坏无限性] 简单联系已实现自身于限量中，因为这简单联系的概念，质，作为限度（诸规定性的相互排除），在全体性中成了它自身的对立面，即是说成了诸规定性的联系，并从这个对立面中回到了自己本身。而限量作为这个总体即是总括在限度之下的全体性，一种单一性与多数性的联系，这联系同时和单一性与多数性的一种不联系相联系，并将它从自己那里排除出去。但是，在它自身那里的绝对矛盾，即无限性正就在这里

---

① 手稿此处为 D.，兹依据拉松本校改为 C.。——译者

面，并因而无限性的真实实现就在这当中。由于
简单联系真正说来就是无限性，所以无限性显现
在其中的简单联系的诸要素的每一个自身就是无
限性，并且是质和量以及作为限量。换句话说，
简单联系成为无限性，因为它把自己反映到自己
本身内，并才把自身设定为它按其概念所是的那
个东西，然而在这以前简单联系的各要素的辩证
性只是我们的反思：诸要素就其本质而言是相互
矛盾的，这点现在是作为简单联系的到自己本身
内的反映，作为绝对辩证的本质，作为无限性设
立起来了。但是这种无限性是仅仅纯粹的和本身
独自的，它作为它自己的概念真实地是它所是的
东西；而不是如它在它的诸要素的规定性那里表
现的那样。质、量和限量都是质或简单联系；每
一个都以这整个范围的概念为其本质，而因为整
个范围的这个概念真实地被认作是无限性，所以
每一个自身就是无限的；但是无限性的这种表现
正因为如此就是一种不纯粹的。这种无限性我们
想称之为坏的无限性，它出现在一种被设定为常
住的规定性那里，只能表达这样一种成为它自身
的努力追求；但真正说来不能表达自己本身，因
为它的本质是规定性的绝对的扬弃，是这样的矛
盾：规定性不在，它在，而规定性在，它就不在；

(30)　　这个矛盾既是规定性的真实的实在性——因为规
定性的本质就是消灭自己——又正以此而直接是

真实的理想性。

a.质方面的无限性，即作为联系的简单概念或自己单纯与自己本身相联系的规定性方面的无限性，应让质本身持存、并同时应在质那里显现质的对立面，即对他物的联系，众多性，因而无限性就是一大堆的质，而且是纯粹的、绝对不与质本身相联系的、或者不是质的一大堆质，而是不确定的一大堆质，这一大堆质所以是一无限的，是因为它同时是作为质的纯粹的规定性和纯粹的不确定性；质，被设定为众多，或同其他具有限度的形式的东西比较，被设定为排斥着的，并以此而被规定为数字的"一"，而这一大堆则是诸"一"的无限的一大堆，那些质则是自己与自己本身相联系的规定性。

b.无限性在质那里设定起来，这样它作为全体性同时持存着、并同时具有其对立物即限度的形式，就是限量。但是作为全体性，即自己本身等同的联系持存着——或者说，那应当作为这样的单一性的纯粹单一性和那是无限的一大堆的质的纯粹单一性就同样地可以设定起来了。因为全体性是受限制的或成为一个特定的限量，它就同时应当是纯粹的单一性；因而必须超出了那是一种不等同性或否定的限度。限度的这种扬弃或重建起来的单一性同样地必须再受到限制。那设定起来的就直截了当地是这样一个矛盾，即一方面是限度，一方面是纯粹

41

的单一性，两者相互联系，却不相互扬弃。这是坏的无限性和只不过是限度与自我等同的单一性的设定和扬弃的一种交替；因为每一个都直接要求对方，两者就这样地无限递进。

(31)

无限的一大堆和无限的延伸的坏无限性表达的矛盾，始终停留在对它自身的承认之中；这里诚然有一种矛盾，但不是**这个**矛盾，或无限性自身；两者一直进到要求扬弃这两个交替着的项，但也只是进到要求而已。一个限度被设定起来了，因而纯粹的单一性就被扬弃了，纯粹的单一性再被建立起来，因而限度就被扬弃了，在无限的一大堆中同样地一个别的规定性超出每一个规定性，而同样地又有别一个规定性超出这个规定性。许多质的以及许多量的持存绝对拥有一个单一性的彼岸，单一性没有被接受到它们中去，而那被接受到持存着的东西里去的单一性则会为它所扬弃；为了持存，这一大堆就不能把这个彼岸接受到自己里面去，但是它同样不能摆脱这个彼岸和停止超出自己。由于诸规定性或诸限度把单一性置于自己以外，作为一个彼岸，所以它们似乎保持着自己；但是，由于单一性的这种彼岸存在对于它们保存自己或它们的持存是必要的，所以它们本质上是相联系在一起的，而它们对单一性的排斥或它们自己的保存真正说来是一种与它的一致——或者说，那被设定起来的就是真实的无限性或绝对的矛盾。

注释。这种坏无限性是坏实在性和坏理想性的第三个[要素]①，它们两者在坏无限性中达到自己本身，或者说是被反映在它里面，但是仍然在坏实在性的形式中或是以这样的方式——坏的实在性和理想性持存在它里面。坏实在性始终停留在作为一种被设定的、自己只同自己本身联系着的规定性的质的概念那里，同样地坏理想性则始终停留在量的概念那里，即对限度的排斥；而坏无限性正是以这样的方式通过让两者持存而使这些概念相互联系起来。坏实在性因为它被超越，或者说，因为理想性在它旁边被设定起来而仍然存在；而理想性就只不过是这种超越，即一种被否定者在它之外持存着的否定，或者这样说也是一样的，只不过是纯粹的单一性，支持这个单一性的仍然是限度的必要性。或者说，由于坏无限性始终只停留在简单联系的概念那里，所以它自身只是限度，即自身联系和他物联系的这个**和**，带有这样的反思：这两种联系既互相设定，又互相排斥——简单联系的一种形式上到自己本身的回复，在这种回复中它仅仅过渡到否定，因为它留下实在性，并因而同样是实在性②，因为　(32)

---

① 英译本增补。——译者
② 原文作"同样否定"，拉松本作"同样实在性"，现依据埃本将此增补为"同样是实在性"。——译者

它过渡到否定^①或因为它从限量，即一个特定的数量成为单一性就超出了限量，而因为它从单一性成为^②限量就同样地拥有作为一个彼岸的单一性；因而除去限度的"和"的运动外什么都没有，通过这个运动它只不过是从这一个走向另一个，它不能停止在任何一个上面，而是与此同时每一个都受到这个"和"的影响、通过这个"和"再次被推向另一个，因为绝对的无限性相反地 [是]^③绝对的"和"、简单联系到自己本身的绝对的回复，或对它们身上的对立物的简单的、直接的扬弃。

坏无限性是无能以一种绝对的方式联合和扬弃对立所进到的最后阶段，因为它只提出了这种扬弃的要求和满足于述说而不去实现这个要求；它以为自己达到了终点，因为它在直觉中超越受限制的东西和面对例如星辰或多种多样的生物构造之不可测度、不可数陷入一种不可理喻的惊愕，或者因为它从直觉中返回而在一种无限的进展中挽回自己的能动性——作为同受限制的东西相互对立的纯粹单一性，在这两种情况中无能都不在场，在前一种情况下它扩大肯定的、现有的限量，认识到它是受限制的，而在对此的超越中只达到要求对其限制的被扬

---

① 原文作"实在性"，兹依据埃本和拉松本校改为"否定"。——译者
② "成为"（wird）系依据埃本和拉松本增补。——译者
③ [是] 系依据埃本和拉松本增补。——译者

弃状态，或者在对这扬弃状态的扬弃中同样只达到空虚的无，并且再一次只达到要求对无的充满；这两种情况都把受限制者的空虚拆离开了，一个作为另一个的彼岸；不管设定多少受限制者，还是有一个空虚在自己之外，在这空虚中还有受限制者没有被设定起来，并且通过受限制者的扩大无限制性却还是没有引入到受限制者本身之中。在这里那种无能同样地不在场，因为它扩大否定的限量；否定绝对只是对这个被规定者的否定；或者说，绝对的否定就是那个空虚本身，与这空虚相对的是规定性的绝对的堆积；因为这个否定，空虚或自由被做成为肯定的东西，所以在此就有了与从前的要求相反的要求；在前一种情况下，被要求的是对空虚的充实，在还现有的无中受限制者的存在，在后一种情况下，被要求的是空虚的存在和始终还现有的受限制者的被扬弃，而因为空虚是独自的，所以只是受限制者，即在观念活动之外的现有东西可以被接受的空洞可能性。而被扬弃的存在就是无限的进展，即是说一个绝对没有被实现的被扬弃的存在，而这种能动性的崇高是同那种存在的崇高同样地无意义，并且同样地满意于展示没有得到满足的要求。

(33)

2.[真实的无限性] 真实的无限性是实现了的要求，即规定性扬弃自己：a － A=0。它不是一个总是在一个始终在自己以外的他物中才有其完成的系列。反之他物就在这个特定物自身，这个特定物

45

独自地即是绝对的矛盾，而这就是规定性的真实本质。换言之，这不是说对立的一项是独自的，而是说它只在它的对立物中，或只是绝对的对立。但是，由于对立物只在它的对立物里，它就只在它的这个对立物里毁灭自己，同样这个对方也这样地毁灭自己；绝对的对立，无限性就是特定物的这种在自己本身内的绝对的反映，这个特定物是一个不同于它自身的他物（就是说不是一个一般的他物，即不是一个对于它这个特定物会是独自而漠不相干的他物；而是它的直接的对立面），而它是这个对立面时，它就是它自身。这个就是有限物的唯一真实本性：它是无限的，它在它的存在里扬弃自己。特定物作为特定物没有别的本质，除去这种绝对的不安静、即不是其所是以外；它不是无，因为它是他物自身，而这个他物同样是它自身的对立面，重新是第一的个东西。因为无或空虚和纯存在是等同的，这个纯存在正是这个空虚，而它们两者因而在其自身那里就直接具有某物或特定物的对立，而正

(34) 因为如此它们就不是真正的本质，相反地本身就是对立的诸项，而无或存在，空虚一般地只是作为它们自身的对立面，作为规定性，而这个规定性同样地是它自身的他物或无。无限性作为这个绝对的矛盾因而是特定物的唯一的实在性，并不是一个彼岸，而是简单的联系，纯粹的绝对的运动，自内存在里的自外存在；因为特定物和其对立物是一致

的，并且两者都不存在，所以它们的不存在或两者
的他在同样地只是在对它们的联系中，而且它同样
地直接是它自身的对立面或它们的存在：两者都同
样直接地设定自己又扬弃自己。

无限性在这种他在和这个他在的他在或重新第
一存在，即在双倍的否定而这个否定又重新是肯定
的直接性中，就是在其绝对不等同性中与自己本身
等同的简单联系；因为不等同物，或不同物按其本
质直接地是一个他物，即它自身的他物。简单物和
无限性或绝对的对立并不造成任何对立，除去唯独
这个对立以外，即它们绝对地是相联系在一起的，
而且就它们是对立的而言又同样绝对地是一致的。
这不可能是说绝对物从自身中走出来；因为只有这
才可能显现为一种走出来，即有（是、存在）对立。
但对立不可能停留在它的有（是、存在）那里，相
反地它的本质即是这种绝对的不安静：扬弃自身。
它的诸项也许会是它的有，但是诸项本质上只不
过是作为相互有联系的，就是说它们不是独自的，
它们只不过是作为被扬弃的；它们独自是的那种东
西，就是不独自地存在。如果绝对的对立被同统一
性分离开来了，那么统一性就同样是独自的，而绝
对的对立也就同样地失去了常态，可是这样一来对
立自身只是改变它的表达方式，而那不［会是］①

---

① ［会是］（wäre）系依据拉松本增补。——译者

47

无限的简单物本身就是一个规定性，却远远地不是绝对；只有无限简单物，或单一性和多数性一致，才是绝对物。如果要问对立的某种根据，那么这个问题正就是以根据（根据现在无论设定为什么）和对立的那种分离为前提，这分离虽然把两者引入一种联系，但却是一种如此有缺陷的联系，以致两者中的每一个又还是独自的，即是说，因为两者只有在相互联系中才是它们所是的东西，即两个特定物，所以既不是这一个也不是那一个是本身独立的，而对于某种根据的探问就扬弃了自己本身，因为它问的是这样一个东西，它将会是本来的和独自的，而它同时应当是一个特定物，即不应当是本来的和独自的。

(35)

这就明白了：这些要素——质、量和限量——以及还有它们的各个要素的辩证性无非是它们曾被无限地设定起来了；每个要素都必然显示为一个无限物，但在它们那里无限物自身还没有显示出来，或者说这个无限物自身没有被设定起来：这一点曾被提醒过，它们之所以仅仅曾是无限的，而不曾是无限物自身，是因为它们在它们自身上没有表达出同它们的对立物的必然联系，或者说，无限物只不过曾是它们的理想性的根据。对立物是从质里排除了，质是完全独自的，仅同自己本身联系的；量是独自的，但是排斥着的，而它所排斥的对立物同样很少是设定在它自身那里；与此相反，被排斥的东

西本身是被设定在限量身上，限量自身就是单一性
和多数性的联系，而那现在被排斥的东西就是单一
性和多数性的不曾联系起来的状态；对立本身的两
个项都在限量那里，而限量里面那个应当进入对立
的东西就是这两个项自身的联系。由于每个方面这
样就都具有限量自身里的整个对立，所以从限量中
排斥出去的"一"和众多就在它自身那里，而限量
缺少的就还只有这个反思，即这个被排斥的东西作
为一个相互没有联系的东西仍然是在它自身里面，
而因此限量就成为无限物。或者说，"一"和众多
的简单联系成为了自己本身的一个他物，并且返回
到了自己里面；简单联系实现了自己；限量以这种
方式而是无限物，因为在每个项里的东西也在别的
项里，或者说在每个项自身里都设定起来了它与别
的项的完全一致，每个项都具有相同的内容。在此
暂时提个醒，这个就是对绝对物的真正认识：不是
说只证明了"一"与众多是一回事，唯独这个才是
绝对的；而是说在"一"和众多自身那里每一个与
另一个的完全一致被设定起来了。那个证明的运
动，对完全一致的认识，或对只有"一"个实体的
证明，仿佛是**在**"一"和众多以及它们的完全一致
以外进行的，如果这种统一性不是从对立自身来理
解，即是说，如果统一性不是作为无限物的统一性
的话。但是，自相对立或成为他物和这个他物之成
为他物或对立自身的扬弃的这个运动是在无限物

(36) 里，因为无限物在它自身那里是这种与其他在的完全一致，因为那个对于实体仅仅是"一个"而不是无限物的证明，仿佛独自就有绝对物的运动，简单物之成为他物和这个他物之成为他物。或者说，证明，而不是"一个"实体自身，[其实]① 是这种绝对的反映。

3. 无限性按其概念是对立的单纯扬弃，不是扬弃了的状态。后者是对立自身站在它对面的空虚物。无限物的绝对矛盾在简单物里根除对立物；但简单物只在它扬弃这个对立物，并且它自身是作为改变样子的一个结果的范围内才是简单物。但是，他在或对立因而同样是绝对的；由于简单物在，所以对立物就在它的对面，而简单物的对对立漠不相关的独自存在同样是对立的一种漠不相关的独自存在；但是，简单物和对立物又同样自身是对立；因为每一个本质上都不能是他物所是的那个东西，或者说都只有在他物里和扬弃着自己本身才绝对地对立起来。无限物的那种毁灭着的不安静同样只有通过它毁灭着的那个东西的存在才存在；被扬弃的东西是绝对的，而它又同样是被扬弃的：它在它的消亡中产生，因为消亡只在消亡着的某物存在着的时候才存在。因而真正说来在无限物里设定起来的就是：它是空虚物，在这空虚物里一切都扬弃自己，

_____

① [其实]（vielmehr）系依据埃本增补。——译者

50

而这个空虚物正因为如此就同时是一个对立物，或正在被扬弃的东西的一个项，是"一"和众多的联系，这个联系又站在"一"和众多的不联系的对面，但它从处在绝对不稳定性中的这种站在对面被收回到简单性里，而且仅仅被设定为这个被收回去的、被反映的东西。或者说，无限性是——

Ⅱ.关 系

(37)　　　无限性作为简单联系的实在性就是简单联系的总体。简单联系作为无限性自己成为了它自身的他物；即一种多方面的联系和一个多方面的物的联系；因为 α）在无限性里被联系起来了的那种东西不是简单的"一"和众多，而是"一"和众多的一种联系和"一"和众多的不联系，或者说是被设定为简单的"一"和众多和被设定为多方面的"一"和众多，β）同样地，这两个项的联系本身是一种多方面的联系，[首先]① 纯粹自己本身等同的联系，或两个项的非存在，即它们被扬弃于其中的它们的不存在，即空虚；其次，这两个项的和，或作为它们的持存的相同的统一性；因为它们是不在无限性中，又同样地是在无限性中。简单联系因而在它成为无限性时本身就只是**一个**项；它的对立物同样地再次是整个的简单联系，而它的反映或总体[是]②

---

① 英译本增补。——译者
② 同上。

其加倍的联系，而且本身就是一个己内加倍了的东
西，一方面［它是］① 它的两种型态的绝对的理想
性；另一方面甚至[它是]② 一种同实在性对立的理
想性，或者仅仅是限度，即其持存于它之外的两种
形式的**和**。

　　这样加以说明的无限性就是**关系**，无限性所是
的那个整体同样地必须成为自己本身的一个他物并
自己反映到自己内；虽然自己内是被划分开和被区
分开的、但仍然扬弃着它的诸区别，无限性是一个
必须自己本身成为无限的简单物。换言之，无限物
自身必须面对这个无限物，而它反映到自己内的这
个东西本身［必须］③ 是无限物。

　　因为关系面对自己本身，它就依然是简单的，
或者它设定自己为差别的这个差别不是关系的一种
分析，这个东西无非将会是通过先行诸环节向简单
的质的一种回归。关系直截了当地待在所有随这而
来的环节里；而它自身内划分开来的情状是我们已
经知道了的，这种划分开来从根本上看是紧束在一
起的，而因此唯一需要做的，就是更切近地去规定
被划分开的东西的这种完全一致。完全一致在无限
性概念中首先只不过是这个相互的扬弃和设定，存
在和存在的消失。它自身仅仅是无限性的概念，不

---

① 　英译本增补。——译者
② 　同上。
③ 　同上。

是在它自身那里被设定为无限的无限物；因为既不是那是一个他物的东西是绝对物自身，也不是说无限物是一个从自己本身中生成的东西，而是说无限物是从一个不同于它自身所是的他物中生成的东西，即是说从简单联系中生成的东西。无限物的胳臂本身不是无限物，而是联系起来了的"一"和众多和非联系起来了的"一"和众多；无限物因而不是来自自己［本身］，也不是一个回归到了自身的东西；设定起来了的只是它的概念，不是它的实在性。

(38)

在无限物那里，它的单一性和被分开状态，它的绝对自我等同状态和它的自我绝对不等同状态区别开来了；两者都已经在它身上设定起来了，或者说都在它的概念中了。两者必定是某种通过它自己生成的东西，一种回归了的单一性和回归了的众多性，而且因为它这样地自身成为这两者，它就是他物自身。它分崩离析成了一种它自身作为某种加倍物的持存；但它的本性是对立物的完全一致和对自己作为这个加倍物或对自己本身作为他物自身的扬弃，这样它就从自己本身中生成出来了。

A. 存在关系

我们把关系直接接受下来，就好像它的概念已被确定了似的：关系的各个项无论如何只有在相互联系中才有意义；这些项只不过是作为这种与别的项对立的东西，而它们的统一性则是加倍了的，即肯定的，这种统一性是它们共同的东西（或纯粹的存在）和正因为如此就是那个它们既在其中持存又在其中被扬弃的东西。因为它们持存在这种统一性中，[后者]① 就是它们的形式；就它是独自的而言，它就是它们的空洞的**和**，它们两者则是在这个和之外。作为这种进行着联系的**和**，它因此就是直接排斥着的、否定的统一性，是同对立的诸项对抗的，而且自身就是一个项，这个项的他物就是对立本身，或者说就在它自身那里。

作为关系的这个概念，关系就是——　　　　　　(39)

AA. 实体性关系

1. 实体性关系直接表达关系的概念，而作为一种存在关系的一般关系和同关系的其他形式相对立的作为实体性关系的关系概念的区分，则是一个预知了的反思，其内容在下面会自行产生出来，而这个反思只有在这内容里才会证明自己是正确的，目前仅有一种象征的意义。

因为关系按其本质是无限的，关系的诸要素本身就仅仅是它们在无限中的样子，或者说，它们仅仅设定为是扬弃了的或完全是这样的东西——它们

---

① 英译本增补。——译者

在他物那里的样子。

a.[可能性] 肯定的统一性最初仿佛是对立的诸要素存在于其中的空间，或者说，它是诸要素本身的存在，持存。在这个存在里这一个和那一个都是一样的，它们两者是相互漠不相干的，并且是相互外在的；肯定的统一性的空间或存在的共同性同时是诸要素的"和"，但是这个"和"不就在它们面前，而是作为"和"对于它们来说并不是现存的，就这样也没有否定的统一性被设定起来，这种否定的统一性将会是向它们走去的"和"，而实体则只有存在或持存的意义。真正设立起来的只是不同的质，带着这样的反思：它们的存在是它们的共同的、漠不相干的东西。

但是，因为这样一来一个规定性就和别的规定性是同样的，所以它们的本质就一起地是：不是作为相互漠不相干的，而是仅仅作为绝对只在与别的规定性的联系中的存在；而任何一个的存在就是另一个的不存在；绝对不是两者都持存着，而是作为相互扬弃着的，这一个只有在另一个不存在的范围内才持存。但同样地不是这一个只持存着，而是以同样的方式每一个在另一个被扬弃的范围内都是存在着的。但是同样的，在另一个不存在的范围内，每一个都不是绝对地存在；因为每一个都只在与另一个的联系中存在，或者说每一个都只在另一个不存在的范围内存在。但是它只作为本质上同另一个

相联系的存在；因而只要这另一个不存在，它自己
就不存在，而只要它存在，另一个就直接地既存在
又同样确实地也不存在。　　　　　　　　　　(40)

　　先前设定的存在或生存因而是一个这样的东
西：规定性只在别的规定性不存在的范围内才存
在。但只要这别的规定性不存在，它自身就不存
在；它的实体因而只是一个这样的实体：规定性是
作为一个被扬弃的规定性，而这个实体就叫作**可能
性**。质的存在，穿过了无限性，成为了它本身是的
那个东西；规定性只是作为一种被扬弃的规定性，
或作为一种可能的规定性；存在本身成了实体或可
能性，即成为了规定性的这样一种存在，这种存在
只［是］作为规定性的被设定起来的存在，即作为
一种被扬弃了的存在。这个实体独自地就是无、空
虚，或纯粹的单一性；规定性在它①里面并没有消
失，以致只有无会存在，——无自身会是与规定性
相对的对立的一个项，是对立的一种已被扬弃了的
形式；——反之，规定性依然是它所是的那种东西，
但它的存在则是作为其可能性的实体。内容是同一
个，但那先前曾是存在的那个形式则是规定性的存
在本身是的那个东西，即可能性；内容表达的无非
是规定性自身，但形式［表达的则是］②保持分离

---

① "它"指前面的"无，空虚"。——译者
② 译者增补。——译者

的诸规定性的完全一致或共同的东西，这个共同的东西即是如此被规定了的实体。

b.[现实性] 这个实体，作为一个被扬弃了的存在的存在，因而就直接是一个自己本身内分裂为二的东西；实体是诸规定性的无和诸规定性的持存；作为规定性的无它是否定的、排斥着诸规定性的单一性，即空虚的点，并且同时是两者的可能性，或作为被扬弃了的两者的存在。但是，空虚的点，由于它同时是肯定的单一性，是同它们对立和同它们相联系的，它自身就是一个规定了的东西；无不再是独自的，而是规定性的被扬弃了的存在，并因而自身就是一个特定的被扬弃了的存在或作为一个被扬弃了的规定性的规定性的存在。如果被规定为两者的被扬弃了的存在，空虚的点就始终是一个规定了的东西，这个东西在自身以外拥有对立的别的项。这就仿佛是压缩了的实体，它只被设定为"一个"规定性，并且作为否定的单一性而把别的规定性从自己那里排除出去，(这即是)[1] 数字的"一"的形式中的规定性；而那不是纯粹数字的"一"，而是特定的"一"的实体，即特定的、连同排斥别的存在的存在，这样一来存在着的规定性本身的确也就仅仅是一种可能的规定性，即一个别的规定性同样可以代替它的这样的规定性，或者也不

(41)

---

① 译者增补。——译者

58

直接具有比别的规定性更多持存力量的规定性；这
个实体就是**现实性**。量，或者排斥着的联系，穿过
了无限性，则是否定的实体，或一种这样地自己
只同自己本身相联系的规定性，以致它排斥别的规
定性，如量，但是作为排斥着的规定性本身只是被
设定为一种可能的规定性。这仅仅是一种排斥别的
可能东西的可能东西，而被设定起来的可能东西就
是实体；实体在现实性中使其作为可能东西所是的
那种东西分裂，并且闪到一边去反对自己本身，或
成为一个不同于它自身所是的他物。它（实体）是
现实性，是它作为否定的单一性的被设定起来的存
在，这个否定的单一性现在把一种不等同性引入两
者的被设定起来的存在里，并拥有作为一个被设定
起来的东西的这一个可能的东西，而另一个可能的
东西却是作为某种未被设定起来的东西；这种未被
设定起来的东西，这种与现实性对立的可能性，已
经成为了被排斥的、不持存着的东西。

　　c.[必然性] 可能性的辩证法、诸规定性的存
在作为它们的一种被扬弃的存在，使实体成为否定
的单一性或现实性；但是现实性自己本身同样具有
它的辩证法，并且不可能始终停留在自己本身。

　　实体作为现实性是一个被设定起来了的可能东
西，即作为存在着的这一个偶性；但是现实性的这
种被设定起来了的存在并不取消它的本质，而只是
作为被扬弃了的东西设定起来了。偶性绝对是与别

的偶性联系在一起的，而实体、存在实际上不是这一个的存在，而是两者的等同的存在，即两者作为被扬弃地设定起来了的东西的"**和**"；而其一和其他一样是现实的东西，而且两者都同等程度地是可能的东西。它们的实体是这个：每一个都以同样的[方式]既是现实的又是可能的，在其存在中，或在其自身联系中是作为现实性，按其本质则只是作为一个被扬弃的东西或作为一个可能的东西。或者说，就它的作为可能性的内在本质被当作它之成为被扬弃而同它对立起来而言，那么它就必须直截了当地过渡为这种可能性或必须体现它的本质，而它的可能性作为它自身的对立物宁可说必须是现实的东西；而真实的实体就是这个矛盾：现实的东西是一个可能的东西，或可能的东西是现实的东西。诸对立物的不同的"**和**"，[即诸对立物] ① 向它的对立物或实体的直接转变就是**必然性**。

(42)

关于关系的概念或无限性在必然性中被设定为它真正是的那个东西。在可能性里对立的诸要素只是作为被扬弃的。可能性本身是理想性，没有自己本身的存在；它必须把自己设定为理想性，在理想性中诸要素不是作为已被扬弃了的，而是被扬弃着。但是，这个数字的单一性自身是一个特定的单一性，而这样就被规定为现实性，在这现实性中关系作为

---

① 英译本增补。——译者

对立之理想性宁可说是它自身的对立面，即是说自身持存在这对立面里面，或者说是特定的实体，这个实体，作为与对立的规定性为一的，是仅仅无限的，或者说是必然性；必然性把无限性表达为作为绝对可能性的对立物之自身等同的单一性，同时把可能性表达为一种在现实性里加倍了的可能性，其一被规定为存在着的可能性，另一则被规定为可能的可能性，——但在必然性里两者直截了当地以同样的方式既是现实的，又是可能的。

2. 实体或必然性因而无非是无限性如其在自身里那样的展示：无限性的诸要素中作为可能性的一个东西成为了现实性中的别的东西，并且是从现实性被反映到了可能性去的东西；但是以这样的方式，即这些要素自身不是无限的东西。那在他物中自己扬弃着的东西自身并没有（如所要求的那样）已被设定为一个存在着的东西，然而事情必须是这样；因为扬弃，无限性的理想性自身只有在它扬弃存在着的东西，或它扬弃的那些东西是存在着的东西的范围内才存在，但是在这种实体性关系中只有必然性或实体才是存在着的东西；可是因为它为了它作为"扬弃"活动的存在仿佛还缺少它的养料，即诸要素的存在，所以它本身是不真实的。诸要素实际上自身就是存在着的东西；现实的东西按其本质在它自身那里是一个可能的东西，同样地在必然性中从现实东西里排斥出来的可能性在同等程度上是一

(43) 个设定起来了的可能性、一个现实的可能性。无限的东西，作为实体或必然性实际上是它自身的对立面，一个不是单纯的东西，而是这类东西的联系，这类东西自身就是可能性和现实性的统一，就是诸必然的东西或诸现实的东西；而这就设定起来了

BB. 因果性关系

1. 它就是实体或作为一种对立物的联系的必然性，这些对立物自身就是些必然东西或实体。实体作为必然性是现实性的消失；同可能东西对立的现实东西在必然性中没落，或者说它的本质在必然性里没落了。我们看见，如果现实性应当持存，那么它只能在对一个现实东西的对立中持存，而实体就分裂成些对立的实体；而现实东西之免于必然性只有通过作为单一性的必然性的扬弃和必然性分割为一种加倍了的必然性。必然东西不再在其中作为一个必然东西的现实东西[①]，则自己与自己本身相联系，并且是自身内无限的，或者说它的可能性不是在它之外，而是在它自身那里，而它因此就是自由的。但是，它自己与自己本身相联系只是因为它从自己里面排斥这件事：它的可能性在它之外，因而它从自己那里排斥出去的那个东西就是一个现实东

---

① 手稿此句为"作为一个必然东西的现实东西，因为不再是必然东西"，兹依据拉松本的校正译出。——译者

西。因为它排斥这个东西，它就与这个东西相联系；因此，它真正是现实东西，仅仅因为它本身无限地与一个现实东西排斥着地相联系。这样，它就是一个**事态**（Sache），更确切地说，一个原因（U rsache **原始**事态）。

[原因]原因不是在它之外，而是在它自身之内有其可能性；它自身就是一个现实的东西，并且和一个现实的东西相联系。由于两者都是现实的东西，必然性就仅仅是两者的等同的现实性，就是说必然性、以及现实性或自身等同性是在它们之外。两者都是现实东西，这一点是一个在它们自身那里并没有被设定起来的反思；在它们自身那里只是它们的独自存在，不是这种联系或这种与他物的等同存在。不仅一个现实东西，而且现实性自身作为两者的统一都是在独自存在着的原因之外；这样，原因实际上就会是不现实的。　　(44)

[力]原因作为无限性——但这无限性自身只是在可能性的形式中、并在自己之外拥有其现实性，——就叫作**力**；力是在把自己作为现实性设定起来当中被阻留下来的实体。必然性的确是分裂为两个现实东西；但是，如果现实性的这种加倍被视为现实性实际上是的东西，那么在自身内具有其可能性的现实东西就表明自己是这样一个东西，它从自己那里排斥另一个现实东西，而这种排斥对于它来说是绝对重要的。这种联系是一种有差别的联

系，或者说它是关系；被排斥的东西按其本质只是
这个，——成为被设定起来的东西的对立面。由于
两者都是现实的，无限性或必然性表面上的确是被
扬弃了，每一个都是单独地被设定起来的。但是这
些这样地被设定为自己只同自己本身相联系的东
西，实际上或按其本质说来都不是单独的。被设定
起来的现实东西之所以是**原因**，只是因为它是它自
身的原因，或者说在自己本身中绝对具有它的可能
性，[即是说，因为它是] 作为在无限性中联系到
了的原因借以而被扬弃的规定性；① 而它的这种理
想性是在原因自身那里：它是它自身和它的对立面
的 "一"；但是，这样一来它的对立面，即它从自
己里面排斥出去的那个东西就是不现实的，而我们
就会被抛回到实体性关系去了。但是，由于它的这
个对立面是现实的，所以原因自身就只是被规定为
一个可能的原因。两者中的每一个都这样地作为现
实性和可能性的无限的统一自己与自己本身相联
系，并且每一个都是实体，但每个实体都同时直截
了当地被设定为排斥着的、否定地同别的实体联系
着的；两者都以同样的方式是一个同别的实体相对
立的现实东西，而别的实体就这样地作为可能的

----

① 手稿此句作 "原因，作为在无限性中联系到了的原因，借以
而被扬弃了的规定性；"意义不全。兹依据英译本译出，句中
[即是说，因为它是] 是英译本增补的。——译者

东西 ①，并因此在它们的现实性里同时被规定为一种可能性，原因只有在它把被它所排斥的可能东西本身规定为它的现实性的范围内，或者说在它起**作用**的时候才是实体。作为这种起作用者，或者说，作为将被扬弃的东西规定为它的现实性的活动，［原因］自己就与从它里面排斥出去的东西绝对地对立起来；因为它只是独自地排斥着的、否定着的，而且它以此就——因为这个被扬弃的东西是现实的、并且是它自身的对立面，——被规定为仅仅可能的东西或力，这个力为了**存在**，或作为原因存在，就必须表现出来或扬弃这种对立。

每一个要素在它被抓住时、在它过渡到它的对立面以前，都只不过是在诸矛盾的这种堆积之中；但是，由于它只是这样地被抓住，就像与它的对立面联系在一起一样，所以它的规定作为一种抓住 ②本身就是它已向其对立面过渡去了的状态的表现。　(45)

原因是自身必然的东西，而这个东西之所以是这种自身必然的东西，仅仅是由于它从自己那里排斥一个他物，但自己这样一来就同那个他物相联系，以致这个他物只是一个为它所作用的东西，就是说，原因在这个他物里设定自己作为现实性的自

---

① 手稿此句为"而别的实体就这样地被规定为可能的东西"，兹依据英译本译出。——译者
② 手稿此处为"被抓住的状态"（festgehaltensein），拉松本将此校订为"抓住"（Festhalten）。——译者

己本身；但是，以这种方式这个他物，即同原因分离了的、独自存在着的实体就直截了当地被扬弃了。因为这个别的实体仅仅是这样的东西，在它里面第一个实体设定自己为现实东西；这个别的实体完全只是第一个现实的实体。如果第一个实体本来就是独自的，又［如果］[①]别的实体，即效果在其中发生的实体同样地是独自的，那么第一个实体就不会是原因，——实际上就会完全没有效果发生；这就不会是关系，只不过是多数绝对独自存在着的实体。但是，这样一些独自存在着的实体正因为如此就会不是实体，不是自内无限的，不是自内必然的，因为它们不跟一个不同于它本身所是的他物相联系，这时它们是漠不相干地独自的；它们就会只是数字的"一"，这些"一"的辩证法在前面已经出现过了，原因因此绝对只在效果中，但是因为它只是作为起作用的，它自己就同另一个实体相联系，但同时作为作用着的它却不这样做，因为这个别的实体实际上是作为现实实体的它自己；由于这个现实的实体被抓住作为不同于原因的另一个实体，所以这个不同于原因的另一个实体就是作为现实实体的原因；而作为并非这另一个实体的原因本身是的那种东西，它只有作为可能的现实实体才是，或者说它只有作为力。

---

① 英译本增补。——译者

　　我们看到，力事实上在自己内就表达着整个
的因果关系，或原因如何与效果为"一"，而且实
际上是现实的实体，但也看到因果关系是被扬弃
了，换句话说，由于原因与效果不可分和区别是无
效的区别，所以它们的统一作为力就是现实的实
体，因为原因把自己在自己之外设定为一个现实的
实体，这时它在自己本身之外就只［是］一个可能
的东西①；而对立作为一个完全观念的对立依然在
力里面；对立仍然保持着，因为这个现实的实体纯
全只是一个作为在自己之外存在着的现实的实体；
对立是一种理想的对立，因为在自己之外存在着的
实体，即一个自身独自地仅仅可能的实体，和它作
为自身等同地存在着的所是的那个东西完全是一回
事。力作为单纯可能的现实的实体跟自己相反地
再次具有现实性的形式；因为原因自己成为现实的
实体，它更确切地说就只［是］②一个可能的原因，　　(46)
只是力；原因在一个别的实体里将自己设定在自己
之外，宁可说是现实实体的一种自内存在或它的概
念，因为它以此才同它的概念相符合，而它通过这
种成为己外并没有成为它的实在性，而是成为了它

---

①　手稿此句为"这时它只（nur）在自己本身之外就只（nur）
　　是一个可能的东西"，兹依据拉松本删去了第一个只
　　（nur）。——译者
②　手稿此处增补的为"成为""wird"，拉松本将此校改为"是"
　　（ist）。——译者

67

自己的理想性或仅仅成为了它的可能性，而这种可能性在其现实性方面却具有其对立。但是原因的这个现实性现在不再是一个独特的实体，而仅仅是作为那个可能性的形式^①；或者说力是加倍了的实体性和被扬弃状态。^②力是原因实际上是的那个东西，但同它本身对立的却是一个纯粹观念的东西，或仅仅被扬弃地设定起来的东西，即现实性的单纯规定性；而这样一来原因就没有在力本身中实现，而是力必须——据说力是现实的，——过渡到它的对立的规定性，即现实性去：它必须表现出来。

力的表现并没有给变更或给在其实现中之成为他物剩下什么，除去现实性的形式外。如果力本质上只是一种可能性，那么在它给自己以现实性时就将会停止存在；力作为可能性直截了当地与它的现实性联系着，就会直截了当地只是作为现实性，但同时，由于它是这个现实性，它就停止其为它所是的那个东西。力的本质因而就是它的内容，即实体或可能性与现实性的完全一致，而下述对立，即这种完全一致本身 [被] ^③ 重新设定为可能性，与现

---

① 拉松本注——黑格尔起初写的是："而是仅仅的形式；那个可能性或力"。他后来增补上了 "als"（"作为"）这个字，却没有去掉分号（；），但这个分号在这种情形下则应放在"可能性"之后。——译者

② 英译本将此句译为 "……不再是一个独特的实体，而仅仅是形式。[因为] 那个可能性或力是加倍了的实体性的被扬弃状态，"[因为] 是英译者增补的。——译者

③ 拉松本增补。——译者

实性的纯粹规定性相比，则［是］一个完全空洞
的对立，这样一个对立只以诸纯粹规定性为诸项，
并在自己本身内消解为无。在力的表现中没有什
么不是在力本身中的东西；力和其表现之间的区
别，或一般地内在东西和外在东西之间的区别是
一种完全空洞的区别，而因为力仅仅作为从属于
可能性的规定之下的现实实体才同现实性相对立，
所以现实实体或实体性关系作为一种可能性的设
定，或力就是某种同样完全无效的东西。因果关
系在其自身那里所具有的辩证法必然超越因果关
系；但是，原因的现实性在力中所得到的实在性
是原因的一个同样多余的规定，正如它是无效的
一样。

(47)

　　注释 1.［因果性联系 .］ 在因果关系中一般关
系［是］[1] 确定地被固定在实体的倍增之中，并且
似乎在自己内部把以下两者，即好些个用数字表示
的东西的独自存在和它们的相互关系一起，因而把
经验的直观或自然界的存在和概念结合起来了。因
果性联系作为这样的东西最明显地呈现于与自然界
联系着的意识，同样也激起意识的辩证本性反对
自己。

　　没有达到无限性的**肤浅概念**以**诸实体的绝对
独自存在**为基础的，然后把这些实体相互联系起

---

[1]　拉松本增补。——译者

69

来；它把它们设定为相互结合为一，但只是稍许如此，以便它们的独自持续存在不致在这种设定下受到损害。但是，这样一些绝对独自存在着的东西宁可说完全不是什么联系；因为每一种如此微不足道的联系都会是对**实体性**的一种扬弃。既然每一个都是如此独自的，所以实际上也就产生不出来任何的**对立**，任何的**差别**，因为对立、差别都是这样一种联系，按照这种联系每一个都只是在同他物的联系中，而不是独自的；但是，诸实体据说全然是独自存在的。这就是事实上总而言之**根本没有任何关系**设定起来，既无原因，也无效果。原因应是某种不同于它作为结果所是的东西，但是两者绝对仍然是同一个东西，而那个被分开的东西并不是某个 [是] [1] 原因的东西和某个是被作用的东西；相反地只有"一个"实体，这个实体本该把自己区分为原因和被作用的东西，但依然是同一个东西，这"一个"实体一度被设定为完全外在地彼此分离而为两个东西，这两个东西相互完全无关，并且对于彼此来说是都是完全偶然的，然后就被相互连接起来，但是同样外在地连接起来，并且在连接中同样始终是独自的，以致它们既不是在连接起来之前彼此相互联系着，也不是当被连接起来，并且是被某种完全不同于它们所是的东西连接起来的时

---

[1] 拉松本增补。——译者

候。例如，雨被设定为地湿的原因，湿被设定为效果；而因果关系则具有 A：a+B 的形式，假定 A 意味着雨，B 意味着地。雨一度为原因，但接着又作为效果，不再是雨，而是湿，即地的一种特性或性状；干燥的地是由于雨的作用而变成了一个不同它先前曾是过的东西。在这种关系中两者，即雨和地仍然是实体；但雨是设定自身为现实性的现实东西，因为它扬弃在它之外的可能性，即干燥，并因而实际上雨才是潮湿的原因。但是，在这里实际上被设定起来的并不 [是] 一种关系，而只是关系的外表；雨在这当中并没有真实地成为现实的实体或无限性。它之作为雨跟潮湿的对立是彻头彻尾无效的；[因为] ① 那应当被分开成为雨和湿的东西始终是同一个东西：实际上并不存在什么分开，而雨产生湿的作用则是一个完全空洞的同语反复。或者说，对立被这样地加以理解，即一方是雨，另一方是干燥，它们是绝对的对立物，所以一个是另一个的可能性；但是雨在其作用里不能这样无限地进行下去，以致它在自己本身内设定它的可能性，即干燥，反之雨只能在这个地方，在这个确定的地点扬弃干燥：这种扬弃会是对干燥的一种纯粹的否定，但总不会是一种把它的可能性设定到雨自身里去，不是一种真实的实现。但是它甚至连一种扬弃都不

(48)

---

① 英译本增补。——译者

是，而是干燥和雨或完全一样的湿的一种纯粹位置变化；因为干燥只能（姑且如此表达它）到雨从前所在的那个地方去。雨本身必须参加到另外的实体中去；但这点对于两者来说都是完全偶然的：湿可能仍然是空气的潮湿，就像它现在是地的潮湿一样，以及风是树叶动的原因，风也可以不吹动它，地也可以是干燥的，树叶可以保持平静不动；在这个特定的土地或这个特定的树叶那里湿和风的必然性或同湿和风的必然联系就还更少设定起来，——而土地和树叶如果不是**这些个东西**的话，它们就是无。所以对于两者来说"被连接起来"是偶然的，两者在连接本身中的相互对待同样是偶然的：潮湿的实体和本身干燥的实体必须绝对始终是它们所是的那种东西，因为它们两者是被设定为独自存在着的东西。在这种变更的一切要素中，没有什么属于关系的本质东西，即在与一个他物的联系中的存在，或如其本来［是］的，即无限的规定性被设定起来。

（49）

　　［说明］通常所谓说明无非是设定一个这样的所谓因果关系。说明的要求在于，把这样设定起来的规定性当作一个别的规定性，当作它自身的对立面指出来；但是通过这种因果关系，说明实际上什么都没有做，除去在一种别的完全偶然的形式中指出这同一个规定性以外，如把湿当成雨。不是无限性或向绝对对立物的过渡，绝对的原则宁可是：需

要加以说明的东西，在它出现在那里[被知觉到]^①
以前，就已经预先以其全部规定性有了，而说明只
不过是制造出一个同语反复：冷来自热的消失，热
来自热素的加进或逸出，雨来自水，氧只来自氧，
等等。运动［来自］冲击，即来自一个始终已经事
先在那里存在的运动，树的果实来自油、水、盐等
等部件，或者学究气些甚至重新说来自碳、氢、氧
等等，简言之不过是来自果实本身［是］的那个东
西；同样，动物的东西则由氮、碳等等形成。它本
身本质上无非就是这个^②；而构成它的那些原因都
是它本身所是的同样一些东西，对其中的各个别东
西只是以外在的方式与别的东西相混合，也同样地
与别的东西相分离。整个的过程就是诸部件的位置
变化，但诸规定性都是绝对的本身独自存在着的东
西和不可毁坏的东西，与自己本身绝对始终等同的
东西；在一个物体上，出现的东西总是或者已经在
它之内，只不过是被隐藏地包含在内，而现在则从
它里面涌现出来了，——或者是在它之外，而现在
则加到它身上来了，至于说明则只不过是对这种同
一性的追踪或同语反复的展示。差别或对立，规定
性的本质宁可说成了一种单纯外在的东西，一个在
别的地方曾有过的东西，一个曾同他物在一起存在

---

① 手稿编者增补的为［ist］，拉松本则为［wahrgenommen
wird］。——译者
② 英译本将"这个"校改为"这些"。——译者

过东西①；而实际上并没有什么关系、什么无限性
被设定起来。

正是由于这种因果关系的这种无关系性，休
谟就有权否认那确实应该包含在因果关系里的必
然性，并将它解释为一种单纯的错觉，实际上**必
然性**②只是作为关系的或作为对立的规定性的完全
（50） 一致的实体，这些对立的规定性不像上述那些物质
那样是自身绝对独自的，是绝对的质或实体，而是
这样一些规定性，它们就其自己本身而言是这样的
东西：它们与他物相联系，或者说实质上与它们自
身的对立面相联系。存在于说明的同语反复中的
同一性，说湿是湿东西的原因，热是热东西的原
因，这种同一性当然是完全一致，但不是从一个确
定东西过渡到对立的确定东西的那种必然性的完全
一致；在这种因果关系里还出现了一个他物。这是
两个实体，它们构成对立的方面，但这个对立同上
述同一性毫不相干；它们始终是独自的，相互外在
的和外在地连接在一起的。上述同一性始终是简单
的同语反复，这种差异性始终是诸实体的一种特殊
的独自存在，而两者，同一性和差异性，则是相互
分离出现的；不同实体的联系不是一种必然性，因

---

① 手稿原文为"ein mit anderem zusammengewesen zu sein"，不
  好理解。拉松本将此校改为"mit anderem zusammen Gewesen-
  sein"。兹依据拉松本校改译出。——译者
② 重点是拉松本增加的。——译者

为它们不是在它们自身那里联系起来的。康德说了
休漠曾经说过的同样的东西；休漠的前后相随或彼
此并列的诸实体一般说来都是独自的，彼此漠不相
干的，在康德那里它们依然是这种情况；休漠称为
物的东西，在康德看来就是感觉、知觉、感觉表
象，或无论他此外还要叫作什么，这对事情本身毫
无关系：它们是些不同的、独自存在的东西；关系
的无限性、必然性是一种跟它们分离的东西。各式
各样东西的独自存在他称之为一种客观的偶然的集
合，而必然的东西则始终是一种主观的东西；那种
显现是独自的，而必然性作为一个知性概念同样是
独自的。经验当然是概念和现象的连接，即是说，
把那些漠不相干的实体、感觉或无论人们此外还愿
意叫作的什么动员起来，它们就借此而成为确定的
东西、只在对立中存在着的东西；但是这个关系本
身是什么东西，这就真是难说了，它至少不是物自
体所是的那个东西；它为了有一个名称，就是一个
单纯主观的东西。因为在它们[感觉、知觉等等]①
自身那里被联系的东西应在联系之外，诸感觉是独
自存在着的单个东西，而知性概念的联系的无限性
就本身而言同样地应在被联系的东西之外；然而那
些独自存在着的东西应是单纯的现象，不应是它们
就本身而言是的那个东西，同样地，无限的联系除

---

① 　[……] 是译者增补的。——译者

(51)

去与上述那些分离的东西相联系而能有一种意义和一种运用外，没有别的联系，因而就应该单独地是空洞的、没有真理性的思想物。实际上彼此分离地出现的东西，感觉、经验的对象，或无论人们愿意叫它们什么，都是单纯的现象，而如果现象一词应当不是没有意义的话，那么这个词无非就意味着上述那些设定为如此独自的各式各样东西按其本质不是在自己本身的，反之，它们本来就是绝对无限的东西、同一的东西，正如其自身的对立面一样；——同样地，被称为知性概念的那个东西则是联系——作为什么都不联系的、其各项不会是前述绝对相对东西的联系，——的无限性，纯粹的统一性，一个完全空洞的同一性，或它自身上的无，而那些东西即感觉、对象以及这个概念，即绝对关系，就本身而言两者都是完全一样的。只有诸感觉的或诸对象的现象是客观的东西，如同只有空洞概念的思想物是主观的东西；但是正因为如此，那个客观的东西和这个主观的东西同样是一个无，而只有自身①才是无限的关系。把这个自身称为经验并因而把经验认作对立面的自身，这将会是无所谓的，只要经验本身事实上不再以主观关系的形式，即不以单纯关系的形式表达关系，而是照常意指单纯关系的对立面，就是说意指的正是前面阐述过的

----

① 自身（das Ansich）亦可译"自体"。——译者

因果关系，在这种因果关系中各式各样的东西不是
对立物，不是一种关系的各项，而同样地联系不是
无限的联系，而是关系的联系。

　　注释 2.[动力学]　力的概念超越刚才解释过的
因果关系；力在自己内把关系的两个本质方面，即
同一性和分离性联合起来了，而特别是前者是作为
分离性的或无限性的同一性。被设定为原因和结果
的那个实体并非就自身而言是这个，它只在同一个
他物的联系里是这个；而这种联系对于实体来说绝
对是偶然的，是一个不同于它的他物，不是在它自
身那里的。水可能是雨，但也可能不是；润湿是完
全自由而没有必然性的，它润湿的条件完全在它之
外，从而它是原因和效果这件事也是在它之外。与
此相反，作为力实体在其自身那里就是原因，实体
作为原因确实和一个他物相联系，可能对于实体来
说，他物并非本质上是原因。但力本质上是这样的
规定性，它使实体成为这个特定的实体；并同时设　　　(52)
定为与对立的实体相联系，或者说在它自身上就具
有它的对立面，因而它是原因不是偶然的，而是由
于自己本身。例如，推动力并不是一个作为质量对
静止和运动漠不相干的物体，而是自身就被设定为
与运动合而为一的运动的原因；它是整体，是运动
的完整的量，是质量进入速度中去的产物，因为与
此相反按照因果关系质量是独自的，而且对于它来
说运动是或不是与它联结在一起，以及它通过运动

77

是否与别的实体相联系和是或不是原因，都是无所谓的。所以吸引的力就不是这样一个实体，这个实体是独自的，吸引作为对别的外在的实体的一种联系是可以加到、也可以不加到它身上，相反地，吸引的力在自己本身那里同时就是对他物的联系活动。因为这样一来力就表达着关系自身的理念，而在因果关系中彼此外在分离出现的东西就被扬弃了，这样诸实体的二元性也就消除了；力本身只不过是这样的实体，这个实体作为关系在自己本身那里就是自身等同的，而且作为这种等同状态就是对立物的统一。推动力在其本身那里是质量进入到速度去的产物，与自己本身等同的产物，而同时是这样的质量，这个质量通过自己作为与速度合而为一的，在其自身那里就是运动的变换。所以，吸引的力是自身等同的，并且作为在其自身那里的就是自内无限的。从一个到另一个的联系——而它自身既包含着这一个、也包含着那一个——把两者都包含在它的简单性中，正如推动力不仅仅像运动那样把位置的对立物包含在自己之内，而且也同时把运动和质量作为一个东西包含在自己之内。同样地，磁力、电力等等力并不是一个在自己之外拥有磁、电的实体，而是在其自身那里就被设定为与它们合而为一，以致这个存在不是偶然地，而是按其本质就是磁、电；而因为实体本身仅仅是就其自身而言可能就像拥有运动那样拥有磁、电，但却是在自己之

外拥有那个东西的现实性，而实体作为力在其可能
性中就直接拥有其现实性，与此相反那是原因的实
体在它自身那里仅仅可能是原因，而在自己之外才
有现实性。　　　　　　　　　　　　　　　　　　　　　　(53)

　　因为力这样实际上表达着关系，所以这就不为
奇了：所谓引力或普遍重力、有机物的可刺激性或
化学物的亲和力的发现一般都视为知识的这样一种
丰富；还有就是动力学的东西作为一种能和这个简
单东西，即力作为一种内包的量也都涌进到其他那
些是关系的东西里去了（例如质量和容积的关系，
密度)①。正如引力无非是实质上设定起来的一个东
西对另一个东西的联系一样，刺激性同样地是这个
实质上与一个他物相联系的无限东西，因为在这里
仿佛对一个他物的联系首先显现为一个他物的一种
设定起来的作用，可是这种作用是反映在自己本身
之内的或者说它表现为一种不同一个他物、而是同
自己本身相联系。同样地化学的亲和力是这样的：
这个物体的本质并不［是］独自地存在，而是在同
一个他物的联系中才有其本质。正如动力学的密度
是空间对质量的简单地设定起来的关系（以致空间
与质量两者是一个东西、而它们的差异是反映在自
己之内一样），刺激性也把身体独自是的那种东西
和它通过一个他物是的那种东西合并起来和建立起

---

① 　圆括号是拉松本加的。——译者

身体的与自己本身等同的状态；同样，密度从质量作为毁灭着其实在性的纯空间的理想性中挽救出质量的重量，恢复了重量，[并]^①顶住空间的他在，在质量与空间的单纯的完全一致符合之无限性中保持着与自身的联系。亲和力同样是规定性与其对立规定性的联系，不过是这样的方式：这两个规定性[是]^②在关系中合而为一的，而那个只在与他物的联系中或只作为自外存在着的规定性在其自外存在中，同时与自己本身相联系，则保持自己为它所是的那个东西。

因此力［表达］关系自身和在其己外存在里同时又在己内的、与自己本身等同的必然性或者说无限性。但是，说力真实地表达无限性，那力就必须首先不再有别于实体或事物——不管人们愿意把一种规定性的持存叫作什么；因为实体实际上不再是什么特殊的东西，而是必然性，或力本身；——这个力不是一种还有作为实体性存在的现实性与之对立的可能性。于是，要是力实际上是无限的，并且不只是形式上表达无限性、即关系，那么它就必须真实地从本质上表达它的内在对立，在这些理想的要素中表达它的规定性，并且必须只是这些要素的联系，必须不再溶化为一种同一

(54)

---

① 英译本增补。——译者
② 同上。

性，并因而必须不再把自己同它的现实性，即表
现出来对立起来，而它在它自身上具有的差别必
须不再如通常的^①因果联系那样是独自持存着的诸
实体的一种差异性。但是，两者都是包含在力中的
东西；力跟它的现实性相对立，它为了存在必须先
表现出来；力作为一个这样单纯的可能东西或思想
物，本质上属于这样一个实体，这个实体并不是力
本身，而是同力有区别的，而它作为没有其表现出
来的力也需要这个实体作为承担者。由于力如此简
单地是一个可能的东西和作为这种同一性是一种对
立物的联系，——诚然是一种简单的联系、仅仅纯
粹的联系，——所以那些联系起来了的东西就出现
在它之外；这是一些同它对立和彼此对立的独自存
在着的东西，它们不是无限物的一些理想性，而是
一些实体。

　　力必须表现自己，因为关系作为力只是一个可
能的东西；它把现实性和自己对立起来。但是关于
这个对立有什么情况都已经表明了；即是说，这个
对立是纯粹内容空洞的对立。力本身实际上是整个
的关系；把关系规定为力并把它和它的表现出来对
立起来，是完全无用的区别；事实上有的只不过是
关系自身；关系并不把自己同作为理想的关系，即

---

① 　手稿此处的"通常的"（gemein），拉松本为"共同的"（ge-
　　meinsame）。——译者

力的自己自身区别开来，而作为实在的、实存着的关系。力的表现出来，作为一种现实性的关系，例如作为现实的吸引、现实的刺激，磁、电等等，无论如何总是关系自身，即在其表现出来中与自己本身等同。关系显现为种种表现出来的多样性的东西；但是这种多样性无非是关系自身的要素的多数性：因为关系不是一种纯粹单纯的东西、一种空洞的同一性，而是一种无限性或对立物的统一性；而在表现出来中设定起来的众多性，在被设定为不自己表现出来的力中是相同的。如果关系是某种有局限的东西，那么它的现实性当然是依赖于那些不在它自己本身中的条件，或者说力可以被设定为某种不自己表现出来的力；磁、电、运动等等现实地（或者说不是必然地）出现在个别物体上，从而表现出来或现实性就同可能性相分离了。但是，这种

(55)　　现实性同关系、无限性本身毫不相干；关系绝对只在那些为其要素的诸规定性设立起来时才存在。对于仅仅是关系体系本身中的要素的一种关系来说，同它对立的关系就是它的条件；可是它在关系的绝对体系中才是现实的；但关系的个别化和它在这种个别化中可能遭到的歪曲与它作为关系没有关系。所以，例如，电是一种自内无限的关系；它同时是一种特定的关系，是关系或绝对无限的系统中的一个要素。作为这个要素电具有绝对的现实性，它始终存在并始终在表现出来。但是，电通过磨擦一块

玻璃片的个别表现就不是它的绝对现实性，正如磁石或磁铁的磁性同样不是一样，就这些个别的规定性而言，电可以表现出来或也可以不表现出来，它是不依赖于它们的；但是它在这些个别事物中的实存却直接是一种包含在事物的概念中的偶然的实存，因为这只说到个别的设定状态，而这种设定状态却是一个偶然的状态、任意的状态、外在的状态。但是，这样一种个别的设定状态完全不是关系的绝对现实性；关系即使没有在这类个别事物那里的这种表现出来也是现实的。因此，那区别于这类个别表现出来的关系并不是一种力或只被设定为可能的关系，而是相反地，关系是同时绝对现实的和绝对可能的东西，或者说是绝对必然的东西，而那种个别的现实性，那种作为一种特定现象的存在，宁可就自己本身而言是一种思想物，某种因为它在它就不在的东西。关于这种个别的现实性后面马上就将谈到；在个别的现实性中有其表现出来和实在性的关系，必须同上述现实性本身对立起来，并被确定为在同上述实在性的联系中的可能性，而这个就的确是所说过的那种东西，如果种种关系被规定为种种力的话。但是，关系作为绝对现实的东西仅仅是从这种规定性中提取出来的，以致现实性被认作是关系自身那里的理想性或无；而现实性也就这样地在实际上被设定起来代替被称为力的东西。因为关系的全部无限性被移到力里面去了；但关系作为力的规定性、作为同一种现实性相对立的可能性，是某种完全空洞的东西。

但是，作为力、即仅仅作为可能性如此存在着的这个关系，必须同时在它那里具有它的现实性；因为力只是作为与现实性相联系的。但是因为关系完全被固定为可能性，并且在它同现实性的联系中必须不终止持续是可能性或力，必须不是与现实合而为一（在合一中可能性将会消灭自己），[就是说] ① 必须不是必然性，所以力同现实性的联系依然只是一种坏的、外在的结合，在这种结合中力依然是同现实性分离的，并且力和现实性一样，每一个都是独自的。这一点是这样地表达出来的：力本质上属于一个实体。力和这种存在只不过又会是实体性关系本身，或者说会是这样的必然性，其中一种规定性同另一种规定性相联系：但是，本质上属于一个实体的力并不是包含在自己本身之内或在实体之内，而是过渡到了因果关系，因为同实体结合在一起的力的这个整体是同一个别的自身必然的东西相联系的，或者说是和表现出来相对立的。

(56)

在这种结合中实体和力 [是] 外在对立的，每一个实际上都是独自的，这一点被这样的说出来了：我们不仅认识物质的本性，而物质的本性恰好是实体性的东西，因此就不知道力是否属于物质的本质，

---

① 英译本增补。——译者

或者是否它只是从外面移植给物质的。力和实体的结合也被更确切地理解为实体的一种通告，而且为了使这个通告更清楚些，力还宁可被设定为一种不同于一般实体或物质的特殊的实体或物质，而结合则被设定为它们的一种混合，也许就像酒和水的混合一样，以致例如磁的实体就浇注到铁的实体里去，驱赶的实体就浇注到光实体或天体的实体里去，简言之，——这是通过移植、注入、收集、聚积、推入——力以一种完全外在的方式出现在实体里。

　　但是，这种同力分开了的实体，如所指明的那样，只不过是与力对立的现实性，因为力是在可能性的规定性里设定起来的关系，但是这个空洞的现实性是一个纯粹的规定性，与纯粹的可能性完全是同一个东西，总而言之即纯粹的单纯性。但是无限的关系自身就是这个自己本身等同的单纯东西，而它的这种自己本身等同性就是真实的实体，但完 　(57)全不是同形式，即根绝着自己的种种规定性对立的，而正好是它们的无的"一"；不是同关系分离的某种东西，而宁可是关系的本质。如果关系本身是一个有限制的东西，那么它作为规定性自身就是要素，——就像，例如，质、量都是自内无限的东西，自内反映了的东西，而同时是要素——而且不是绝对的统一性自身，而只不过是无限性的一种形式的，即是说被设定在一个规定性中的表达，因此无限自身却不受影响；反之，规定性仿佛是关系的单一性的颜色，关系作为无限的在规定性的这种自己本身等同物里不受压制地和不受阻碍地展现［自己］。关系这样地作为要素就不与自己本身联系，而是与它的跟它对立的规定性联系；它发生联系不是按照它的无限性，而是按照它的规定性，而且作为单个要素它是区别于全整体的，它是全整体的要素。但是这个整体自身就是无限物，关系；整体是实体——但是从属的、仅仅是要素的关系不是作为一个偶然的东西连接到这个整体上去，而相反地是整体的本质的要素，而作为要素它不是一个被固定起来的独自存在着的东西（就像力是被决定是的那样），而绝对只是一个规定性；而这个规定性作为这种完整的关系只是在同其对立的关系的联系中，因为它的实体性只是这种与它的对立要素的统一性。正如实体不是空洞的统一性，力同样既不是同实体分离分开并与之对立的东西，也不是同包含在实体的统一性中的关系的其他形式相对立的独自存在着的东西。规定性作为力比起一般的质来更加固定不变，因为规定性作为关系是自内无限的，对此在考察因果关系本身的辩证法时马上就将谈到；因为因果关系的两个实体无非是在因果关系里汇合为一的两个必然东西或两种关系。

关系如其被规定为可能性那样就应当本质上属于一个实体，因而自己本身就不应当是绝对的实体性，关系是独自地同实体分离的，实体是关系

在其自身那里存在着的现实性；但作为力，关系也
同其他作为一个同它相对立的东西的现实性相联
系，它朝着现实性表现出来。同关系连接在一起的
现实性是它的肯定存在；关系作为按其本质是无限
的，就必须是否定地同一个现实性相联系，因而必 (58)
须在自己之外拥有它，并且必须在联系中也许部分
地扬弃它。由此力就成为相互对立的、独自存在
着的、与力作为同一性相对立的诸实体的一种联
系，[或者说]① 力成为一种纯粹形式的东西。有差
别的那些东西是在力之外，它们并不是力自己作为
一个无限物的诸要素；因为力在自己以外拥有这些
要素，它自己就中止为无限的，缺少其要素的力是
某种仅仅同一的东西，任何一个规定性都 [是] 被
设定在这个同一东西的形式里，而力从而就不再是
别的什么东西，除去是作为因果关系的这同一个空
洞的同语反复外，并且仅仅是当作这个同语反复说
明方式的某种一成不变的废话用②。不同实体的引
力、亲和力等等表达一种联系，但是那被联系的东
西，都不是绝对对立的东西，都不是无限物的要
素，而是独自存在着的、无关紧要的东西，而联系
自身因而就不是一种无限的，而是同一的、自我等
同的，对立是在这种联系之外。相互联系的不同实

---

① 英译本增补。——译者
② 拉松本此句为"某种一成不变的开端用"。——译者

体包含着独自存在——因为它们是实体——和非独立存在——因为它们是有联系的——的矛盾。因为它们是绝对独自的，所以联系对于它们来说就是绝对异己的东西，而要求说明的出现是以下面这件事为前提的：尚待指出来的联系的根据是在诸实体之外，并且要求把它指出来。被指出来的东西就是引力、亲和力；这就是说无非是联系本身。把诸实体联系起来的东西必须是一个不同于它们的东西，因为它们自己并不通过自己本身相互联系起来；相反地，它们仅仅是独自的，只同自己本身发生联系。这个把它们联系起来的他物，它是什么？它无非就是联系自身。诸联系起来的东西作为实体的那种独自存在就预先决定了，除去这个同语反复外，完全不可能有任何的回答；因为回答如果不是一个同语反复，联系就必须是一种无限的联系，这样一来那些被联系起来的东西就会因此而是它们自身的对立面。但是诸实体都是自己等同的；因而给联系留下来的无非就是它们的纯粹的自己本身等同性，或者说它们的本质的同语反复。诸实体是通过联系力而联系起来的，这无异于说，它们是联系起来的是因为它们正好是联系起来的。绝对不可理解的就是独自存在着的诸实体与它们的联系的连接，这种连接把它们或多或少地设定为一和取消它们；而那绝对不可理解的东西不允许别的，除去说它恰好正是如此以外。理解或必然性的设定只不过是：诸实体是

(59)

88

通过自己本身相互联系起来的，即是说，绝对不是独自的，绝对不是实体，而是就它们自身而言只在它们的对立物里，在自己以外，是它们自身的对立物。但是这种必然性在预先假定的绝对的独自存在的情况下是不可能的；因此就完全没有必然性，相反地，联系是独自的，是同实体分离的，正如实体是同联系分离的、并且是彼此分离的一样，而它们联系的根据是这样一个同语反复：它们就是联系起来了的。**它就是如此**的这种纯存在是空洞的同一性，是无必然性的东西，[这是]① 绝对偶然性的领域，在这个领域里面一切都安静地漠不关心地相互并列，互不伤害，各得其所：始终是独自的特殊的实体就是它们所是的那种东西，此外与此同时也有一种联系，即是说，一种对于这些特殊实体的取消；但是，那个始终独自存在和这个始终不独自存在始终是彼此外在的，互不接触的，彼此安静地排坐在一起；一切联系都消失了。

　　对特定联系的说明的同语反复，由于说明需要指向必然性，或者说指向在对方里有一种对立存在，就被迫遇到一种对立，而且为此就把说明的同语反复从自己那里隐藏起来；② 说明于是就把这个对立放到它按同一律制定的规定性中去，这个对立

---

① 英译本增补。——译者
② 拉松本将此句校改为"而且以便把……隐藏起来"。——译者

正就是可能性和现实性、力即内在东西和它的表现出来的形式上的对立。但是，这个对立不是设定在关系自身那里，以致关系实际上就它自己而论将会这样地分隔开来，并且将会是关系的无限联系；相反地，关系是那个被制作成为名称的纯粹简单的东西，而且被规定为可能的东西，力正好就是它作为显现，作为自己正在表现出来的所是的同一个东西，——力就其自身而言，即作为关系与之无关的那些区别，不是力自身的要素，因而上述那种说明在其同语反复中虽然有一种对立，但这对立只是一种假相，因为它同尚待说明的联系的本质和被联系起来的东西的本质都没有任何关系。关于石头落到地上，即是说，使自己同大地打成一片。说明不是这样说：石头之所以使自己同大地打成一片，是因为它使自己同它打成一片，而是说因为它里面的一种力使它打成一片，即力使它与大地打成一片。对于磁针向北或向南，或铁屑末之被吸引到磁石的两极，或同名极之间的排斥的说明并不是这么说：磁石指向北和南是因为它指向那里，它吸引铁屑末是因为它吸引了它；同名极相互排斥是因为它们互相排斥，而是这样说：因为在这类情况出现在它那儿的那个实体里面还有某种不同于它的东西，即是说一种磁力，而这种磁力有使实体如此指向、把这类粉末吸引到它那里、使同名的极相排斥的力。显现的内容和力的内容是同一个东西，全部表现出来的

(60)

都被合并在力里。据说关系在自身内是被分隔开
的，所以关系就被认作一个名称的"一"，一个简
单的"在一起"；而在关系那里设定起来的分离则
是一种对关系本身来说外来的分离，是力作为一种
可能的东西和力作为一种现实的东西的分离，由于
这样，说明的同语反复就始终是同样不变的东西。
由此可见，对于自身无限的、只同无限东西和必然
东西打交道的认识来说没有什么力，认识考察的不
是推动力、加速力，而是运动、加速度等等，不是
磁力、电力等等力，而是磁、电等等，同样地不是
想象力，记忆力或想象的能力，记忆的能力，知性
的能力，理性的能力等等，而是想象、记忆、知
性、理性本身；但是最低限度有引力或亲和力吧。
因为如果说电的、磁的、知性的力等等都无非是些
纯粹的同一性，而且都是些在说明上有差别的①同
语反复，那么这些名称还是表示电的联系、磁的联
系的这种规定性。但是，吸引力、亲和力是完全
空洞的，它们除去表达一般联系外完全不表达别
的，目睹如下这类研究是够奇怪的了：引力是否不
是自然界的一种完全普遍的力，也许还是精神界本
身的普遍的力；它实际上就是这个，因为它是一般
联系，而且确乎是没有比联系力更普遍的力。亲和

---

① 　手稿原文为："für die Differenz des Erklärens"（对于说明上的
　　差别），拉松本为"In der Differenz des Erklärens"（在说明上
　　的差别），兹依据拉松本译出。——译者

(61)

力和引力一样实际上都是太空洞了。钾碱（氧化钾）和酸化合，因为它和酸是同族（亲属），这真正说来无非是说它们设定自己两个为一个，因为它们设定自己为一个；硫酸同一种碳酸石灰化合并排除碳酸，因为硫酸比起碳酸来同石灰的血亲关系**更多、更近**，这在实际上可什么也没有说，除去说因为石灰宁愿与硫酸而不是与碳酸化合。亲和力这个比喻性术语完全可以很好地用化合本能或者也可以用友谊等等来代替，于是人们就说：钾碱优先同酸化合，因为它有一种出色的它同酸化合的化合本能。——我们已经提示过了，力表达的是：一个实体同另一个实体的联系是在实体自身那里，或者表达的是：这种联系是在关系中，即是说"同钾联系是酸的本性"；因此借助于亲和力、引力的说明所表达的也就是：联系不是一种偶然的联系，而是一种必然的联系。但是，"酸同钾碱相联系"这个表达方式直接表示这种必然性，而与此相反，力却还让以下的事悬而未决：是否酸或钾碱可以不是某种同它们的必然联系分离开的东西（好像那个联系不会是它们的定义），以及是否甚至确实不可以有一种酸没有这种力，就像一个磁石没有磁性等等。化学亲和力在表示关系上站的高些；因为亲属们通常实际上只不过是这些有关系的分子，或者说在它们自身上设定起来了它们自身的对立面。但是，正因为如此，表现出来（例如酸通过碱的中和）就实际

上并没有同可能性或力分离开；绝对只有同一个必
然性；而一个人可能想不到现实性和可能性的差异
性，也可能想不到^①表现出来的单独状态和力的单
独状态，甚至就共同的现实性和个别事物的现实性
而论也可能想不到。铁没有磁性是可以理解的，但
酸没有碱就不可理解；就是说，铁必须设定为自己
本身等同的，没有磁极的差别，是中性的，但酸或
碱就完全不是中性的，——或者说，如果它们作为
盐是结合在一起的，是中性的，那么它们就是如铁
没有极一样，它们同样就没有酸性和碱性。但正是
这样它们的亲和力就应当再次不被接受；作为酸和
碱固定起来，为它们的本性所决定，一个是另一个
的对立面，并因而作为必然相联系地是它自身的对
立面，它们作为孤立的规定性^②却必须仍然是实体
性的、纯全独自存在着的，而在它们实现它们的本
性，表现为它们按其本质的那种东西（即作为扬
弃着自己本身的，在中和中成为 neutris^③；以致既　　(62)
不是这一个，也一是另一个）的时候，两者就必须
仍然是它们孤立地是的那种东西。或者说，亲和力
实际上被设定为异于它的本质的东西，并被设定为

① 原文为"想到"(an ein)，拉松本校正为"想不到"(an kein)，
按拉松本译出。——译者
② 原文为"孤立的规定性"，拉松本根据前句说的是"酸和
碱"将其校改为"它们作为孤立的规定性"，兹依照拉松本译
出。——译者
③ 中立者、中性东西。——译者

通过某个异己东西而有了联系，甚至在中和里仍然在自己之外有着这种联系，并且始终是独自的。化学亲和力（它曾直接表达了无限的东西，即关系）就这样地再次成为一种无差别的、无关系的联系，成为限量，即一个整体和诸部分的关系。

2. 力去掉其多余的规定性就是因果关系，在因果关系里实体或必然东西加倍了，并在加倍中设定自身为现实性。实体作为原因通过效果与一个他物相联系，而它的这种联系就是现实性本身。这种联系是相同的无限性，相同的关系，诸项的每一个都是这个关系；而且这种联系自身就是无限的，因为实体是原因，并且它通过它的本质是这样的东西：通过自己本身作为规定性而与他物相联系。这个他物自身即是实体（因为实体的无限性是原因），并且只是无限的，是对他在的扬弃，因为他物在。但是，原因与别的实体的联系只不过是：原因把它的规定性作为效果设定在对立的实体里，然而正因为如此它就扬弃它自己的规定性和别的实体的规定性，并把两者设定为仅仅作为被扬弃了的两者的"一"。在这当中。两个必然东西的实体性作为一种独自存在消失了，因为每一个本质上都是无限的、自内反映了的规定性，——把两者设定为一是两个规定性的被扬弃了的状态，是加倍了的必然性的完全一致；实体实现自己，只是作为走出自己之外，并且只是走出自己之外到自己本身去，作为绝对自相对立的

东西。别的实体无非是这个实体化了的对立的规定
性，而效果并不是规定性与原因的分离，而是原因
的本质（这本质即是规定性）之到它的对立物的过
渡，不是到任何不确定的别的存在的过渡。那完全
被消灭的东西是被分离开的存在的空洞的加倍化；
与其对立的规定性结合为一的规定性本身并没有被
消灭，它只是作为独自存在着的被扬弃了。但是，
与别的规定性结合为一就是它们双方相互的完全的　　　（63）
渗透，以致它们都被设定起来了；因为每一个都曾
是无限的，反映到自己本身内的。它们不曾是单纯
的规定性，可是它们却被设定为被扬弃了的；现实
性是这个完全一致的产物，在此完全一致中只有被
分开的独自存在着的诸规定性的可能性，但在那里
面它们却已中止作为这些规定性实存。*

　　*[在插入的一页纸上写着:] 这是绿的，动的；
这来自一个使成为绿的原因，来自一个推动；这是
效果。从原因，力我们知道效果；这就是说，我们
除去绿和动外别的什么都不知道。因为连它是效果
也都不知道。理性的诸种限度必须放到这里来。我
们没有渗入到物质①、力、物质的内核；因为理性在
这里用尽了；这是完全荒谬的：把绿、动作成一个
区别于自己的作为原因和效果的东西；因为两者始
终只是同一个绿、动。

---

①　拉松本将"物质"校改为"自然"。——译者

95

　　包含在因果关系里的诸实体的性格由此就确定了。两者都被设定为无限的或必然的；但是它们同时是互相对立的。一个［被设定］[①]为被动的，与自己本身联系着的，在它自身那里表达着必然性的概念。可是另一个［被设定］[②]为可能的，［作为］[③]在自己之外拥有其现实性的原因；因而作为力，但是以这样一种方式：它的现实性在于同它的对立的规定性相联系，但自己本身那里却是作为同一个别的实体相联系；于是就只有在这种联系中，就是说，在对那被设定在它以外的、独自存在着的现实性的扬弃中才具有其现实性。别的实体是同一个别的无限物联系着的无限性，即统一性，只有这个统一性是无限的，因为它不是扬弃一个规定性，而是扬弃一个无限的规定性。它是独自的，自己与自己本身联系的，但只是通过一个无限物的被扬弃状态。那如此生成的现实性并不是被设定在无限性概念中的现实性，这种现实性形式上是一种被设定起来的存在，这个被设定起来的存在就本身而言也只是可能的，或者说，在其被设定起来的存在中排斥他物，但实际上并不排斥，而是同它相联系。在这里被设定起来的存在实际上已把他物排斥了，因为这个他物是一

---

①　英译本增补。——译者
②　同上。
③　同上。

个别的实体；而同时真实地同那个他物相联系，作为同这样一个在它里面的东西相联系，而它的排斥自身就这样地成为被扬弃的了。无限的东西因而中止是一个存在，它在它自身那里是这个反对别的实体的东西，这个别的实体是被动的、但是自己与自己本身相联系的。两者的本质是对立的规定性；而现实性，即因果关系本身则是这些仅仅是作为被扬弃的规定性的统一。　　　　　　　　(64)

这样地从无限的诸规定性或从诸实体的扬弃中来到自己本身的现实性，绝对只是"一个"实体，"一个"必然性；这个现实性怎样把自己同必然性区分开来已被指明了，因为对于必然性的概念来说，只有诸简单联系（"一"和众多相联系的存在和"一"和众多不相联系的存在）是自己扬弃着的东西，而无限的联系则不是，或者说，可能性只是作为一种简单的、平静的统一性，即诸对立物的一种漠不相关的存在，而现实性则是那个同对他物的排斥连在一起的"一"之否定的、特定的存在。

但是，诸无限物的独自存在在因果关系的这种现实性里崩溃了。产物——而它仅仅是产物，——就是这些无限物的统一，它们的分离开的存在被扬弃；关系纯全只是作为这被扬弃的存在或作为产物。因为独自存在着的诸实体按其本质都是些规定性——必然的、无限的、但仅仅反映到自己本身内的规定性，而它们因此① 实际上就没有持存。因果关系自身所是的那个东西就是这个产物：诸独自存在着的规定性的这个消失了的存在，即这个第三者，在其中它们是如此地被结合起来了，以致它们彼此不再互相区别，而它们的显出区别则是在这个第三者之外。限量重新出现了，但是这样地出现的：[a]② 产物，联系是一种完全简单的、没有区别为整体和部分的联系；和 [b] 被排斥的东西是产物中未加区别的那些东西的区别开的状态（因而诸有区别的东西就在产物之外，仿佛不持续在这个物里）；相反地 [c] 连续性完全中断了，区别不是限量的限度这种外在的区别，而是绝对的区别；[d] 诸被区别开的东西在产物中如在它之外一样都是被扬弃了的，在产物里它们的统一性是作为现实性。这样一种统一性是一个被设定起来的存在，一个纯粹自身等同的东西，并且不是一个空洞的东西，而是一个这样的东西：它来自无限性，或者，就它自身而言是被规定为一种对立物的被扬弃了的状态。这些对立物自身作为在产物之外被分离开的东西都只是被扬弃的，纯粹可能的，绝对不自身等同的；因而绝对的存在就同绝对的可能性对立起来，并且与之不相联系。产物完全是自身封闭的；

(65)

---

① 原文为 "darin"（在其中），拉松本校改为 "darum"（因此），兹根据拉松本译出。——译者

② [a]、[b]、[c]、[d] 为英译本增补。——译者

而它在因果关系里宁可说是它的对立面，——不是不同的实体，不是一个原因和它在另一个实体里的效果，不是一种对立和无限的、自己产生着的联系，而是一种作为实体的简单联系。

CC. 交互作用

1. 无限物不是在因果关系里实现自己，而是彼此分离地出现在它里面；无限物自身是不曾联系起来的东西的联系，是成为一个对自身而言的他物的简单物，而这个他物同样地是它自身的他物，并因而是第一个简单物。在因果关系里"成为他物"被扬弃了，简单物仅仅是被扬弃的不一样的东西，而在无限物里同样存在的对立被根绝了。但是，因果关系里的简单物的本质是成为诸规定性的一种被扬弃的存在；它的简单性只不过是诸规定性的独自存在的舍弃，但是它们的存在正因为如此对于简单物来说是本质性的。简单的实体仅被设定为诸规定性的独自存在的被扬弃的存在，它自身即是一种规定性，跟它对立的是它从其中抽象出来的别的规定性；它并不同别的规定性相联系，它们是为空间分离开的。但是因此它的本质就一样是同对立联系着的，并且作为这种抽象它就它自己本身而言并不展示其本质是什么；它的实体性，它的独自存在（它被设定为独自存在）是同由对立而来的受制约状态相矛盾的，这个对立不是在简单物那里，而是完全在简单物之外。

对于简单物来说，由于这种孤立状态他物才成为在它之外的一个真实的独自存在，一个绝对的实体；在因果关系里实体只实现自己为"一"，在这里众多性由于实体的不曾联系起来的状态而绝对地设定起来了。从简单的产物中被排斥的东西是对立物的分离；但它自身却是一个独自存在，并且作为这样的东西就如产物一样与自己本身等同，或者说它实际上就是一个这样的简单物。它

(66)　是前一个东西 ① 的纯粹的可能性，而反过来说后一个 ②，同样是独自的，而第一个则是它的纯粹的可能性，而它们就以这种方式彼此等同，是真正无区别的和不可区别的，因为在作为诸规定性的被分开的存在的第二种（可能性）里，这个东西 ③同样地消失，而诸规定性就汇合在一起了。因为它们都不是同第一个实体相联系，而是同自己本身相联系，同时它是被联系起来的，因为它们是独自的。独自存在就是说与自己本身联系的存在或者说是对抗的一种被扬弃的存在；这就是说，它是被设定起来的第一个实体之外的一个同样简单的实体，并且在这个简单实体之外又有同样汇合

---

① 按英译本指"产物"。——译者
② 按英译本指"分离"；或指"被排斥的东西"（中译者）。——译者
③ 按英译本指"被分开的存在"。——译者

到简单实体中去的被分开的存在。这种自设定和
自外设定或他在、以及这个他在的扬弃就是无限
性，但是坏的无限性，因为每一个被设定者的他
物都是在它以外，因而每一个被设定者都持存；实
际上被设定起来的无非是数字的"一"的坏无限
的众多性。但是，实体作为诸对立规定性的简单
性自己本身就被规定为简单性，而同它对立的被
分开的东西就它们自身说被规定为被分开的东西；
或者说，在两者的同等的简单性中它们是对立的。
对立并非作为坏无限性出现在它们以外；因为一般
说来这就设定起来了量的基地，即能够成为众多
性的单一性，这个单一性在坏无限性中被设定出
现在众多之外，因而实际上对立也就设定起来了。
通过这种存在（它是共同的东西，即是说，分开
着它们的东西），对立就在它们自身上设定起来
了，而它（存在）自身首先是作为一个自己内部
被分开的东西而立于这个简单的产物对面；它们是
（但是作为纯粹的可能性）彼此代替的，——它们
是两个不曾联系起来的实体。简单物作为自身确
定的东西因而在它自身上表达着规定性，或者说，
在它的这些对立物的简单性中，在外在地同一个
他物的比较中，它是分离，在它自身上有着规定
性，又是它的本质；他物同样是简单的，两者以同
样的方式是简单的，并且在它们的简单性中是确
定的，相互对立的。因为规定性彼此相对，这样

地被纳入简单性中，每一个都是单独地被证实了的，所以规定性终于就在外在性的，即限量的形式上被设定起来了，而且无限性作为否定的统一性是在它们之外；在它们自身那里则是规定性的持存的坏无限性，这些规定性正由于这样是彼此相对不确定的，即作为限量。诸绝对的规定性都是作为简单物在诸实体中的，这些实体有着相同的

(67) 内容，简单性就是相同的内容——同时是一个外在的量上被规定的内容，而简单物的纯粹的中立性则是一种直到它们的分离点的连续性或作为规定性则是向其绝对对立物过渡的一种不确定的连续性。种种绝对对立物是种种规定性的种种相同的联系；它们是在这个内容的一种共同性的媒介里彼此相对漠不相干的。它们的联系是一种连续性，而它们的对立面则是限量的外在的连续性，按照限量那种连续性是可以无限分割的，因为它作为连续性和由限量所规定的，绝对不具有内在的限度，不具有否定，即自己本身那里的绝对对立，而是具有作为一种外在的、不确定的限度，即仅仅作为一般限度的限度；这就是说，限度作为一种外在的只是一种被要求的。

现实性在这种方式上是一个无限的现实性，在那里设定起来了一个限量，这个限量的内部是可分的，而同样它的外部是可以无限地延伸的；现实性借助于无限的中介过渡到了对立物，而这个对立物

不是 [绝对对立的] ①；因为作为绝对对立物它将会有它的限度，即它自身那里的规定性，不是作为一种外在的限度。

自己实现着的无限性在这种方式上再次回复为限量；如果说无限性在因果关系的产物里被瘫痪了，终止其为那些正在产生着的被分开的东西的消灭活动，而是它们的被扬弃的存在，它因此而 [成为] ②一个外在的、纯粹可能的、空洞的否定的联系，统一性则 [成为] 那些被无限分开了的区别的一种持存的连续性，不是成为空洞的统一性，而是 [成为] 对立物的简单性，这种简单性把区别表达为一种外在的区别。这个实现了的连续性是无限物的统一性；无限物的诸对立物的存在是这样一些有区别之物的持存，而这些有区别之物作为互相规定的东西的被扬弃的存在就是：每个单独的规定性都有跟它对立的完全在自己之外的规定性，——每个规定性的被扬弃的存在只不过是这个别的规定性的等同的存在。在因果关系里，这一个实体作为与自己本身联系着的，相对于另一个与这个被动的实体联系着的实体，是一个尚待扬弃的东西；它被规定为这后一个实体的对立物，而原因因此同样地为它所作用的那个实体所规定。但是它只是被设定为

---

① 英译本增补。——译者
② 手稿原文为"是"(ist)，拉松本校改为"成为"(wird)。——译者

(68)　　规定或设定为诸对立规定性的联系。在这里每一个都被设定为以同样的方式与自己本身联系着，并且不是被设定为由别的实体所否定；而每一个都是被设定为由别的所决定的。但是，这种被设定状态作为交互作用正以此扬弃联系的否定面，因为每个实体在这里面都被设定为与别的实体等同和它们的区别都确实被设定在它们那里，但是作为一种无关紧要的区别，只同自己本身联系着的区别，没有一个实体把自己设定在别的实体之中，也不独自地同别的实体相联系。交互作用不是每一个实体都在另一个实体中产生出相互存在的真实运动，而是把它们置于平衡的静止之中去，因为它扬弃它们自身那里的区别，[以致] 每个实体 [按] 其本质都和别的实体等同，每个实体都是对立物的简单性，而那必须同样设定起来的区别则只是一种外在的区别。

　　　　注释 1. 在因果关系里活动宁可说太直接地表现为一种不活动，以致不得不过渡到相互作用。因为，如果活动是把一个实体的规定性设定到别的实体中并以此扬弃这个实体的规定性，那么活动就同样直接地是扬弃第一个实体的规定性，而第一个实体就它是活动的而言，就恰好是不活动的；而活动作为对两个规定性的扬弃就是它们的简单状态。活动实际上是我们曾称之为产物的那种东西。被设定为活动的实体的规定性同样地被扬弃，因而别的实体就实际上同样是活动的；并且交互作用不是

第一个实体对第二个实体的一种作用，而是被设定
为两个绝对对立的规定性之同等的活动，即一种成
倍的活动状态。但是成倍的活动无非是下述事实的
表现：两个规定性中的每一个都以同样的方式被扬
弃。事情不可能是这一个规定性仿佛只在另一个规
定性活动的地点接触到另一个规定性，以致每个规
定性自身都划分为一个能动方面和一个受动方面。
因为活动绝对只是规定性与规定性的联系；而只有
这个对立起来的状态和否定，即对立自身的理想性
才是活动。因此没有一个规定性会对别的不跟它对
立的东西，或对别的不会是另一个规定性的活动本
身的东西发生作用；这就是说，只有一个活动，或
这样说也是一样的：只有一个产物，没有交互作
用。两个规定性归结为一种简单的单一性；而因为　　(69)
只有这个单一性本身是一个确定的单一性，它才有
规定性，然而是外在的规定性，即与别的规定性对
抗，而它的这种交互作用（它是两者在相互联系中
的某种确定状态）是两者的漠不相干的独自存在，
一种无关系的平静，诸规定性的一种肯定的而非否
定的设定或不同实体的众多性。关系、绝对的活动
完全不在这同一不变的整体，即这同一不变的简单
物的存在中，这个简单物将会被加倍，并且应该在
它那里具有外在对立的形式；它只能达到这种瘫痪
的无限性。

　　注释 2. 这种交互作用不是一种有生命的整体，

同样不是作为它实际上展示出来所是的那个东西，就是说作为过渡的一种无限的调解，即一种理性认识。认识仍然只是作为无限的、在绝对对立中的认识；作为精神的他在的自然界只以种种调解的这种外在方式具有本身的无限性。因为自然界是对立物的不变的简单的统一，它不是把这个对立本身展现为自身无限的，而是简单地仅仅外在地把它展现为分离，展现为关于诸对立物的这一个或那一个的或多或少的显露和优势的规定性。认识必须首先完全撕破这种统一性和纯粹而单纯地去表现诸极端，并且这样地把它们作为质上对立的加以扬弃。那直至无限的调解了的过渡已经提供了对立的诸要素；在这样的认识由以开始的那个最简单东西里面，至少已有后来继续显露出来和发展起来的对立的痕迹。那对理念来说是本质性的东西，即诸规定性的关系，不是作为关系、作为无限的，而是作为这样一些规定性的显现来加以考虑，这些规定性在这里和在诸调解了的过渡的一切形式里都是同样不变的东西，并且仅仅通过这一个或那一个的或多或少来显示出区别。而正如在这里恰恰正是本质的东西，即关系不受到考虑一样，同样地就其不同规定性——这些规定性自身之间又是关系，——而言也不受到考虑，而是质的东西归结为一种量的东西；那构成种种状态的一个系列的变形，只是一系列不同量的

(70) 混合和或强或弱的显现而已。诸规定性（它们就在

106

关系中而论是这样一种彼此对立的聚集体的差异性，而且只有这种差异性是合理的）的同一性，和同样地作为内部东西（就是说作为关系自身的诸要素的同一性，作为关系在那些要素中显现为全体）自身的诸要素的同一性，都宁可说成为那些被隔离开的物质（这些物质只增加或减少）的一种自己本身等同性；但此外每一个原来就已经被预先设定为独自现存的、增加着或减少着的聚集体的单调的中断（由于关系的诸纯粹要素的那种自然界的量的形式的东西不能控制的质的东西）产生出系列和阶梯的空隙，这些空隙与对简单的现有存在的这种历史观点毫不相干。

2. 关系在交互作用中实现自己，因为它的诸要素获得一种持存，是一些自身必然的、无限的关系；但是这种实在性同时又是对关系的诸要素①的扬弃，是无关系性。因为关系作为瘫痪的无限性或作为交互作用——由于它是关系的实在性，——就必须在②它的每一个要素或关系的两种形式即实体性关系和因果性关系内同样地作为这种坏无限性显示出来，在它③的关系的直接规定性上则不是如

---

①　手稿原文为"desselben"（指"关系"），拉松本校正为"derseben"（指"关系的诸要素"）。——译者
②　手稿原文为"an"（在……上），拉松本校为"in"（在……内），兹按拉松本译出。——译者
③　手稿原文为"ihrer"（它们的），拉松本校为"seiner"（它的），兹按拉松本译出。——译者

此，因为这种直接规定性还不是关系的总体，反之就它们一般说来 [是] ① 些关系而论，一方面 [它们是] ② 这种规定性下的这个总体，一方面它们只是作为诸种关系自身，这时在它们身上就透露出了实在性来，同时这种实在性不能是交互作用的这种中立性，而只能是从属于关系之形式的规定性的交互作用。或者说，交互关系的诸实体本身作为诸规定性按照它的本质自身只从属于不完善的、观念的关系的形式之下，而那个作为交互作用回复到自己内的关系在自己本身那里表现出它向自己内回复的诸要素，或者说把自己本身表现为**形式的**交互作用。因为后者这样地回复到它的观念的诸要素中去，它就由此仿佛获得了它所缺少的理想性的要素，只不过用诸实体的持存来影响这些理想性的要素本身。

(71) a）实体性关系作为必然性的概念，是实体作为一种排斥对立的规定性的设定起来的存在，而它 [是] 代替必然性的，因为必然性 [是] 绝对的可能性，同时对于实体可能从属于对立诸规定性的那些规定性这点是无所谓的。通过因果关系这种冷漠性扬弃了：实体作为现实的实体是跟别的作为可能的实体对立的；但在交互作用中又都是同等的现实

---

① 英译本增补。——译者
② 同上。

性。这种同等的现实性是跟实体关系矛盾的；在这个现实东西里，本质、诸对立物的简单性是同一个东西，这个简单性在实体性关系中本身仅仅是空洞的单一性，与两者、仅仅两者的可能性有联系；被分离开的诸偶性是可能性的实现。但是这样一来单一性、可能性、纯粹实体本身就是实现了的，诸对立物的简单东西和跟这个被设定起来的简单性相对立的可能性就 [是] ① 在一个别的规定性里作为设定起来的同样的简单性或过渡的阶段；联系就是，这个实体只在别的实体不存在时存在，并同时是两者的同等的必然性。在实体性关系里，每个规定性的设立起来了的存在只是一个或然的东西，可能的东西；如果实体是在一个偶性里，那它就不是在别的偶性里。在这里，实体作为两者的简单性自己本身就是必然的，即作为特定的实体；偶性不是在两个对立物的同等的可能性或空洞的统一性里，而是自己本身同时是它自身的对立面，因而是实体关系的整体本身，而不仅仅是它的统一性内的一个方面。特定的实体的这种现实性同时只是现实的、以对立的方式加以规定的实体的一种可能性，而倒过来说，这个实体同样是必然的。而它们就不再是漠不相关的并列在一起，因为两者的实现了的统一性是同样的；以这种方式在这里又只有一个独自的可

---

① 英译本增补。——译者

能性，对于它们的本质的这种统一性或它们的实现的反思① 是：这种统一性再次把实体性关系设定在交互作用里，由于这个原因诸实体本身就成为：相对于另一个可能的实体，这一个实体就成为现实的。因为每一个都是同样必然的，所以一个的存在就是另一个的不存在，而每一个的存在就和它们的不存在一样是必然的；这就是说它必然**消亡**，而另一个必然**产生**。两者的对立是无限地调解了的；而消亡和产生就是这个无限调解了的过渡本身，不是

(72) 像在交互作用自身的概念里那样被设定为一种过渡过去了的存在，而是被设定为否定的。这种过渡，即调解本身以这种方式就是这样的统一性，它以实体性的统一性的形式把自己分离为产生和消亡的诸对立的偶性，并这样地实现自己。交互作用是过渡或调解的概念，是这样一个统一性，在其中一个他在［是］② 以一种不确定的、外在的方式设定起来的，这个他在以一种绝对任意的单位连续相加起来的方式，即简直是以从外面加进去的方式向前进展；过渡实际上是实体性，即持存自身的规定性。在纯粹的实体性关系中持存是纯粹自身等同的存在；持存作为过渡就是这个自己本身规定了的东西、有差别的存在，但有差别的只是作为一种无差

---

① 拉松本将此句校改为"对于它们的本质的这种统一性的反思，或它们的实现是……"——译者

② 拉松本将［是］（ist）校改为［被］（wird）。——译者

别的东西，作为一种相异的东西，即众多，只作为
表达着向着对立的倾向，就是说，作为表达着无论
何处都只是对于对立的要求。这种要求的否定的设
定，即排斥着的现实性，自身就是这样一种只被要
求的现实性，它与它的不曾存在的存在联系着，只
是作为一种产生着的现实性(即是说，超越时间地，
一种特定实体的存在，因为它的他者终止存在)，
并且是消逝着的（一种被设定实体的不存在，因为
它的他者存在）。过渡、调解自己分开，与自己本
身对立起来，它是与其可能性相联系的特定实体的
现实性；这种联系既是可能性把自己设定为现实性
的第一个东西，——产生，又是对立面，即把自己
设定为可能性的现实性，——消逝；[这是] ① 一种
仅仅存在于交互作用中的一种分离，因为在交互作
用中必然的东西是作为"一"，或它自身是从属于
诸规定的对立性的，因而是作为可能的必然东西和
现实的必然东西。但是，可能的必然东西必须同现
实性相联系，即产生，——现实的必然的东西必须
同可能性相联系，即消逝；在实体性关系自身中这
种联系只是一种对于两者是外在的，必然性并不是
自己本身即是可能东西和现实东西的对立，而是每
一个都仅仅既是可能的又是现实的，**或者**这一个是
现实的，于是那一个就是可能的，**或者**颠倒过来，

① 英译本增补。——译者

111

[但是] ① 在这里每一个自身都是两者，而同时两者都是分离开的。

然而，对立是一种形式的、被要求的对立，因

(73) 为产生和消逝是一个绝对调解了的东西，一种对实体来说外在的东西；产生着的东西绝对地设定了它自身的他物，作为一种在它之外的存在，作为一个别的、不在它自身那里被反映的规定性。实体在其中回复到了自己之内的简单性是它的中性的基地，这个基地拥有作为在自己外对立的［诸］② 规定性的存在，而只有一个规定性是现实的；否定是一种被排斥的状态，一种非现实状态，仅仅是一种过去状态，或一种产生的可能性，而对立的不确定性则使产生和消逝成为某种绝对调解了的东西。

ｂ）但是，产生和消逝是本质的只是由于自身，即诸规定性的必然的相互联系状态，［这就是说，］③ 由于诸规定性在它们自身那里的理想性或由于诸规定性的绝对的对立，虽然只是形式上的对立，即因果关系；而通过这种因果关系它就是调解了的产生和消逝。特定实体产生或作为另一个停止存在的实体的可能性成为实现性。但是，"它成为现实性"，这无非是说它不排斥别的可能性，而是说它是活动的，它扬弃作为其可能性的对立的规定

---

① 拉松本增补。——译者
② 同上。
③ 英译本增补。——译者

性，即其理想性，而只有这样的作为起作用的它才是现实的。它的产生是由于它自身，由于它的活动，即成为与自己本身等同，这种成为与自己本身等同是无限的——就是说它把它的可能性，它的他物纳回到自己之内，就是说在起作用。但是，因为实体这样地通过自己本身产生，正是如此这就直接是它的没落，因为它是这个东西，即这个特定的实体；因为〔它〕把自己和对立的实体等同起来，即它在起作用，它就成为现实的，它就在自己本身那里扬弃自己，它由于自己本身而消逝着，并且就像以前仅仅设定起来了产生和消逝的概念一样，同样地在这里在实体自身那里也是如此。然而，这种过渡是无限调解了的，它同时是被设定为在诸实体那里的一种外在的过渡，"在诸实体自身那里，并且对于它们是外在的"，意味着它们是被分割开了。它们由于交互作用的本质而被分离：每一个都是独自的，而在其现实性中 ① 同时是相联系的；它们仅仅部分地是这样，而它们是确定地把自己分开成一个不变的部分和一个可变的部分。可变的部分并不是纯粹的偶性；因为在诸对立的实体中，规定性作为在自己内被反映的就是本质自身，而不是统一性的虚空，但同时实体却也是持存着的，因而是某种自己内部完全分成好些个实体性的东西。

---

① 拉松本为"在现实性中"。——译者

(74)

实体在其成为现实中消逝了，或者宁可说它的成为现实是另一个实体的产生，虽然是作为在能动的和受动的实体那里的消逝着的一个部分；可是这个产生了的实体同样只在活动中是现实的。它是一种规定性，是直接同被分开的东西对立的，它是这个被分开的东西的简单性，一个自内反映了的规定性，但作为一个反映了的存在，不是由于它自身，[不是] ① 由于它的活动；它必须同样独自地、否定地具有同它对立的一种规定性，必须扬弃它，必须实现自己，并必须这样地在其实现中消逝，成为一个不同于它所是的另一个实体。如果暂时的东西似乎这样地在减少，因为只有一部分消逝，进入新的实体，并且总是一部分被压倒，被排出，作为被分离开的，独自存在着的，非暂时的，所以这个部分就仍然只是一个规定性，并且同别的规定性一样是现实的。产生和消逝的线向前和向后进展至无限，而且同样有无限多的线和无限多的分离点和出发点。产生和消逝的这种无限的纷乱和交错使现实成为一个诸实体的产生着的和在其中消逝着的存在。它们的运动的实质是诸对立物的与自己本身等同的简单性；但是这个简单性是被隐藏起来的东西，在这种纷乱中没有设定起来的东西，并且因为这个——实现了的——统一性是在它之外，统一性

---

① 英译本增补。——译者

就完全陷入到坏无限性里，而且一般说来这个对立
物的简单统一性显现为实体，即实现了的、自身等
同的存在，而与它并列的则是众多产生着和消逝着
的实体。但是，产生着的和消逝着的事实上无非是
种种规定性。规定性到自己本身内的反映，即单个
的实体，仅仅是这样地无限的：就简单性而言它诚
然是作为特定的，并且作为特定的被扬弃或者说作
为它自身的对立面。但是它自身的这个对立面仅仅
就简单性而言是一个被扬弃的东西，——单个实体
是一个同样被扬弃了的东西，但是一个和别的实体
不一样的被设定起来的东西。这种不等同性通过实
体之成为被扬弃的而互相抵消，在这成为被扬弃的
过程中实体自身成为同样被扬弃的，并且在其中它
和别的实体一样是一个被设定起来的。但是，虽然
在这里两者都以同样的方式被设定和被扬弃，它们
的被扬弃了的存在，即对立物的简单性却是发生在
它们的交替之外；简单性自身是作为诸规定性的实
体化而增多起来的，——如果它在一切规定性里都
是同样的，那么它对于被分离的诸规定性来说就是
数字的"一"，不是无限的统一性或这些规定性的
扬弃。因为简单东西是这样地在数字的"一"的形
式中设定起来的，所以它就发生在扬弃活动的统一
性之外；宁可说它是众多的简单东西。但在实际上
它反倒是所有这些作为诸实体的被设定起来的规定
性的等同性，即实现了的存在，而在这种存在中是

(75)　　彻头彻尾没有区别的。诸规定性只是作为这样的规
定性显示出彼此有别；而它们的区分并不是这一个
的一种持存和另一个的不存在，而是就它们自身而
言直接地被扬弃，被设定为扬弃了的、观念的规定
性，——不是非设定起来的，不是在简单性中消失
着的，而是它们本身是的那种东西，一个以同样方
式设定起来的东西①，但是作为被扬弃的，在"一
个"自身等同的简单的统一性里，这个统一性就是
它们的非设定起来的存在。

　　这样返回到自己本身的交互作用，就是被分离
的诸实体的扬弃了的存在，这个被扬弃了的存在完
全只是一个实体，然而是绝对实现了的实体，一切
规定性的中性化，在中性化中一切的规定性都被设
定为被扬弃了的。关系实现了它的概念，它不曾从
自己内走出来；而它的概念的实现就是：它把自己
设定为［它］自己本身是的那个东西，诸对立规定
性的一种实现了的完全一致和在这种被扬弃了的存
在里同时作为那些被扬弃了的规定性的一种被设定
起来的存在。但是，关系因此就成为了它自身的对
立面；因为在它的概念里诸对立规定性都曾是存在
着的东西；它们的完全一致本身曾是某种有差别的
东西，同它们否定地联系在一起了的东西；但在这
里这些对立的规定性只是被设定为扬弃了的；这个

---

①　拉松本将此校改为"以同样方式设定起来的"。——译者

扬弃了的是自己本身等同的，纯粹与自己本身联系在一起了的，即诸观念的规定性的联系在一起了的状态，或它们的在它们那里的观念性。这就过渡到了思维的关系，过渡到了**普遍的东西和特殊的东西**。

B. 思维关系

　　作为实现了的交互作用无限物就成为瘫痪的了；它是充实了的完全一致，这就是说，是这样一些不是作为对立物的对立物的一种完全一致[①]，而同时是这些对立物的一种完全一致，即它们是作为对立物，不过是作为被扬弃的，而它们的联系，它们的简单统一性正就是上述的完全一致。这个就是那个曾经产生了的东西；矛盾（或那［持存］在诸对立物的一种完全一致中的无限性，在这个完全一致中诸对立物完全没有作为这样的对立物设定起来，并且在其中它们作为观念的对立物同时是被突现出来了），就是这种关系的辩证东西，这种东西在其真实实现中必须把自己设定为我们的反思。在　　（76）这里同我们直接有关的无非是这个必然如此产生了的东西；并且正如无限性在这个东西那里平静下来

[①]　拉松本将"完全一致"（Einssein）校改为"众多状态"（Vielsein）。——译者

了一样，我们似乎也必须使我们的反思平静下来，而只需接受这里有的东西；——我们的反思将成为这个关系自身的反思。

普遍东西，如已指出的，并不是纯粹的统一性，而是充实了的统一性，是诸对立的自己本身等同的完全一致；**特殊东西**不是一个实体，反之，被区别出来的东西是一个作为扬弃了地被设定起来的东西，作为不存在着的存在着的：一个规定性，但不是一般的规定性，而是在自己本身那里无限的，或被设定为这样的。它是这样的在自己本身那里，因为它从独自存在返回到了自己本身之内，并且自身被设定为不存在和存在的同一性；它不**存在**，就是说，它不是纯粹地与自己本身相联系。它不是不存在着的，被扬弃的，完全不是，而是两者的统一；它同自己本身相联系，被扬弃，并在这个已经成为它自身的对立面状态中与自己本身相联系，与自己本身相等同。这种在其被扬弃状态中的自己等同性，它的形式，就是作为普遍东西的实体性；但是普遍东西不仅仅是这个形式，而且它是充实了的东西，是那些被如此地设定为在其观念的存在中被区分开的规定性的简单东西。普遍东西作为被区分开的东西的这种联系就是它的理想性和否定的统一性，但是作为这个对立物的被扬弃的存在，因而就是同样一些东西的漠不相干的联系，这些东西并不是否定地彼此相对的，因为它们在其自身那里就是那个对立物。同样地，普遍东西并不是同特殊东西相对立的，而是它直接地就是特殊东西的形式：规定性是作为被扬弃的反映到自己内，而普遍东西就是特殊东西的这种反映。

AA.[①] 特定概念

刚才确定的普遍东西和特殊东西的联系，它们的简单的无对立的相互渗透存在就是特定的概念。规定性不再是实体，不再作为肯定的数字的"一"的被设定起来的东西，而是作为普遍的东西，自内反映了的东西，而特定的存在就获得了一种完全不同的意义；特定的存在实际上只不过是特定的概念，实现了的存在，正如存在的关系严格说来就是存在的实现一样：通常在特定的存在下所理解的东西宁可说就是特定的概念。实体的偶性是一个现实的东西，它在自己之外拥有它的联系，它的他在，并因而不**存在**；它只是一个可能的东西，不是就自身而言存在着的东西。被反映的偶性，特定的概念，才是在自己内的；它是一个特定的东西，并因此而自身只是一个可能的东西，一个只在与一个他物的联系中的东西。但是作为这个可能的东西它是被设定起来的；它是一个可能的东西不是由于它是一个可能的东西，——与此相反，这个〔它是可能

(77)

---

① 手稿为 A.。——译者

119

的] 是它的成为被扬弃，——而是由于它的这个作为一个可能的东西的被设定起来的存在才是一个可能的东西。特定的东西就本身而言在无限性里瓦解崩溃，是一个无。说它是一个不存在着的东西，这对它是一个怪异的反思；它**自身**只是这个不存在着的东西，而且它被设定为被扬弃的东西——就是说，为特定的概念——它就如其自身所是那样地被设定起来了；或者说它才存在。这个存在是单纯的无限性，被平静下来的无限性，特定东西的实存；它的存在与普遍性是同义的。它是一个特定的东西，但是作为特殊的东西；[它是] 作为这样的特定的东西，它由于是在自己之外，在它自身那里就同样是与他物的联系，因为在存在的关系里规定性在它自身那里并不同时反映到自己之内，而只是向外走。

在特定的概念里**规定性和反映是全然一样的、简单的**。没有反映的规定性就不是**特殊东西**，反之，它会是无；同样地，反映本身独自地是空虚，因为它只不过是从对立中，即是说从规定性中返回来了的状态。但是，特定的概念实际上并不是这个其概念已被固定下来了的简单东西。它可以从这方面来考察，即它是从对立中，从关系中返回来了的状态，所以它又分解为关系；但是这个关系作为简单的，如它已成为的那样，那么这种简单性就以一种别的方式自身带有有条件存在的规定性作为痕

迹。关系具有自由的形式；但它实际上不是绝对地
具有它 ①，如我们认识到的那样（虽然由于它的简
单性，联系已中断了），于是它就必然在自己本身
那里把这个展现出来。

　　特定概念服从质所服从的同样的辩证法，质是
纯存在中的一个规定性，在这里反映了的存在，即
自身存在已经代替了纯存在；这实际上是在规定性　　（78）
和反映了的存在之间现存的一个矛盾，——前者只
是对立的"一个"方面，后者是两者的统一性。因
果关系曾是否定的东西，即自己到自己之内的反映
的要素，在那个反映里面规定性必须扬弃自己，但
这只是一种形式的扬弃；同样地，那被反映的东西
诚然仍旧不是开始的［规定性］②，（［因为］③ 这个
开始的规定性与它的对立物成为一个东西），但这
个"一个东西"自身就是一个同样特定的东西并就
这样地具有仅仅作为形式自身的自身存在，而它与
这个形式实际上并不是等同的。它同样能够与其对
立物再次被设定为一，但它仍然同样是一个特定的
东西；因为它作为一个这样被反映的东西是独自的
和简单的，然而正由于这样就同那些它是其统一性
的东西对立起来。它甚至以双重的方式实存，一次

---

① 拉松本将此句中的"dαβ"校改为"dα"，这句话就成了"但
　　因为它实际上不是绝对地具有它"。——译者
② 拉松本删去了"［规定性］"。——译者
③ 英译本增补。——译者

是一个特定的东西，并因此而同否定的单一性相联系，这个否定的单一性就是它的无限性；但是作为反映到自己以内的单一性它自身就是否定的单一性，但是这样一类否定的单一性，在其中被否定的东西**是**被扬弃的，——它是被设定在肯定的单一性的形式中的否定的单一性，作为简单的、肯定的单一性或者说作为普遍性。通过普遍性单一性自身就被保存在那种联系里了，这种联系的无限性因此是形式的、对立的，不是否定的单一性，而是否定的"一"。它以反映到自己以内的、持存着的诸规定性的方式而是这个作为否定的"一"的实体；这个实体是这些规定性的被分离开的独自存在，不过是如诸规定性一样的。但是它们的僵死的"一"，作为这个"一"是在同规定性的这种独自存在或它的普遍性的联系中，[它是] ① 特定的东西②，而特别是绝对确定的东西，否定的东西，特殊的东西，这个特殊的东西对于普遍东西来说是偶然的。普遍性作为反映是特殊性的不存在，而诸实体的个别性则是偶然的东西，单纯可能的东西；而个别的东西，或实体是一个特殊的东西，不是单纯个别的东西，

---

① 英译本增补。——译者
② 拉松本将手稿中的这一段校改为："这个实体是这些规定性的被分离开了的独自存在，不过是它们的僵死的'一'；这个'一'在同规定性的独自存在或它的普遍性的联系中是特定的东西，……"——译者

[而是] ① 在同普遍东西的肯定联系中，在作为特殊东西的肯定联系中，在作为特殊东西的普遍空间的普遍东西中存在着，在那个空间里特殊东西排斥地发生着联系。反过来说，实体同样是作为（否定的）**单一性**的普遍东西，在这个单一性里除去那个是普遍东西的规定性外也有别的东西被设定起来，或者说在单一性里面这个普遍东西同样是作为特定的东西否定地发生着联系，把他物从自己中排斥出去，——可是他物一类的东西，即同样地在肯定的普遍性的独自存在的形式中的这类东西，——就像　(79)
在它里面否定的"一"排斥别的"一"一样。普遍东西是实体的与别的特性并列的**一个特性**；实体是一个特殊的东西，一个在普遍东西里与别的特殊东西并列地设定起来的东西。每一个都是被包摄在其他的之下，不过这两种包摄是以对立的方式：特殊东西是否定的"一"，诸特性则是取决于它们的规定性，并且是对立的；普遍东西是诸数字的"一"的肯定的单一性。

　　我们对那本质上是在特定概念里、在它自身那里发展着的东西的这个反思，就是特定的概念的实现或者特定的概念回到自己本身内的反映②。特定的概念是自身理解着的或已反映到了自己本身内的

———————————

① 　译者增补。——译者
② 　"反映"和前面的"反思"的德文均为"Reflexion"。——译者

规定性。反映作为简单的东西或普遍东西是在规定性的形式中，而规定性是独自存在着的东西和诸规定性的被扬弃了的存在，否定的统一性，仅仅可能的东西，甚至仅仅作为可能的而被设定起来的东西；实体则被吸取到它里面。只要实体被设定起来，普遍东西就是本质的东西，而这个实体就被设定为一个扬弃了的，换言之，否定的"一"就被包摄到普遍东西下面去了。反过来说，实体是特殊的东西，被包摄的东西，与普遍东西联系在一起了的东西，在普遍东西里面被设定为扬弃了的东西，自身同样地是肯定的统一性，普遍东西；而特定概念则由于它的规定性而只是一个被设定为被包摄的东西。因为实体是一个自内反映了的东西，它就不能摆脱这个东西，同这个反映相反，[它是]① 同它的对立物联系在一起了的，并因而是同否定的统一性联系在一起了的，在它的独自存在里甚至只是作为自身具有同否定的统一性的联系的。因而，特定概念在它自身里的矛盾就是：它自身［是］这个双重化的对立的包摄；规定是跟自己本身内的反映相矛盾的，而特定概念的设定就是这个 $\pm\sqrt{-1}$②。它的设定是它的平方；它的实在性，它的概念是这种对立的可能性。

_____

① 英译本增补。——译者
② 拉松本删去了手稿中的这个 $\pm\sqrt{-1}$ 。——译者

表达它自身是什么，不是［表达］^①在自己本身内反映了的规定性，而是：规定性在这当中同时扬弃［自己］和它是一个"一"，这个"一"把规定性同时设定为被扬弃了的，但同时是一个普遍东西，这个普遍东西设定它的这个被扬弃的存在为被扬弃了的，——这样的特定的概念就是**判断**。　　(80)

BB^②.判　　断

1.判断是特定概念的他在的要素，或者说是它的（坏的）实在性，在这里面那在特定概念里被设定为一的东西彼此隔离开来，并且是单独显示出特色的。在特定概念里有作为从他在里回到自己本身内的反映了的规定性；但是它实际上不是这个东西，相反，它还是规定性，并且还是在他在里，而回到自己本身内的反映则是否定的"一"或规定性的被扬弃状态的被设定起来的方面。

判断作为概念实际上［是］的那个东西的表达，因而在自身内包含着一个否定的"一"，即一个实体，可是这个实体不再［是］被设定为这样独自的，如在实体性关系中那样，而［是］反映到自己本身内的东西，自身就同到自己本身内的反映联系在一起了的，同普遍性联系在一起了的，［并且是］^③被

---

① 　英译本增补。——译者
② 　手稿为 B.。——译者
③ 　英译本增补。——译者

包摄在同一个普遍性之下［和］^① 被设定为一个仅仅被扬弃的实体，或者说实体是一个特殊东西或**主项**（主词、主体）。但是正如［它］是通过普遍东西被设定为被扬弃了一样，它同样作为否定的统一性反过来把这个普遍东西（这个普遍东西同时是一个规定性）设定为一个被扬弃的东西；它不是被设定为自己本身存在着的，而是被设定为只在一个作为主项的他物那里存在着的，而它就是主项的特性，是一个不同于普遍东西自身所是的他物。这个他在，或者在一个他物中的存在，是必然的，［它是］^② 实体作为一种规定性的表达，［它是］^③ 跟其否定的统一性就是主体的诸对立的规定性的对立物，这些规定性的否定的统一性就是主项；实体具有［它们］作为总在自己边上的别的种种特性，不是作为这样一些［东西］^④，它们通过自己本身而相互联系（［就是说］^⑤，仅仅作为［每一个］^⑥ 都是其他东西的否定物），而是［具有它们］^⑦ 作为被反映的、独自本身存在着的、相互漠不相干的特性，这些［东西］^⑧ 不是像它们的种种可能性那样的情况，

---

① 英译本增补。——译者
② 同上。
③ 同上。
④ 同上。
⑤ 同上。
⑥ 同上。
⑦ 同上。
⑧ 同上。

而是每一个都是独自的对别个敌对的（[就是说]，
都只是一个像其他他者一样的他者）。[它们是] ①
种种质，这些质的独自存在作为主项是同它们对立
的，它同样也是在它们那里的，它们都是在主项的
形式中。

　　对于这种把普遍东西包摄于特殊东西、即主项
之下来说，对立的 [包摄] ② 是联结在一起的，而
这些特性都是普遍的、肯定的统一性；[它们] ③ 是　　(81)
一个自己本身等同的独自存在，在其中否定的统一
性是被扬弃了的或（只要它被设定起来了）是用这
个规定来标明自己：被设定为仅仅被扬弃的——或
者说，不是设定为实体，而是设定为主项。正如谓
项，从主项方面出发加以考察，也曾被设定为仅仅
被扬弃了的东西，而这一点是这样的表达出来的，
即谓项在它旁边有其他一些谓项，同样主项作为一
个被扬弃的主项的这个被设定起来的存在通过谓项
也同样地在它自身那里表达出来，而从谓项方面出
发加以考察，主项同样在它旁边有其他一些主项，
当它对这些主项漠不关心时，它就和它们 [对立]；
它同它们的联系在它之外。正如诸特性的联系是在
它之外，即在主项中，换言之，主项宁可说就是这
个联系自身。同样，诸主项的这种联系是一个不

① 英译本增补。——译者
② 同上。
③ 同上。

同于它们的东西，即谓项；谓项是它们的等同性，[它是]① 那个在它的这个他在里，在不同主项里仍然是作为自内反映了的东西而自己本身等同的东西，并因而把这个它的他在只设定为观念的东西，为被扬弃的东西。

这两个对立的包摄在判断里结合起来了；在判断里它们都是在简单的统一性中，——判断所表达的东西是一个异于概念自身的反映。主项和谓项是对立的包摄里的本质的东西，另一个就被设定为观念的东西或被扬弃的东西。概念的简单性消失了，它的规定性的被反映存在自己分开了，或者说在对立的规定下成双了，而这成双了的东西的联系［的联系］② 的简单性不是概念，而是：**是**（系词），空洞的存在，不被反映的联系；而判断宁可说并没有达到概念的实现，反之，概念在判断里走到自己之外来了。说概念保持在判断里，那主项和谓项就必须甚至在它们的对立中使自己互相等同，两者必须在自身上表达特定概念，即一个在普遍东西和特殊东西的完全一致里的简单东西；问题在于，判断自身如何能够做到这点和这种必然性如何在它自己本身那里展示出来，以及如何在它自身无力拥有概念的范围内把它从自己本身中赶出去。

(82)

---

① 英译本增补。——译者
② 同上。

2. 在判断里被连接起来的东西，主项和谓项——前者是特殊东西，后者是普遍东西，——由于它们自身上的对立和由于它们互相施行的对立的包摄而互相矛盾；每一个都是独自的，同时每一个都是在其独自存在里涉及另一个，并且互相设定另一个为一个被扬弃的东西。一个和另一个都必须在同等程度上显示为在对方里正在设定的这种理想性；当它们在判断的概念里相互联系时，每一个的矛盾着的独自存在就都设定起来了。但是，每一个都仅仅由于另一个是不独自的而是独自的。正如它们都是在判断中一样，每一个都是独自的；一个的独自存在因而必须使另一个成为不同于它在判断里直接设定起来是的某种东西。这种通过强迫他者从属于自己的自我保持就直接是这个他者之成为他者的过程，但同时判断的本性必定仍然同时在这种变更中显示威力并同时扬弃这个他在；这因而就是这个他物回到自己的反映［的］道路。判断的各项的实现在这种方式上就是一种加倍了的实现，而两者合在一起就完成了判断的实现，然而判断在它的这个整体中自己就成为了一个他物，因为那对于判断来说各个项的本质的规定性由于它的到自己本身内的反映已扬弃了自己，而宁可说空洞的联系得到实现。

a.谓项的独自存在和主项到自己本身内的反映

谓项在判断中，没有包摄在主项之下，就是独自的，这就使它不再是一种特性，使它成为独自存在着的东西，并使主项成为被设定为扬弃了的东西。

α.[全称判断] 主项，在其特殊性里直接被设定为扬弃了的，本身就是一个普遍东西，不是一个数字的"一"，反之，本身就是一个肯定的东西，一个特定概念。主项必须首先就这样地被设定起来，因为它应当是独自的，而且不是作为实体，作为规定性，而是如它现在成为的那样，应当本身就具有独自存在，就是说，普遍性。但是 [为了]^① 判断不终止为判断，主项对谓项必须还保持着特殊性（[特殊东西]）^② 对普遍东西的关系；主项旁边的其他那些特定概念就必须包含在普遍东西里。A 是 A，或物质是重的，不是判断，因为重的东西是物质，或 A 是 A，是同样正确的，就是说，关系颠倒过来的可能性证明，那先前被设定为特殊东西的同样是普遍东西，而普遍东西，在它 [作为] 特殊东西设定起来时，却丝毫没有丧失其普遍性；[它证明]^③，主项和谓项的区别对于这些项来说完全是一种外在的区别，它没有在它们的本质那里表露

(83)

————————————

① 英译本增补。——译者
② 同上。
③ 同上。

出来。

主项作为这个特定概念（这个概念保持着特殊性对谓项的关系）因而依然同时还是否定的"一"；但这个被接受到普遍性里的"一"把自己作为**全体性**表达出来；而这个判断——所有的 A 都是 B，或者更确切地把否定的统一性强调出来：**任何一个 A 是 B**，——把主项既规定为否定的"一"，又规定为普遍东西。

但是，特殊性在普遍性自身里的这种恢复并不是对于那个即是主项自身的东西的一种设定。主项应是独自的，特别是作为主项；但是，作为全体性它实际上不是主项，而是有着谓项的普遍性，并且是一个绝对只在这种与谓项的联系中的特殊东西。而谓项并不保持在它的普遍性里，反之，主项同样是一个进行包摄的东西，一个跟它一样的普遍东西。谓项仍然只是普遍东西，因为主项成为一个否定的"一"，并且无论何处 ① 都被设定为这样的东西。主项的普遍性扬弃谓项的包摄作用；[因为] ② 这种包摄作用存在，那个普遍性就必定受到限制和自身表示出这种成为被包摄。

β.[特称判断] 主项的普遍性在它里面受到限制的判断，是**特称**判断：有些 A 是 B；主项在这里

---

① 拉松本此处不是"无论何处"（überall），而是"观念上"（ideell）。——译者
② 英译本增补。——译者

不再是作为普遍东西，只是作为在同谓项的联系中的特殊东西，反之，[它]① 在它自身那里表现出否定性。

(84)

但是特称判断实际上不再是一个判断，它彻底只是一个有疑问的判断；因为主项"有些A"是某种完全不确定的东西。它是［在］范围［内］、即［在］普遍的A［内］造出来的一个区别，但只是一个完全一般的区别，这个区别是没有任何规定性的；而对立的判断：有些A不是B，是同样正确的。B同A的联系，由于它在完全对立的方式上都是可能的，正因为如此就是一种不确定的联系，在同样程度上既是肯定的又是否定的，它是有联系的，同时又是无联系的。但是，如果否定同谓项联系起来，而谓项被确定为非B的话，那么它就完全停止为一个特定概念；它不是它应当是的那个保持自己的东西，而宁可说就会是一个完全不确定的东西，一个被扬弃了的东西。因为在特称判断里一般说来不是将 [它的]② 对立者或否定者的可能性置于不顾来考虑，所以谓项实际上就不是同有些A，而是一般地同A（部分是肯定的，部分是否定的，对此这里不予考虑）相联系，——就是说，我们将会重新有此前的全称判断，它由于对限度的要求而

---

① 英译本增补。——译者
② 同上。

[是] ① 被改变了。特称判断只陈述，不应把 A 当作
普遍东西来包摄，因为被包摄者就直接是一个特殊
东西。但是，它除去单纯的**应当**以外什么也没有表
达；主项被设定为一个否定的"一"的要求，实际
上并没有得到满足。

　　γ.[单称判断]　在**单称**判断里特称判断的单纯
的应当扬弃自己，而且它的有疑问的东西确定自
己，因为主项是一个数字的"一"，一个个别东西：
这个是 B。一个**这个**就其独自本身而言是一个特殊
东西，一个否定的"一"；它是同普遍东西对立的，
并且摆脱了普遍东西；但是正由于这样它就宁可说
只是一个个别东西：**这个**是 B。一个**这个**就其独自
本身而言是一个特殊东西，一个否定的"一"；它
是同普遍东西对立的，并且摆脱了普遍东西；但是
正由于这样它就宁可说只是一个个别东西，不是一
个特殊东西。因为个别东西作为特殊东西是同时被
设定为同普遍东西相联系的；而因为主项这样独自
地设定自己，它与谓项的普遍东西相比仅仅是那个
被包摄到它之下的东西，所以它同它的联系事实上
在它自身那里 [也] ② 被扬弃了，它不再是——当
它自身必须表达这联系时——一个特殊东西。正如
主项作为普遍东西在自己内消灭了个别性——它不

----

① 　拉松本增补。——译者
② 　英译本增补。——译者

被设定为特殊东西———一样，它同样不[被设定] ①
为个别东西，因为普遍性在这里被消灭了；两者之
间的中项，特殊性，是两者的否定的统一，某种仅
(85)　仅**被要求的**普遍性和个别性之"设定为一"的东西。

　　δ.[假言判断] 两者的真实连接在于设定起来
的个别性，但作为一个扬弃了的，作为一个仅仅可
能的。主项以这样的方式表达它的本性，因为它的
内容是一个实体，一个数字的单一性，而这个单一
性（作为同时仅仅可能的）不仅有别于内容的可能
性，同时与它相联系，因而自身是被表达为定理。
主项这样地在判断中设定起来，这个判断就是**假言**
判断：如果有这个，则有 B。单称判断的**这个**是这
个判断的主项，但是这样的，即这个**这个**，数字的
"一"的这个现实性只是被设定为一个可能的，为
一个扬弃了的，谓项 B 支配整个判断，它是把这
个主项包摄于自己之下的普遍东西，以致主项不是
一个肯定的，而是仅仅作为一个可能的，或者说以
致主项（因为它是一个"这个"）通过普遍性来表
达它的特定状态和自身完全发展了地来展示特殊性
的本性。

　　在假言判断中，谓项的保持就确定下来了；在
全称判断里谓项跟主项是等同的，而关系则消失
了，正如同主项在它那方面（因为它只表达它同谓

① 英译本增补。——译者

项的联系，即它在普遍东西中的存在）不是作为特殊东西，而是相对于谓项才是这个：它只是对于这个关系来说才这样地是主项，即它自身在关系里是的那个东西；而它的成为他物就是它的成为本身独自的。——在特称判断里谓项诚然是普遍东西，但它却欠缺主项；它既同这些主项联系，又不同这些联系，就是说同这些中的有些联系，而同另一些不联系，而它一般地与之联系的那个东西从头到尾贯穿着这种两重性，或者说它对之不抱这种漠不相干态度的那个东西，实际上就是 A 或作为一个普遍东西的主项。主项在这种特殊性里是一个不同于如它仅仅在关系中那样同普遍东西联系在一起了的东西。但是，它仅仅 [是] ① 外在地，形式地在关系自身那里设定起来的一个他在，一个**应当有的东西**，一个非普遍的东西，不是一个"这个"。在单称判断里谓项诚然是普遍东西，包摄着主项的东西，但它自身还是主项的特性，一个特定的东西，而它把主项置于自己之下的包摄没有在主项那里表达出来。这个在假言判断里才完成了。但是判断因此一般地就是一个或然的判断，因为**这个**是被设定为扬弃了的；而谓项由于发展了的特殊性还没有从它之置于主项的包摄下显露出来。主项虽然是独自地被设定为它在关系中是的那个东西；但是普遍东

(86)

---

① 拉松本为 [有]。——译者

西（对于它来说主项是被设定为扬弃了的）因此自身就会成为否定的统一性，如果主项通过谓项被在观念上设定起来的话。但这样一来假言判断的主项就独自地被设定为一个仅仅可能的。它按照它的这个的方面是同谓项相联系的，但不是作为被扬弃的东西；或者说"这个"不是它的实体，而将会是它的偶性，它的必然性。条件是一个可能的原因；但正由于这种不同一性它就终止是原因和必然的。两者诚然是相联系的，但是以这样的方式，即因为主项只作为可能的原因（作为观念的原因，就是说），它实际上是作为分离开了的东西。普遍东西和特殊东西的联系是特殊东西在普遍东西里的单纯的存在。在判断里两者分开了：联系必须再次成为一种［我们］先前在关系中［见过］的不同的联系。①判断的实现发展到这一步，因为那隔离开了的东西相互联系着；但是，判断的实现必然成为这样一种不是原因的实现，而是条件的实现：条件即是说，主项在谓项里不成为一个他物；或者说，它的他在仅在于始终是同一的，即始终是它自身，并且只在于是同一个他物结合着。在这种结合中它的单纯的独自存在作为原因面对作为效果的它自身与一个他物的这种结合。反之，原因始终是作为本身独自的

---

① 此句按英译本译出，句中［　］内的字是英译本增补的。本句德文原文为："联系必须再次成为先前关系的不同的联系。"——译者

主项，而它同他物的联系不是它自身与他物的一种
结合，在这种结合中联系将会是一个实在的跨越。
反之，这个在这里是同一的东西在他物中也是同一
的，就消失了；原因在观念上设定起来了，必然性
是一种不把自己表达为同一性东西的联系，因果关
系是 A：a+B，条件的因果关系是 A：B。

因此，假言判断是一种对必然性的要求，必然
性迄今作为这样的东西（即作为对立的而同时独自
的存在着的东西的同一性）已在这种关系里消失
了，而［它］① 在假言判断里才重新出现，因为在
这里［对立的东西］② 重新被设定为独自存在着的
东西。但是它纯全只是作为一种被要求的必然性出
现，作为一种否定的必然性；因为在已经实现了的
主项的独自存在里和在谓项的独自存在里（为了谓
项的保持这已实现了），在它们自身那里没有表达
出同一性的某种肯定的东西，即 A 会在 B 中或 B
会在 A 中，其一或其他都是两者的一种结合。反
之，同一性的东西只是否定的东西，即正如谓项　　(87)
［是］一个被设定为扬弃了的普遍东西一样，同样
主项（作为现实性和可能性的统一是消解了的普遍
性），也是前此关系的实现，作为一个自身联系了
的东西或作为联系的一个项。现实性和可能性的关

① 英译本增补。——译者
② 同上。

137

系对普遍东西，即谓项的这种关系，是一个应当有的必然性。诸项都被设定为观念的；它们是摇摆的东西，不稳固的东西，而被要求的是中项，它将会是它们的表达出来了的必然性，它们的**被设定起来了**的同一性，——这个要求是主项实现中的最后东西，它只能通过谓项、普遍东西的实现来达到。

b.① 主项的独自存在和谓项的实现

αα.[否定判断] 主项保持为设定起来了的特殊东西，因为它实现把谓项包摄到自己之下，或者说把谓项展示为按照它的规定性被包摄在主项之下，正如谓项先前曾以对立的方式保持 [自己] 一样，就是说保持为反映到自己内的东西，即普遍的东西，保持为那种已经独自会是诸对立规定性的扬弃了的存在的东西。谓项作为一个自身确定的东西，正如它是作为主项的一种特性一样，它的展示不能是别的，而只能是它的自己扬弃和把自己同对立的规定性合而为一的设定，因此一个新的统一性、一个更高的普遍东西就发生了。

B 是 A 这个判断的直接展示，即谓项 A 是一个特定的东西和一个被包摄在主项 B 下面的东西或一个通过它的否定的统一性而被扬弃的东西——就是把 A 设定为非 A。这即是**否定**判断的表达方式，在这个判断中谓项是按照这个要素来设定的，

---

① 手稿为 β（希腊字母）。——译者

即它作为特定的东西实际上是一个并非自己本身存
在着的东西，而是一个通过否定的统一性在对立物
里消亡着的东西。

　　但是，否定判断正因为如此就如特称判断一样
是可疑的；设定起来的只是判断的普遍形式，不是
一个判断本身，或者说，[这里]① 是否有一个判断，
这是有疑问的。谓语是非 A，这个普遍的东西正如
它实际是的那样是一个绝对空洞的东西，一个没有
被反映到自己内的规定性。但是，这个非 A 作为
反映到自己内的 [或]② 作为肯定的也可能是同 A
对立的规定性；否定的东西是双重意义的东西，一
般的“不”，纯粹的无或存在；或者这个特定的 A
的“不”，它本身因而是一个特定的“不”，这个特
定的“不”是作为肯定的东西与 A 对立的。如果　　(88)
所指的是前者，那么判断就其谓项而言则是一个完
全不确定的；它就不是判断。如果所指的是后者，
那么它就是一个特定的东西；然而它是什么，则是
完全有疑问的，以致这个和那个都必须在同等程度
上是所指的，而这个和那个单独地又都必须同样不
是所指的。

　　因为非 A 自身会是一个肯定的东西，所以“B
是非 A”这个判断实际上是一个肯定的判断：“B

---

① 英译本增补。——译者
② 同上。

是 C"，而因为 C 不是被表达为 C，而是被表达为非 A，所以主项就会同作为这样一个同 A 对立的东西 C 相联系，因而主项就是跟 A 和 C 共同的统一性，即更高的普遍东西相联系，这个更高的普遍东西把 A 和 C 以同样方式包括在自己之内，并且是它们的否定的统一性或它们的普遍性。

通过否定判断，被要求的东西——谓项作为一个规定性的被扬弃的存在——并没有得到，因为 B 自始至终是通过 A 而与一个较高的、但尚未设定起来的范围相联系；如已指出的，规定性只能 [被] 实现（或谓项完全显示为一个被消除了的东西），[因为] 非 A 的这种两重意义中止和它被设定为无，而这只 [能] 发生，[因为] B 跟 A 和 C 所共同的较高范围 D 的联系完全消失了。

ββ. [无限判断] 在否定的判断里，有一种没有被表达出来的、但隐藏起来了的 B 不是同 A 相联系，但却通过 A 本身而同跟 A 相对立的作为 C 的非 A 相联系，和 A 和 C 的更高的范围[相联系] [1]；"B 不是绿的，它没有这个颜色"，对此想到的是：α）它有任何一种别的特定的颜色，和 β）它总有颜色。[因为] [2] 谓项被设定为扬弃了的，正是这样别的颜色，作为一般的颜色，就必须消失；随着

---

① 译者增补。——译者
② 英译本增补。——译者

颜色一般任何别的特定的颜色也都消失了，于是否定判断就成为了一个**无限**判断："情感没有一种红颜色"，"精神不是六呎长"，和诸如此类荒谬的东西。这就是说，唯一必须加以处理的是：主项同扬弃了的谓项的联系同时是对下述范围的一种扬弃，这个范围作为统一性有被否定的谓项来充当一个与它（范围）相对立的被否定的项；谓项本身被否定：在否定判断里主项没有这个谓项，在无限判断里主项没有任何谓项。无限判断的否定的表达因而必定就是这样：不是通过这个规定性那同规定性的普遍东西的联系还［持存］，而是这个普遍东西、因而谓项一般地都同样被扬弃了①。

(89)

　　一个这样的无限判断之所以直接显示为一种无聊的事，是因为，当谓项完全被否定时，一般说来就没有判断发生，而是只有一个判断的空洞的假象（一个主项和一种与谓项的联系被设立起来了）；这个假象化为乌有。正如否定判断与特称判断相应一样，无限判断则与单称判断相应；单称判断的主项被设定为完全独自的，但正是在单称判断中主项从包摄中退出来，而实际上就其不是被包摄，不是被反映在普遍性之下而言，并不是独自的，而且也就

---

① 拉松本将此句中的"通过"（durch）改为"仅"（nur），因而全句为"不仅这个规定性，还有那同规定性的普遍东西的联系，而且同样这个普遍东西，因而谓项一般地都被扬弃了"。——译者

（1）主项在特称判断中走向现实性的存在，在无限判断中走向无。

不是判断[1]。这样，在无限判断里谓项完全被主项否定，它因此同时就从包摄到一个主项之中退出来，并且是完全独自的，正如主项一样；但正因为如此判断就瓦解而不再是判断。

但是，否定、无，根本不是一个空洞的东西，它是这个规定性的无，并且［是］一种作为诸对立规定性的否定物的统一性；它必须这样地在谓项那里设定起来，正如它在否定判断里是由我们确定下来一样。

γγ.［选言判断］被否定的谓项或（如其在关系里对于主项来说那样）仅仅以一种被扬弃的方式设定起来的作为规定性的特性，它被确定为 A，完全同它的对立的规定性相联系，并且是一个非 C，或 C 是一个非 A；而因为它们两者是作为反映到自己内的，联系，［或］[1] 它们的否定的统一性同样地是一个反映到自己内的东西，一个普遍的东西，两者共同的东西，两者对于它来说都是特殊的东西；但［它们是］[2] 不作为否定的"一"，而是［它们］[3]自身作为普遍的东西。因为每一个独自地都不是作为诸对立规定性的"一"，而是一个这样的形式的"一"，反映到自己内的东西，这样的规定性，即在它们自己的反映外同样［是］一个到自己本身内

———

① 英译本增补。——译者
② 同上。
③ 同上。

的反映。① 规定性的范围诚然是一个这样的"一"，但这个"一"也同样是跟主项对立的；它是肯定的　(90)
统一性，诸对立物的持存，——它正是它们的共同的反映，或一个普遍的东西。在主项本身那里实际上诸对立的规定性并不持存；它是它们的否定的统一性。主项的诸特性彼此相对是完全漠不相干的；它作为它的诸特性的存在是一个形式上普遍的东西，不是否定的统一性，而是统一性；诸特性只是互为他物，不是有差异地相互对待；主项是空洞的"一"，瘫痪的实体性或特定的实体，这个实体作为非特殊东西，即不是在普遍东西自身里设定起来的东西，它的规定性无限地同别的规定性相联系，并扬弃它们的现实性。相反地，主项作为反映到自己本身内的"一"是特殊的实体，或者说这个在否定的"一"的形式中设定起来的"一"的本质是普遍性，并因而是它的反映到自己本身内的规定性，不扬弃作为现实性的它自己。较高的普遍东西在同它的诸规定性的联系里是诸规定性之否定的统一性，但同在这些特殊性里与自己本身等同的主项相对立。与主项相反，否定的统一性是普遍的东西，并且不显

① 拉松本此句为："……，而是这样的形式的'一'，反映到自己内的东西，这样的规定性——在它们自己的反映外的东西同样［是］（译者增补）一个到自己本身内的反映。"英译本此句最后部分为："这样的规定性，［以致］（英译本增补）在它们自己的反映外同样［有］（英译本将［is］改写为［there is］）一个到自己本身内的反映。"——译者

现为否定的统一性，反之，诸规定性正因此在它里面不 [显现] ① 为自身扬弃着的，而是作为扬弃了的，并因而是在它之外、不依赖于它的，而它就只是诸规定性的共同的空间。诸规定性不是否定的统一性的诸偶性，而是它的诸特殊东西。否定的统一性在它的这个他在里是自身等同的东西，但诸规定性，作为它的这个他在，同样是这样一些在其规定里独自存在着的东西。

以这种方式设立起来的谓项（[那就是说] ②，主项同谓项和它的对立物，并因此同这两者的普遍东西相联系），是一个排斥着它的对立物的东西，而这个对立物亦复如是，于是两者就 [都是] ③ 以同一的方式持存着的东西。同其一相联系的主项就不能同 [其他] ④ 相联系，但它必须以同样的方式同两者相联系，它同时同两者以这样的方式相联系，即同其一的联系排斥着同其他的联系，——因而也就同时不同两者相联系，而只肯定地同它们的普遍东西相联系；这个判断叫作**选言**判断。它是跟假言判断相对应的东西：正如主项在假言判断里达到它的全体性一样，同样的谓项就在选言判断里达到它的全体性（谓项在这里发展为反映到自己内的

---

① 英译本增补。——译者
② 同上。
③ 拉松本增补。——译者
④ 同上。

规定性）；它是规定性并因而同时与它的对立的诸规定性在一起，而借此［它］也是那些规定性的普遍东西。谓项在其中如此发展了的判断，就是选言的——主项不是同 A，就是同 C 有联系 ①；这就是说，谓项排斥其规定性的对立物，但它同样地被它的对立物所排斥，而一个只是另一个而已。主项同每一个是如此地有联系，以致它在这种联系里排斥别个，但在这种联系里同时也同这个别个是如此地有联系。

(91)

　　通过谓项的这种全体性主项真实地保持着自己，或者说谓项成为它在这种关系里实际上是的那种东西，就是说一个规定性，一个在主体的否定的统一性里设定为扬弃了的东西；这个东西现在是在谓项那里，因为谓项不是主项的排斥着的规定性，反之，它的对立物以同样的方式是同主项有联系的。它们两者同时都不是无，如在根本不是判断的无限判断里那样，反之，两者在同等程度上都在主项那里，也如两者都不在主项那里一样；主项通过它们确定地只同它们的 ［作为］ 未发展的现存范围有联系。

---

① 　也可以表述为：主项或者（要么）是同 A，或者（要么）是同 C 有联系。——译者

[C.完备的判断] ①

这样，判断通过把主项包摄于谓项之下 [和] ②把谓项包摄于主项之下的两种对立的包摄就完备了。

a.首先，谓项保持为普遍的，而主项在它自身那里设定为它不在这种关系之外，而是在这种关系之内是的那种东西，或者说它走完了反映到自己本身内的道路，把自己展现为通过普遍性的否定统一性的特定存在；这样，主项在 [第二种] 包摄里仍然是 [一个] ③ 特殊的，未曾发展，而谓项则发展成为由主项的否定统一性所决定的。决定的 [项] ④（在第一种情况下是谓项，在另一种情况下是主项）曾被设定为那个依然是其所是的东西，即被设定为独自存在着的东西。但是，实际上那个展现其到自己本身内的反映的另一个宁可说才是独自存在着的东西，实存的东西。因为它本身展现关系的全体，而另一个只保持为关系的固定的项。而坏的实在性和真实的实在性是成反比例的：主项在第一种包摄里（在那里它由谓项决定）宁可说是反

(92)

映在自己内的，实在的，正如谓项在第二种包摄里一样。在它们的这种真实的实在性里两者都终止为一个肯定的东西。在假言判断里主项被设定为一个

---

① 拉松本增补。——译者
② 英译本增补。——译者
③ 同上。
④ 同上。

扬弃了的东西，在选言判断里谓项也是如此；而这样两者就被设定为它们实际上自己本身是的那种东西。主项自己本身并不是一个特殊的，独自存在着的东西，而是一个仅仅被设定为一个可能东西的个别东西；谓项不是一个作为规定性的普遍东西（或者说不是作为反映到自己内的作为独自存在着的规定性），反之，它自身是仅仅作为"不是这个，就是那个"，诸对立规定性的等同存在或偶然性。

因此，在这里第一次出现了这样的情况：我们迄今对立起来的那种东西（坏的实在性和真实的实在性）和在阐述中某两种分散出现的东西（一个作为概念的规定性，另一个作为概念的全体性）在这里就在同一种关系里对立起来了。但同时成双的包摄分散地出现，而主项和谓项的真实实现本身则是判断的一种坏的实现；因为判断没有从其两重化中回到自己。判断在两重化里只是走到自己以外，因为这个双重的判断是一个有疑问的东西，［那就是］①假言判断作为仅仅被要求的必然性，在这种必然性那里必然性的同一性并没有设定起来。选言判断同样是有疑问的，因为主项实际上没有同设定起来的谓项及其对立结合起来；反之，主项必然地与之相联系的那个东西，即两者的范围，是没有设定起来的东西；因而在选言判断里同样有必然性

---

① 英译本增补。——译者

[被要求的东西]。在假言判断里谓项是必然的东西，但主项对于这个必然性而言则是偶然的，而且另一个[就是说，主项]① 缺失；同样地，倒过来说，在选言判断里主项被设定为必然性的一个项，但它缺少另一个、即谓项。在两者里那作为本质的设定起来的东西甚至不是同它与之处于联系中的那个东西相联系（反之，这个东西被设定为观念的，为扬弃了的）；而是**通过**这个东西［它是有联系的］② 同还没有设定起来的另一个东西相联系。假言判断的主项，和谓项一样，是观念的，而同时是一个"这个"，但是**"这个"**没有被设定起来。在选言判断里谓项是观念的，但规定性同样没有被设定起来。因为在前者那里主项是片面地与谓项同一，在后者那里谓项是片面地与主项同一，所以存在必然性的原则。谓项由于它同主项的同一性（主项同时也是一个特定的东西、个别的东西）就能同那个被设定起来的个别东西相结合，从而这个个别东西同样就同这个主项是同一的。同样地，在选言判断里主项同谓项(谓项按其规定性方面来说是设定起来了的)相结合。对于主项和谓项来说与一个尚未设定起来的东西的联系的必然性是存在的。但是这个东西必须设定起来。假言判断和选言判断都是有疑问的，

(93)

---

① 英译本增补。——译者
② 同上。

但是它必须是一个判断，而它现在只能［是］①：在
假言判断里特殊东西(它在主项中是作为扬弃了的)
被设定在这个主项之外独自存在着，如同在选言判
断里一样，假言判断的主项②同独自存在着的主项
相联系并同它真正构成一个判断，它能做到这点因
为它自己是一个普遍东西。同样地，选言判断的谓
项同它的范围相联系，或者宁可说只是设定这个联
系；并同这个范围一起真正构成一个判断，它能做
到这点，因为它自己是一个特定的东西，因而许可
假言判断里那个独自存在着的普遍东西加入。这两
个判断，即选言判断和假言判断就以这种［方式］
结合起来，选言判断的独自存在着的主项和假言判
断的独自存在着的谓项都被设定起来了，而选言判
断的实现了的谓项和假言判断的实现了的主项两者
都是完全一样的；［它们是］③两个极端，即独自存
在着的谓项和独自存在着的主项之间的中项。因此
这是一个在自己内分裂为二的判断，它的中项［是］
实现了的、发展了的普遍性，即特殊东西和普遍东
西的统一；而主项和谓项都不再是由空洞的东西，

---

① 拉松本增补。——译者
② 埃本此段为："而它现在只能，［因为］在假言判断里特殊东
西……［因为］假言判断的主项……"拉松本此段为："而它
现在只能［是］：在假言判断里特殊东西（因为‹将 in dem 读
为 indem›它是作为扬弃了的）……如同在选言判断里假言判
断的主项……"——译者
③ 英译本增补。——译者

即判断的**是**结合起来。它们是由实现了的作为它们的同一性的中项，并因而是由必然性**联锁起来的**；

(94) 而判断就成为了**推论**。

CC.^① 推　　论

(1) 推论的概念

1. ⁽¹⁾ 主项和谓项在判断的实现里保持为它们在规定性中彼此相对是的那个东西；而同时——因为每一个在自己那里实现了自己，都在它自己那里把自己构造为关系的整体——两者就重合了。每一个自身都 [表] 达着普遍性自身的发展，特殊东西同样地作为普遍东西；因为每一个同样地是一个反映到自己本身内的规定性。在其规定性中保持不变的主项不是确定地同一个这样发展了的谓项相联系，而是作为一个特定东西通过谓项同谓项的范围相联系；同样地，倒过来说，那确定地保持不变的谓项不是同这样发展了的主项，而是通过主项同一个特定东西 [相联系] ^②。两个判断是"一个"推论；因为发展了的主项和谓项是相同的发展。以这种方式联锁起来的主项和谓项并不是直接地，而是通过代替了判断的空洞的**是**的这种发展才在判断中，而由于这种发展判断就成为了一个必然的东西。因为中项是设定起来了的诸极端的中项；它同时是普遍

---

① 手稿为 C.。——译者
② 英译本增补。——译者

150

的和特殊的：a）它是一个规定性（因而与主项等同）和 ① 一个普遍的东西（因而与谓项等同）；和 b）它的关系的联系是这种等同性的相反的联系，因为等同性不准许任何关系。与主项相反，中项是普遍的东西并包摄主项；与谓项相反，中项是特殊东西并被包摄在谓项之下。这两种包摄作为判断表达出来，就是通常的简单的判断，而且正是主项和谓项的联锁。但是这个联锁完全不再具有作为判断的任何意义，反之，它的本质东西并不是它们的一般联系，而是它们的通过一个中项的联系，或联系的必然性。判断不是作为这种独自的，反之，它是返回到了概念和被包摄在概念之下。特定的概念在推论里获得了它的实在性；它作为中项是普遍东西和特殊东西的简单的完全一致符合；因为发展保持在统一性里。而它的要素同时是被拆开为诸极端并且是相互规定的。**作为诸极端对中项的关系，判断实现为一种双重的东西，但它同时是被设定为扬弃了的，因为在这两种包摄之一里是主项的那个东西，在另一种包摄里是谓项，因而判断本身的规定性通过这种对立的双重化就被根除了。**[(1)] 但是**理想性**不仅通过这种对立的双重化设定起来，而且——因为主项和谓项作为极端的联锁不具有一个特定判断的意义，而宁可说不是一个判断——［而且］直

(95)

（1）主项和谓项的实现分开出现在假言推论和选言推论里。两者的理想性。

---

① 英译本增补。——译者

151

接设定起来是中概念的同一性 ①，中概念的辐射就是极端，并且只是作为这样的极端包含在中概念里。概念的简单圆圈**变窄并把自己分开地抛到直线里去了，直线的中心**就是这个变窄了的、压缩在一个点里的圆圈本身，普遍东西和特殊东西就是直线的 ② 极端。

(1) 推论的主项是返回到了自己的实体。

2. 概念通过判断在推论里返回来了 (1)，因为它是通过其对立面的判断的这种分开的抛投，但却是对立面的本质的中项。但是，推论同时直接拥有较高的观点，即它一般地是**返回到了自身的关系**，即存在和思维的关系的同一性。关系在其最初的实现里自己成为了一个他物，但实现了的其他的关系是这个他物的他物和向它的返回，而在正在实现着自己的判断里，在假言判断里，有别于特殊性的完整普遍性则退到一边去了，但这个普遍性正因此而成为了纯粹否定的单一性，数字的"一"。推论的主项实际上只就它之包摄于中项之下而言，或作为被封闭在普遍性的圆圈中，才是特殊；然而它同样地是同这个中项对立的，并且独自地 [是] ③ 实体的

(96)

---

① 拉松本此段为："但是理想性……双重化设定起来，而且直接——因为……——[而且] 设定起来是中概念的同一性，……"英译本同此，只是删去了多余的 [而且]（[sondern]）。——译者

② "直线的"是按拉松本将手稿中的"dessen"（据此，应译为"圆圈的"）校改为"deren"译出的。——译者

③ 英译本增补。——译者

纯粹的个别性。但是，实体不再是单纯的实体本身，反之作为穿过了概念并从它里面走出来了的东西，**诸偶性的交替就平静下来，这些偶性不是相互扬弃着的**对立的，而仅仅是彼此互为他物的，并因而是按照坏的无限性的一些他物；或者说这个实体是一个无限地被规定的。**它是返回到了自身**，因为它作为绝对改变着的诸偶性的否定的统一性就是这个"一"，即诸偶性的这种自己本身等同的存在。它因而是既同特殊东西又同普遍东西对立的；普遍东西是主项，特殊东西是推论的中项，因为它作为特殊东西本身就是个别性和普遍性的统一；它的个别性因而即是特殊性——与主项相反的普遍东西，和个别性与普遍性的统一，或与普遍东西相反的特殊性。

（1）在推论里主项，作为普遍东西和特殊东西的关系已返回到了它那里的一个"这个"，是通过特殊东西同普遍东西相联系，而不是通过自己本身；它只处于同特殊东西的直接结合之中和包摄之下。因此就有三个**上升**或**下降**的阶段设定起来了；一个纯粹的**"这个"**，绝对个别的东西；一个**特殊东西**，这个和普遍东西一起（或被接受入肯定统一性里的否定的无限被规定的"一"）；和一个纯粹普遍东西。正如纯粹"这个"和纯粹普遍东西这两个极端α）**是被包含在中项里**，β）同样它们**也**是同它**相对立**——它们**是独自的**一样。中项的**特定概念**自身是普遍东西和个别东西的**简单的统一性**，作为

（1）推论中的矛盾α）极端在中项之下的被包摄的存在β）不被包摄的存在。

153

这样的统一性，**它的双重联系**对于它是一种外在的联系。把特定概念发展成为两个极端的是我们的反思。特定概念是两者的普遍的统一性，但是纯粹普遍东西也是同它对立的，正如这个"这个"不再是特殊东西一样，这个纯粹普遍东西同样不再是特定概念，而纯粹［是］[①] 普遍东西。而因为这个纯粹普遍东西出现在中项之外，所以中项正因为这样同时就不是真实的、包摄着两者的中项。两个极端在

(97)

中项里的统一和它们在中项里的分离两者都不再联结在一起：**中项在分离中只是中概念，这个中概念不是本身独自的，而是个别到普遍的上升或普遍到个别的下降中的过渡点**。在推论的概念里互相对立的东西，因而就是**两个极端**的这种**被包摄**在中项下的**存在**，以及**两者的独自存在**和它们的**相互关系**，根据这种关系一个作为纯粹普遍东西肯定地包摄两者，正如反过来主项否定地包摄两者一样。中项是这样的共同的东西，一回它是以对立的肯定的和否定的方式被包摄在两者之下；下一回它包摄它们两者；在中项里诸极端仍然表现为互相包摄和被包摄。推论必须实现它的概念，因为它自身显示出这个矛盾。展示为包摄着两者的中项就会是普遍东西自身，而中项的实现就与［这个］[②] 普遍东西的实

---

① 拉松本增补。——译者
② 英译本增补。——译者

154

现相重合；与[那种]① 实现相反的是个别东西的实现，个别东西表明自己为在否定的统一性中扬弃着普遍东西和特殊东西。两条道路是对立的；但在这种对立的流动里两者将相互渗透，而两者的平衡将同样是每一个个别东西的实现。(1)

a.② 主项作为个别东西的实现

主项作为**这个**无限确定的[个别东西]③ (它也被称之个体东西)，在这里不仅出现在现实性中，而且现实东西本身作为普遍东西[出现]④。现实东西作为"这个"是否定的统一性，这个统一性通过规定性纯全只与对立的规定性相联系；在特殊东西里这种使其现实性成为可能性的联系被消除了，而规定性被设定在自己内反映的普遍性中，但也只是在独自存在的形式中；因为这种形式是作为普遍东西跟特殊东西对立的，而特殊东西并没有摆脱这种联系；作为推论里的主项(2) 它从理想性中涌现出来，[它] 在理想性中仍被设定在假言判断里；而作为否定的"一"它自己本身是**绝对规定了的**，或**绝对在其规定性里**(3)；**众多的、而且是无限众多的规定性的统一**。因为主项作为否定的统一性是诸对立规定性的统一性；但在自己本身那里具有作

（1）主项和普遍东西的对立的实现。

(98)

（2）推论里的主项。

（3）个别东西或主项是绝对众多的规定性的作为普遍东西的统一。

---

① 英译本增补。——译者
② 手稿为 α（希腊字母）。——译者
③ 英译本增补。——译者
④ 同上。

155

为**被包摄的普遍性**；诸规定性都只是互为他者，并且每一个规定性都摆脱了它对之仅为一可能的那个规定性。主项不仅把特殊性，即中项，而且把普遍性，即别的极端包摄到自己之下；主项是普遍的东西，但是这样的，即它的否定的统一性[是] ① 本质的东西（它那里的普遍性仅仅在它那里作为一种扬弃了的设定起来），即作为这个具有无限众多的特性的东西；普遍性正是这个：诸特性的在主项那里的存在，而且它们的存在仅仅作为按坏无限性而言的他者们的存在。因为它们的独自存在，它们的统一性恰好不是它们的被扬弃的存在；反之，统一性是在它们之外，作为"一"。它们因而 [是] ② 无限地众多；它们的众多性不是由统一性决定的。这种所谓的个体性应具有实在性；"它**是**"是关于它说到的那个东西，因为在假言判断里仅仅可能的存在被表达为现实的 (1)。从而**假言推论**被设定起来，因为假言判断的主项使自己成为一个肯定的定理。但是，这个主项的这个**是**不过是完全空洞的存在，它和无是完全等同的。**这个 C 是**，或 C 是一个**这个**，意义是同样的。**这个**就是作谓项而加给主项的**是**。主项的实在性依然是空洞的**这个**性。主项应当具有实在性，仅仅是就它是一个这个，而不是就它是这

（1）假言推论表达出这个主项的**是**（拉松本将原稿中的**是**校改为**定理**。——译者）。

---

① 拉松本增补。——译者
② 译者增补。——译者

些规定性的统一性而言的。因为这个实在性将会是一种完全不同的［必然性］①，一种内在的必然性：肯定的统一性和否定的统一性的统一性，在这个统一性中肯定统一性中的数字的"一"完全消失了。

　　这个的简单性就是那个在普通认识里作为绝对存在和作为绝对确定性使自己**作为绝对真理**而有效的东西(1)。它就是无限的规定性的概念：纯粹的**这个**直接消解为无；**这个**并不是这个空洞的东西，而是**到自己本身内的反映**，作为总体性的规定性，总体性的形式正就是"这个"，即数字的"一"。但是，它作为总体性具有一个内容；它是在对立面里保持着自己的统一性，而对立面，如所指出的，就是作为众多性的规定性，但是作为**完备的众多性**；作为绝对的规定性。但**它是不完备的**(2)，因为这些众多就是反映到了自己内的诸特性，它们作为众多是独自的，在自己之外有统一性，因而完全不是一切(3)。完全确定的东西或**这个**是一个**单纯的思想物**。虽然看来好像这个只是一个单纯的应当，一个没有得到满足的要求，即展示和穷尽这些特性、这些绝对众多的规定性，然而［看来］②好像主项就本身而言，同这种列举无联系，还是一个特定的东西，恰好就那种独立性而言就将会是一个**这个**；

(99)

(1) 简单的这个在普通认识里是绝对真理。

(2) 诸特性是不完备的。

(3) 诸特性是彼此相对漠不相干的。

① 英译本增补。——译者
② 同上。

157

而主项在推论里应当是这样地独自的，作为不包摄在普遍东西之下的，不被设定为扬弃了的，而是宁可作为包摄普遍东西于自己之下的。但是，恰好**绝对规定了的东西**的这种就本身而言的自身存在**是这个**：它具有无限众多的、分离的、相互**漠不相干的规定性，这些规定性的在它们之外的"一"**对它们同样是**漠不相干的**；而这个 [是] ① 一个思想物；因为诸规定性的**这种漠不相干**是无效的 ②，这些规定性的本质是仅仅在同他者的联系里，而它们的这种联系或它们的彼此相对的差异就是它们的直接的否定的统一性，它们的本质完全不在它们之外，对它们不是漠不相干的。

主项因而本质上**不是一个这个**，一个**绝对规定了的东西**，和把**普遍东西**包摄于自己之下的东西，而是同样地是一个被包摄的东西，而且是不仅通过特定的普遍东西，或通过普遍东西的特殊东西，因为它自身是一个通过纯粹普遍东西的被包摄的东西 ③。但是这个东西实际上不是纯粹普遍东西，因为它直接是构成中项的这个特殊东西的普遍

(100)

---

① 拉松本增补。——译者
② 拉松本此句为："因为它是诸规定性的这种漠不相干。"——译者
③ 此句埃本为："通过普遍东西的特殊东西，[而且] ……"；拉松本为："特殊东西 [虽然] 通过普遍东西，[但] 因为它……[也] 通过……"；本卷编者在脚注中（第99页）指出，句中的"da"（因为）应读为"deshalb, weil"（所以如此，因为）。——译者注

158

东西。主项不是一个纯粹的**这个**，而是在本质上是**一个通过一种规定性必然地被包摄在一个更高的规定性下的东西**，正如主项包摄着规定性一样⁽¹⁾；普遍东西本身以这种方式之所以同样不 [是] ^① 一个纯粹普遍的东西，是因为它被特殊性并通过特殊性被主项包摄在否定的统一性之下，因而与一个他者对立起来，并且自身是一个特定的东西。主项的独自存在因而在于，**它以双重的包摄的方式不是直接同一个规定性**，而是**通过这个规定性同一个更高的、相对普遍的规定性**联锁在一起，[以致] ^② 主项同一个谓项的联系是一种必然性；而且从本质上来说只有这个必然性是真实的东西。

（1）**主项通过一个规定性**被包摄。

但是**问题在于是否这个必然性是通过这种联锁设定起来的**。首先主项必须是同中概念有联系；它作为数字的"一"、同时 [作为] ^③ 一个特殊的东西，必须被规定为普遍的东西，但是它作为主项**是绝对的规定性并因而既同诸规定性的无限的众多性相对立又对中概念的规定性漠不关心**。绝对的规定性是一个**这个**，正如主项被看作一个这个一样，而作为这样的规定性同样是无效的。这样被规定的主项就会是这个个别的规定性；但是它不是**一个个别的东西**，一个数字的"一"，它同样地不是个别的规定

---

① 拉松本增补。——译者
② 英译本增补。——译者
③ 同上。

（1）但它对它的这个规定性是漠不相干的。

性 ⁽¹⁾。在**选言判断**里它以同样的方式同 A= － C 和 C= － A 有联系；扬弃这个**不是这个就是那个**和在主项那里设定这一个，但另一个则在选言推论中被排斥，这只不过是说，在假言推论里设定它为一个**这个**主项，那么在这里则设定它为**这个**谓项。我们正在谈到的是纯粹直接的设定，即选言推论的小词。但是，主项作为数字的"一"本质上被设定为实体并对于对立的谓项完全漠不相关，谓项作为在其现实性中的一些偶性（它们在现实性中应被设定为一些个别的规定性）是受可能性或者说尚未设定起来的存在的影响的。但是，就规定性同无限多的别的规定性并列是无所谓的而言，它作为**这个**完全没有先于一个别的被设定起来的优先权；或者说，无限多的别的是同它一样的。而这是矛盾的；在主项（不是作为实体，而是作为无限规定了的东西）那里只设定个别的规定性。但是那应当设定起来的甚至不是主项的这个规定性，而是它的作为交互作用的必然性；因为不是**主项**同这个规定性**的联系**，而是通过它只同一个别的规定性的联系；而且是这样的，即主项也重新相互地被包摄到普遍东西之下。因为它作为**这个**是特定的，正因为如此^①也是被扬弃的。可是，主项通过普遍东西的这种扬弃

(101)

---

① 原文为"ebendarin"，意为"正在里面"。这里是依据英译本译出的。——译者

本身始终是一种特定的扬弃，一种特定的同一个谓
项联结在一起的状态；而这个谓项也不能这样地发
生，即主项不是直接地，而是只有通过一个别的东
西才会与之联结起来，即通过一般的推论或简单的
推论。但是，一般的推论并不必然地把主项联结到
谓项那里；谓项虽然是普遍的东西，自身却是一个
特定的东西；而主项作为这个特定的实体通过它的
规定性、同样这个规定性的对立面，并通过这个对
立面同谓项的对立面联锁起来。

(1) 如果主项应与之联锁起来的谓项只有包
摄特殊东西，即中项的假相，如果谓项实际上却
与中项相等同，而判断只是一个**同语反复的命题**，
那么一般说来就只有一个判断，这个判断的谓项
就只是被一个另外的表达方式所代替。如果**中项
和别的极端的相互关系**实际上同特殊东西和普遍
东西一样，那么主项同后者的**联锁**宁可说是主项
的规定性的一种扬弃 (2)，主项的规定性就是它同
中项作为主项的一种规定行动的联系；而就这个普
遍东西自身是一个规定性而言，那么主项与它的
联锁就是完全偶然的。因为主项作为完全特定的
东西可能被**同无限[众多的]别的规定性联锁起来**，
而这无限 [众多的] 规定性正因为这样也必定彼
此**矛盾**；因为主项由于它作为否定的统一性的本性
是对立的统一，并同样地与对立的诸规定性有联
系，而且通过它们同那个与先前的普遍东西相对

（1）推论中的
同一判断。

（2）联锁作为
普遍与特殊的
关系是它的规
定性的一种扬
弃。

（102）

161

立的规定性联锁在一起。因而设定起来的就不是联结的必然性，而是联结的**偶然性**以及**被联结东西的矛盾**。而通过推论得到的是某种完全不同于这种联结的东西。主项作为绝对特定的东西通过规定性和特定的普遍东西、并通过它的无限的规定性同纯粹普遍的东西［联结］在一起，实际上就其自身而言是一个在其规定性中的普遍东西；它是无限众多的规定性的漠不相关，是它们的反映到自己内的状态。主项是否定的统一性，但作为普遍东西，不是作为实体设定起来；相反地，［它是这样地设定起来的］①：就本身而言②可能性不是同诸规定性相联系或仅仅在它们那里的，而是在自己本身那里。而主项**不是通过诸规定性同普遍东西相联锁**，而是**直接地就本身而言的**[^(1)]。主项完全扬弃推论的那在其中主项和普遍是通过一个使它们分开的中项联结起来的线索中的分离，而是普遍的东西。主项以这种方式反映到自己内的绝对的规定性，本身就是一个简单的规定性，不是纯粹空洞的否定的统一性，而是特定的统一性，

（1）主项不是偶然地，就是说通过"一个"规定性同普遍东西联锁起来，而是同一切所有联锁起来，它本来就是普遍地返回到了自己内的。

---

① 英译本增补。——译者

② 埃本此句为："……否定的统一性，但……而是就本身而言的东西……"；拉松本为……"否定的统一性，但不是作为实体设定起来，而是作为普遍东西，这个普遍东西就本身而言……"；英译本为……"否定的统一性，虽作为普遍东西设定起来，不作为实体；而且，［它是这样设定起来的：］就本身而言可能性不是同诸规定性相联系或仅仅在它们那里，而是本身。"——译者

正如它的普遍性是特定的一样；但是这个排斥着相反规定性的规定性，是被设定为在自己本身那里存在着的，被设定为到自己本身内的反映之本质。主项是一个特殊的东西；这个规定性就是那个在其成为他物过程中依然是普遍的自己本身等同的东西的规定性。特殊性是一个特殊的东西[(1)]；它是通过它的规定性同别的诸否定的"一"有联系和同它们相对立。它在自己之外有它的补充，但是这个补充同样是普遍地反映到了自己之内的，是就自己本身而言的，主项是成为了自己本身的中项[(2)]，这个曾经转而反对过别个的中项，只是在不同的联系里是反对的。这个主项就是实现了的特殊性，这个曾独自地转向内和转向外的特殊性自己本身是独自的；[它是][①] 仅仅由于它是特定的东西而自己反映到自己本身内的，因为通过这个特定的东西它对于它自己就是他物。但在它的这个他在里是它自身；这就是说，它是规定性本身，这个规定性自己反映到自己本身之内。规定性作为普遍的东西或作为特殊的东西，只是在形式上反映到自己之内，作为对立面的统一性。但是第三个东西或综合——那个设定起来作为简单东西的出发的东西——成为了一个他物，而这个他物又成为一个他物，重新成为第一个东西——

（1）它是**特殊的东西。**

（2）成为了自己本身的中项。

(103)

---

① 拉松本增补。——译者

163

但是这个第一个，就它自己成为第三个而言，正由于这种已经变成而有别于第一个简单东西。但是，实现了的特殊东西就是那个在其出发时已经是它自己的东西，并这样地在其反映的道路上保持着自己。这就是说，主项是它的**定义**。

b.普遍东西的实现

普遍东西在推论中——正如主项作为特殊东西由于它在它自身那里设定普遍东西而实现自己一样——必定因为它在它自身那里设定中项和主项而实现自己。**普遍东西的本质是把自己的规定性设定为扬弃了的**；它同作为特殊东西的否定统一性相对立在于，它作为普遍东西并不排斥规定性的对立物，而是与它等同。或者说是选言的肯定东西。主项是否定统一性把诸对立物设定为扬弃了的，而这样自身就是普遍东西，但作为普遍东西它是一个特定的东西。普遍东西〔是〕[①] 否定的统一性，但作为这个统一性只是这样的普遍东西，即它自身又是一个特定的东西——这是主项的在其中普遍东西同作为它被包摄于其下的主项的联系受到考虑的方面。但是，作为普遍的东西，正如它是独自的一样，它并不是通过规定性同一个主项相联系着，而是作为**到自己本身内的反映**，自身划分为**对立的规定性**并把它们**设定为扬弃了的** [(1)] ——**自己本身**

（1）普遍东西作为独自存在着的是自己划分为对立的规定性。

———————————

① 英译本增补。——译者

封闭的到自己本身内的反映。

　　普遍东西的这种总体性的较为确定的东西是，它同在**假言判断**里被设定为扬弃了的"**这个**"相联系；但是它不仅与此相联系：它同样具有一些别的条件。它的实在性不仅是同这个确定的东西和同一个**这个**的联锁；它包摄这个⁽¹⁾，并设定它为扬弃了的，因为它设定那些别的和它相等同。通过这种等同性"这个"就停止为一个否定的"一"，因为作为这样的"一"它就会排斥一切等同性，一切联系；它是一个特殊的东西，并且在它旁边有好些个特殊的东西。但是，它们的这种漠不相干通过它们的规定性扬弃了。它们相互联系起来，因为它们在**选言判断**里互相排斥；但是假言推论不把普遍东西设定在其实在性里，选言推论也同样不；反之，普遍东西是两者的对立面。它不是通过选言推论里一个别的特定东西的被排斥的存在和通过仅仅这个规定性的存在，反之，它对于别的规定性是以同样的［方式］有联系的，而且它不是纯粹地独自的，而仅仅在这些特殊东西的联系中；它是它们的否定的统一性。这就是普遍东西的实现，即它和主项一样是否定的统一性，而同时又是肯定的统一性。但不是这样的：它按照规定性在它之外有对立的规定性，而是相反：**它包括两者并把它们设定为扬弃了的。而且它不是通过一个中项与否定的统一性**联锁在一起，而是直接地就

(104)

（1）它是被包摄的这个。

165

是否定的统一性本身。普遍东西的到自己本身内的反映是这个：它作为 A 成为 B= − C 的对立面，而 C= − B，并在这个中它与自己本身等同，把自己从这个中概括出来，因为它在其自身等同中扬弃对立面。主项的反映是：它［确定自己］^① 作为与自己本身等同，作为 B，因为它成为一个不同于与 C= − B 对立的 +B，并且再次扬弃对它的规定性的这个加。

设定同时作为一个特殊东西的普遍东西（或者说，普遍东西的、但作为一个并不同时是否定的统一性的独自存在着的东西的实现）将会是推论的大前提的或把中项置于谓项之下的包摄的证明。它借以被联锁起来的东西不可能是一个个别东西，因为在联系中，在它的通过普遍东西的特定存在中它是一个特殊的东西。**把普遍东西展示为起包摄作用的那个推论**，它通过个别性把普遍东西和特殊东西联锁起来，而是**归纳**。主项是这个普遍东西的这个事实，并没有就其普遍性穷尽这个普遍东西；主项是绝对的众多，即这个普遍东西。［要是］^② 普遍东西如其是的那样被设定起来，这个众多的总数就必须在普遍的东西之下被设定起来；而因为这个总数总起来作为主项、作为"一"来面对普遍的东西，主

(105)

---

① 译者增补。——译者
② 英译本增补。——译者

项自身对于总数的个别性而言就是一个普遍的东
西，对于谓项的普遍性而言就是一个特殊的东西，
先前曾是中项的性质的那种东西就被设定为［一
个］① 极端，因为主项从个别东西成为了特殊东西。
但是这种联锁仍然不是真实的；因为诸个别性——
它们的总和应当表达主项——作为诸个别性是绝对
的众多、并且作为这样的东西没有实在性。普遍东
西的联系扬弃否定的统一性，并因此而直接地同特
殊的东西结合在一起，而且甚至作为否定的统一性
自己分离为特殊的东西。

　　推论是个别东西通过特殊东西同普遍东西的联
系。这条反映的道路是：个别东西首先成为特殊东
西，［并］② 展示出它的把中项和另一极端置于自己
之下的包摄，而普遍东西在这种包摄中没有得到满
足；这个普遍东西必须同样地展示其包摄作用，并
由间接联系成为一种直接的完全一致。联系的简单
的无限性在存在关系里过渡到无限的中介，过渡到
综合，在思维关系里回到联系的平静的简单性；而
在这种联系的简单性里它［自身］③ 是完美圆满的。
联系是等同性的联系，而有联系的每一方面本身都
是［一种］④ 关系，都在被设定为观念性的那些对

---

① 英译本增补。——译者
② 同上。
③ 同上。
④ 同上。

立的形式中。每一个都是普遍东西和否定的统一
性，以及两者的统一，而它们在其中对立的特定形
式，是这两者中的任何一个，这两者在它们那里，
即每一个在另一那里都是扬弃了的。

Ⅲ.比　例

两个关系的等同性是返回到自己内的联系。这个等同性和这个联系是一样地简单，而各对立东西自身都是在观念上设定起来的两种关系。概念是实现了，因为它保持着自己，并且它的两个方面都在它自身那里设定为它自身，而推论作为概念的坏的实在性返回到了概念的圆圈里；推论由其诸极端的绝对不等同性成为了自己的对立面。 （106）

ａ.定　义

肯定的和否定的统一性的完全一致⁽¹⁾，**主项作为一种设定起来了的和反映到了自己本身内的规定性**⁽²⁾，是一个实在的东西——这个实在的东西在其规定性中是直接同普遍性联锁在一起的，是一个绝对的独自存在——这个独自存在在其规定性中是独自的。排斥在这里第一次是实在的，同被排斥者的肯定的联系终止，而肯定的联系则是到自己本身内的返回。迄今那曾**扬弃了规定性**的东西是：规

（1）肯定的和否定的统一性的完全一致。

（2）反映到了自己本身内的规定性。

169

定性只存在于同对立规定性的联系中；但在这里它却有其实在性。主项仅仅按照这个规定性才是一个特定的东西。它终止为一个无限多方面规定了的东西；而且只有这个规定性才是它的本质的规定性。因为本质是独自存在或返回到了自己本身内的存在。

与定义等同、而且无非就是这个定义的主项，因而不是一个个别东西；它的本质的**规定性**是这样的规定性，在其中**主项转向与别的诸特殊东西对立**，并在这种**转向与它们对立的存在中保持着自己本身** (1)，因此，在有生命的东西的**定义里关于攻击或保卫的武器的规定**必然被认作关于它们借以对着别的特殊东西保持自己本身的那种东西的规定。但是对于较低下的植物种类，[我们] 必须按照它也是借以自身**保存**的那种东西来规定，但仅仅作为普遍的东西；作为个别的东西却是**毁灭**，即通过**世代关系**。还更为低下的无机物**在其消亡**里甚至**不作为类**来保存自己，而是在消亡中终止是它是的那种东西。而它的**本质的规定性就是**它在其中消亡的**规定性**。主项借以保持自己作为个体、作为个别东西的本质东西是：它在这个转向与他物对立的存在里与自己本身等同，[即是说] ① 自己只与自己本身相联系。它仍然与自己本身等同，因为它在它的成为

(1) **主项通过它的规定性保持着自己**；或它通过它的规定性绝对地返回到了自己之内。

(107)

① 英译本增补。——译者

他物中不停止是它所是的那个东西，而是宁可说是扬弃它的他物。这种**自我保存或定义**，具有直接地作为"一"的那个东西，到目前为止是被分离开的或只是我们的反思："一"作为普遍的东西在它的他在中是直接同它的概念，即普遍东西等同的，而它存在，仅仅是因为它把这个他在或它的规定性作为一个他物从自己那里分离出去。它按其规定性是完全独自的，因为它消灭那与其规定性相对立的东西；它的独自存在不是脱离它的对立物的一种抽象，而是它与之有联系，而两者的完全一致并不是两者的扬弃，而是"一"自身就是在其规定性中的普遍东西或对他物的扬弃。

这个的这种真实的实在性——它的特殊性存在和持存，而作为这样的特殊性已被接受到普遍性里，是独自的——一般说来表达比例的概念，在这个概念里关系完全靠边去了，特殊的东西直接地被并入普遍的东西，而**这个**直接与两者有联系，只以两者的统一为它的本质。它自身是关系的这个方面，按照这个方面"这个"是否定的统一性，是"一"。被设定为彼此相等的这两个关系就是否定的"一"的关系（存在关系的本质）和肯定的"一"的关系（思维关系的本质）。以致前者的只自我扬弃着的诸规定性在后者的普遍要素中同时持存——都是根本的，而在后者中分散出现的东西的漠不相关则通过前者的否定的统一性消失了。

171

(108)

（1）**定义的辩证法**；它实际上设定一个个别东西。

(1) 但是这种实在性或定义实际上是个别性或一般说来特定东西的实在性。普遍的东西还没有得到它的权利，而那被设定为自己本身保持着的特定东西实际上不能保持自己；规定性被设定为自己本身存在着的，并被设定为同普遍的东西等同的；而它是这样设定起来的，它把它的他在作为一个他者从自己分离了出去，并且以起着消灭作用的方式与之相联系，以致它在其扬弃中作为普遍东西，并作为这个规定性保持着自己。但是，实际上只有它的普遍性方面才是这个自己本身保持着的东西——这个作为对立物的等同的东西；而规定性的扬弃并不就是这一个的扬弃和另一个的持存，而是绝对地是两者的扬弃。因而，在定义中比例并没有被完满地表达出来；一方面只是否定的"一"的方面（不是否定的"一"作为关系的表达）或那应是单纯的**这个**；另一方面是否定的"一"作为关系的表达，但不是它的作为一种否定的统一性的表达；因为合并到普遍东西里的规定性持存着；其否定的统一性是一个方面的那个东西是普遍东西和特殊东西；但是前者**不是一个真实普遍的东西，因为**它只是被设定为诸对立规定性的起包摄作用的"一个"[规定性]①。这些项都不是被设定为它们实际上是的那

---

① 译者增补。——译者

172

种东西，规定性不 [是] ① 一个观念的东西，同时
普遍东西不是一个实在的、非否定的统一性。

　　因此，定义只表达返回到了自己之内的存在，
即绝对的实在性的要求；它是一个向外的否定的
"一"，这个"一"从自己那里排斥别的和保持自己
本身，是独自的。而它的肯定的联系并不同时是对
它自己的规定性的一种扬弃，而是对它的一种坚
持，而它之内的普遍性的要素并不是真实的普遍
性，而宁可说是从属于规定性的特殊性的整体。特
殊的东西是普遍性和特殊性的一种统一，但是倒过
来普遍的东西并不也 [是] ② 作为普遍东西和特殊
东西的那些对立的规定性的一种统一；或者说，普
遍的东西只是被设定为特定的东西。[特定的] ③ 普
遍东西作为规定性到自己内的反映因而仅仅形式
地、而非实在地作为在它自身那里的东西表达着它
是的那种东西。到自己本身内的反映必须不具有作
为一个同自己分离开的、对它漠不相关的他物的他
物，针对这个他物它以相异的方式设定自己，并在
联系中扬弃自己；反之，这个他物按其本质是在它
自身里的，而它就是两者的统一，而且扬弃就是两
个规定性的扬弃。它既是它自身的又是他物的理想
性；或者说，主项本质上是一个普遍的东西。作为

_____

① 　英译本增补。——译者
② 　同上。
③ 　同上。

自己到自己内反映着的和扬弃着规定性的，它扬弃它自己的［规定性］[①] 并且是作为普遍东西——或者说定义过渡到**分类**。

(109)

b.分　类

a）因为普遍东西在其同规定性的直接的完全一致中自身就是一个特定的东西，**两者的这个统一是一个特定的统一和一个特殊的东西。这个特殊的东西，这样地自己到自己内反映着的，宁可说就成为一个普遍的东西，**一个扬弃着它的规定性的东西[(1)]。这个普遍东西是两个对立物的等同性——它们向着它返回——并且一个是另一个是的那个东西。特殊东西的自我保存因而宁可说是它的理想性和普遍东西的一种生产。因为它的自我保存，到自己本身内的反映，它的独自存在是这个普遍的东西，所以它并不是真正地［回］到普遍性。普遍性不是产物或结果；相反地，它是特殊的东西的独自存在——同样程度上是［特殊东西］来自的那个东西——即第一个东西，但一般说来就是特殊东西的本质。

这个普遍东西本身是空虚的、中性的空间，诸规定性的持存；它此外是：它是到自己本身内的反

（1）特殊的东西宁可说扬弃它的规定性，而成为普遍的东西。

---

① 英译本增补。——译者

映，在其他在里面与自己本身等同的绝对的独自存在。在它里面这样设定起来的**诸规定性**，自身就是这个他物，这个对立的存在**或普遍东西的两重化**，以致这个［是］①两者的本质，而诸规定性只是由于这个而存在。它们作为特定的存在，仅仅在普遍东西的必然性中，必须自己本身是一个他物。但是它们的这种实在性本质上是两者的等同性或被扬弃的存在，而作为全然简单的东西［或］自己本身等同的东西，普遍的东西是它的他在或它的双重化的被扬弃的存在，是它的诸部分的否定的统一。

普遍东西在它自身那里作成**分类使定义成为观念的，因为它自身分化为两个相互联系着的定义**⁽¹⁾，这两个定义作为漠不相干的，两者以同样的方式持存着；不是这样：一个定义的他物由于另一个定义而被扬弃，如在片面的定义中一样；但是它们的这种等同性是它们的实体，并因此把它们两者在观念上设定起来。被反映到自身本身内的规定性同时是被扬弃的，而且扬弃自己本身；它完全只存在于与它对立的规定性的联系中，而且正是在这种联系中自身是观念的。

普遍东西在分类的诸项里实现自己——设定自己本身作为与自己对立和作为正在找到**自己**——，分类的诸项是直接由普遍东西的本性决定的⁽²⁾；

（1）普遍的东西在分类中分化为对立的定义。

（110）

（2）分类的诸项是由普遍东西自身的本性决定的。

① 英译本增补。——译者

因为普遍的东西仅仅在它成为一个他物、并从这个他物成为它自身的范围内才是这样一个普遍东西。普遍东西是这两个要素（它作为简单的东西和它作为自己的一个他物）的统一[1]，它们是它的概念的要素，而且正是这些要素是分类的诸项。作为概念的要素，它们是仅仅对立的，纯粹观念的。但是作为被设定在"一"里，每一个要素就像它是本来的或真实的那样，在自身那里具有另一个的规定性，以致它是被设定为本质的东西。在普遍东西本身里它们是完全相互等同的，以致没有任何一个对于别个是本质的东西，而是两者在观念上是等同的；普遍东西是两者的观念性。但是概念的实在性是：每一个要素交替地是本质的东西，而另一个则是在这个东西那里观念地设立起来的东西。因为普遍东西的概念，就它是两者的等同的观念性而言，自身就是普遍东西与特殊东西对比的规定性，而概念自身又重新是分类的"一个"项，它作为与特殊性对立的，自身就是一个特殊的东西。分类的诸项的这个规定性本身是观念的，但它是作为被反映到自己内的，作为被设定为与普遍东西等同的，并且是定义的两重化。在这个实在性里两者是彼此相对漠不相干的；每一个都是本来的，因为每一个自身都具有整体的本质。它们独自地并不转向彼此对立，正如个别的定义对待对立的规定性是的那样；因为每一个和另一个一样都以同样的方式保持自

（1）它作为简单的东西和它作为他物。

己，而没有一个能够靠牺牲别一个做到这点，因为两者有同等的权利。

正是因为这样，规定性才获得这个漠不相干的 [表达] ①（它对别的规定性的区别仿佛是在它以外）。它独自地是一个纯粹的脱离了它的对立面的质，而数则是这个规定性的最无所谓的表现。普遍的东西，类，由于这种被合并的存在成为了一个纯粹普遍的东西，一个共同性的东西，而**分类则**是诸定义的**某种增多**，诸定义的统一性是在它们以外，对于它们甚至是漠不相关的。普遍的东西作为否定的统一性仅仅是因为它把诸规定性（它是它们的否定的统一性，作为扬弃着它们的）设定为它们自己的他物；这个他在，在依然是它自身的同时，就是普遍东西的分配，以致它作为连续的统一性是在它在其中存在的这些东西之外。

(1) b) 分类使定义的主项成为一个普遍的东西，而定义的关系本身相反地成为一大堆主项；分类产生普遍性，这个普遍性在定义中是受压制的，没有得到它的权利，因为它没有被设定为在他在，即众多性中自身保持着的。但是在分类本身中，普遍性只是作为出现在众多之外保持自己；就涉及"这个"定义的诸项而言，普遍性在 A，B，C 里

(111)

（1）分类的辩证法。诸被划分开的东西是彼此漠不相干的。

---

① [表达]（[Ausdrück]），埃本为 [特征]（[Zug]），拉松本为 [持存]（[Bestand]）。——译者

177

是同样的东西，但 [它] ① 并不 { 因此 }② [是] ③ 独自本身的。A，B，C 是彼此漠不相干的，与其说普遍东西是独自本身的，倒不如说每个个别东西是独自本身的。绝对必须有的：不是这个被分离成为诸特殊东西的 [普遍东西] ④，而是简单的东西和正因为如此在同它们联系中扬弃着它们的众多性的东西，即否定的统一性。诸种必须立足在相互的联系中，完全只作为一个类的整体的诸要素。而类自身因此就是一个否定的统一性 (1)，这个否定的统一性把诸要素设定为观念的，设定自己为未分离开的，因此 [它是] ⑤ 一个实体。这个实体在自己内扬弃差别，并且是独自的。但是它只在差别曾是现存的范围内扬弃差别。这就是普遍的东西被设定为个别的东西，为统一性的纯粹的点，为肯定的、自己内部多方面的东西，这个多方面的东西分裂为部分，而同样又扬弃这种分裂。

（1）类本身是否定的统一性。

c. 认　识 ⑥

a ）**到目前为止是概念**到它的成为他物或到

---

① 英译本增补。——译者
② 同上。
③ 同上。
④ 同上。
⑤ 同上。
⑥ 手稿为 C. **认识**设定起来。——译者

它的实在性里去的过渡，而把这个成为他物纳回到概念之下则是**我们的反思，一种**发展了那些以未发展的形式存在于被设定起来东西里的对立的**辩证操作**。但是，被设定起来的东西或内容不是 (112) 一个这样的自己进到其成为他物和从成为他物返回如此这般地自己运动着的东西，而是一个死的东西，它的运动是在它以外：纯存在是独自满足的。纯存在或无过渡到的这个无限性，就是这个存在和无，就是诸对立的这个消失和涌现；但是这个运动仅仅［是］一种外在的运动，就是说是这样一种其中只出现了规定性的存在和接着作为另一个规定性的存在的这个规定性的不存在。涌现着的东西所从出的那个东西和消逝着的东西消失［于其中］的那个东西，内在的东西，行程的零点，就［是］那个空洞的存在或无本身；绝对概念自身是无概念的东西，没有被理解的东西；等同性仅仅是无。

在**关系**中每一个都是这样设定起来的：作为同在其独自存在里的别个联系着的，都仅仅在别个的等同性中存在着或作为自己扬弃着的。每一个都只透露出不可能实现的独自存在的要求，反之，设定起来的独自存在着的东西在其实现中消失了。在思维关系里独自存在把自己定义为这样一个东西，它因为它与它的对立面等同才会存在，并才会在对立物里保存自己作为它自身的自己，［这就是说]^① 作为到自己本身内的反映。这个反映作为定义设定了一个特定的否定的统一性作为这个到自己本身内的反映，对于这个反映来说分类里的普遍性，肯定的统一性重新被建立起来了；而两个 [统一性]^②，作为在"一"里设定起来的，就是认识：设定数字的"一"作为一个普遍的和被划分开的东西和这个设定被划分开的"一"纳回到否定的统一性里。**在这里反映描述自己本身**。认识 a）具有一个定义，即对独自存在着的东西（作为一个这样的、将其规定性接受到了普遍性内的东西）的

（1）认识具有
a）**一个"一"**，
一个定义。

"一"⁽¹⁾的展示——一个已经从分离和扬弃分离的运动中**返回来了**的、直接的完全一致，在这个完全一致那里，即在规定性和普遍东西的直接统一性里运动和彼此分离都被消灭了。定义不仅是最终状态，也不仅是定义，而恰好是两者的统一：最终状态 [是]^③"一"，个别的东西，直接的**这个**——定义，相同的 ["一"]^④ 作为从其直接性和单纯单一性分解出来的和在自己内被分开的，但是这样的，即被分开的东西不是独自的，而宁可说是在观念上

（113）

被设定为扬弃了的；而它的单一性恰好就是"一"，

（2）b）**是普遍
的东西，和分
类；构造**。

即"这个"的直接性。b）⁽²⁾但是，曾指出来过，

———————

① 英译本增补。——译者
② 同上。
③ 同上。
④ 同上。

作为定义中的辩证东西是这个：最终状态实际上不
是被设定为普遍的东西（而是作为"一"反倒是排
斥了与它对立的东西、并从它那里抽离出来）；而
它作为定义必须设定为反映到自己内的东西，为普
遍的东西。因而对立物并不出现在它从那里抽离出
来的最终状态之外，反之，最终状态是在他在中自
我等同的东西，一个被划分的东西。主项的表象作
为这样地在它自身那里被分离开的东西，作为一个
在众多性里始终是它自身的漠不相干的存在，就是
它的**构造**。**构造是分类**：但不是一个普遍东西的或
特定的概念的——就是说，一个［这样的普遍东西
的，这个普遍东西］会成为仅仅一个共同的东西，
这个共同东西的各部分［是］^① 独自的，而它作为
自我等同的单一性则出现在它们之外，反之它仍然
是根据，是包括它们的范围，而它们纯全只是部
分——就是说相互有联系的。**正是**它们的联系的展
示**扬弃**⁽¹⁾ 诸被分离开的东西的独自存在的这种
外貌，和产生作为**联系**，作为定义的**普遍的东西**。
联系的展示是否定的统一性，这个否定的统一性使
诸部分从属于自己，并因而指出了作为统一性的定
义的"一"——不是作为这样一个"一"，在它里
面区别**是**扬弃了和抽离了区别的东西，反之它是**统
一性**——就是说，它有分裂但**在**自己本身**内**——就

（1）**构造**的**扬
弃**［；］（*英译
本 增 补。——
译者*）**证明**。

———————————

① 以上两个［　］内的文字均是英译本增补。——译者

是说，在它自身那里是诸部分的扬弃。这种把构造和分裂引回到定义的统一性就是**证明**。

认识的这种运动至今总是把一个概念展示为实在性或总体性。一次方是概念或定义本身，二次方是概念的构造或概念的展示为坏的实在性，它的走到自己以外或它的成为他物，而三次方就是真实的实在性或总体性，即通过把成为他物包摄于第一个统一性之下而扬弃这个成为他物的要素。在第一个统一性那里已揭示出来，它实际上在自己内具有一种分离——同这种分离比较起来，对于它来说联系

(114) 反倒是本质的。分离的否定的转向与统一性对立，统一性的否定的转向与分离对立，成为实在性里的肯定的结果，这种实在性把两者联锁起来，因为它是普遍的东西，反映到自己本身内的东西，即定义，在这个定义里，一次方和［二次方］并不是无，而是被设定为扬弃了的或观念的。概念通过它的诸要素的滚动以这种［方式］就是一个返回到自己内的运动，而这个运动的圆圈则是反映，而独自存在着的东西只是作为圆圈或反映的这个整体。

通过认识定义才实现自己 (1)，定义从主项方面显示为特定的"一"，因为"一"不是作为定义的统一性，而是**"最终状态"的"一"**，所以**规定性是一种**通过否定的统一性作为规定性不是被扬弃了的，而是作为"一"的质持存着，而这个"一"是一个无限的诸质的聚集体。(2) **另一方面定义是**

（1）认识使定义实现，定义是 a）诸规定性的众多性，经验的直观。

（2）β）关系。

182

同样的东西，但是**有局限的，作为关系，**"一种"反映到自己内的特殊性。但是，聚集体的[各项] ① 是彼此相对漠不相干的；每一个[质] ② 都排斥同它对立的，而它们在一起就构成所谓经验直观的整体，就是说，作为一个"**这个**"的主体的独自存在的整体。反映到自己内的规定性是自我保存的规定性，这种自我保存本身朝外指向反对他物，返回到自己之内，同自己本身相联系，扬弃了不等同性自身。这样，直角三角形的定义就是：一个直角三角形是与直角相对的边的平方等于其余两边（勾股）平方之和。前一规定 ③[是] 特定的质的规定，后一规定是反映的规定，因为从这一个边对其他边的对立中表达出来了返回或等同性；这个对立按它的方式就是"一条"边对两条边的对立。

　　最终状态是三条边的"**一**"，**图形**；而作图 ④ 则必须分解证明的运动的这个"一"。三角形必须分裂开，[以致] ⑤ 它的持存的漠不关心性终止，而它成为有差别的，并因此成为否定的统一。证明这样地来扬弃分裂：它从最终状态作为一个存在着的东西的第一次分裂和从作为一个整体的诸部分的统一

(115)

---

① 英译本增补。——译者
② 同上。
③ 英译本对此的注释："前一规定"="直角三角形"；"后一规定"="它的定义"。——译者
④ "作图"和"构造"为"Konstruktion"的异译。——译者
⑤ 英译本增补。——译者

中揭示出第二次分裂及其统一。第二个分裂借以从中产生出来的第一个分裂，实际上在对待整体，即**"这个"**上必然本身已经是矛盾的，必然损坏它作为一个这样的东西的外形并肢解它（如在所引用的例子里，直角三角形的图形实际上不见了），而且这种情况一般说来由于各种辅助的线和图形——这些图形纵横交错和部分地复制着整体——而必然引起。这第一种关系并不是那个来自证明的结果，而是一个有差异的东西，在其中整体的一个部分[被]与另一个部分或整体的其他部分等同看待，以致不是诸部分与整体，而是一定的诸部分与其他的部分是等同的，[以致]^① 因此在不等同或在对立中设定起来了一种等同，或者说整体作为统一体是一个从不等同的东西里返回去着的统一体。那在这里加以比较的不是整体的诸部分，而是整体的诸要素，三角形的角和线不是构成作为一个整体的图形的东西，而是些要素，这些要素以数字的"一"、图形的原则为前提，并且是它的规定性。证明的结果是，整体和部分的漠不相干的关系同时是诸要素的一种有差异的关系。证明才把两种关系联结起来；它包含有根据——就是说它揭露了在其中那个漠不相干的东西，即诸部分和这个有差异的东西是"一"的东西。在毕达哥拉斯定理的证明里表明出来，勾

---

① 英译本增补。——译者

或股边的正方形的一半和在作图中由于分开斜边的
正方形所产生的矩形的一半［被］指明为彼此相等
的，因为两者都等于一个第三个三角形。① 所有这
些三角形都属于作图，即分开那个跟它们的各条边
的那些正方形一起设定起来的图形。从它们那里消
去属于作为图形的三角形的东西，剩余下来的就只
是诸对立要素的一种等同。

　　从漠不相干的关系到有差异的关系，因而从肯
定的［统一性］到否定的［统一性］和从诸部分到
诸要素的这种过渡，就是那构成认识和真实定义的
本性的东西。在比例的概念里或者在定义里，首先　　（116）
必须处理的是反映到自己里的规定性，作为并入类
里的本质的标记，这标记保持着独自的类并使它成
为一个个别的东西。主项通过分类才成为被分开为
诸要素的东西；而认识则展示这两个关系的统一。

　　b）认识以这种方式展示出迄今所发生的事情，
即漠不相干的关系到有差异的关系和两者的等同的
转变。正如前者本身是整体和部分的一种等同性一
样，后者同样是被设定为简单的东西和被设定为分
开了的东西的一种等同性，而认识则是这两种等同
性的等同性。第二种等同性的对立可能无非是两种
关系的对立。存在关系是无限的东西或关系一般到
自己本身等同的等同东西，被反映到自己内的等同

---

① 英译本在此加了一个注：见欧几里德几何学，Ⅱ.14。——译者

东西的过渡，普遍的东西；思维关系则是从普遍的东西到通过中项，即被反映的等同东西而被联锁起来的［诸项］①的分离的过渡，关系。在引用的例子里存在关系是直角，即关系，一个没有被展示为等同东西的等同东西；而跟它等同的东西在三角形（在直角旁边［有］邻角）里过渡为作为一种非关系、非等同性的斜边（弦），但是简单的东西和使自己跟自己本身等同了的反映到自己内的简单东西，即斜边的正方形。同它相对立，线分离为勾股（［两条边]）②的对立，它们有一种相互关系，［并］③一起构成一个角，以致它们在分裂中作为［两个］④正方形［先］⑤与自己本身等同，于是又被联结起来作为一个来自它们的分离的总和而是等同于另一个简单的正方形。在这里加以比较的只是要素［或]⑥线，不是图形，不是平面三角形的诸部分，也不是平面图形——看起来情况好像不是这样；因为作为［两个]⑦正方形它们是被等同起来的。但是，一个正方形恰好不是限量，不是一个部分，不是一个外在有限度的东西。

---

① 英译本增补。——译者
② 译者增补。——译者
③ 英译本增补。——译者
④ 译者增补。——译者
⑤ 英译本增补。——译者
⑥ 同上。
⑦ 译者增补。——译者

因此，在认识里把直到目前为止的东西概括起来，那就是简单联系的总体、限量和两种关系的总体，以及就自己本身而言，[那就是]① 这个圆圈运动，这圆圈的内容（贯穿这个运动的内容）就是定义，这个圆圈②。认识把分成部分的全体跟被区别为诸要素的"一"等同起来，把前一种漠不相干的等同性跟后一种有差异的等同性等同起来。整体只有通过它的规定性才是能够分离开的；它自身就是反映到自己内的规定性，并且在它的漠不相干里通过同对立规定性的抽离而保持着自己。另外一种成为要素的分离开则是内在的规定性，这种规定性与自己本身对立，不是 [同对立规定性]③ 抽离，而是在自己本身那里设定两者，并因此整体才是与自己本身等同的东西和同自己有联系的东西。关系或第二种分离开作为这样的是$\frac{a}{b}$；但作为统一性它是 c ,$=\frac{a}{b}$，即商数，并且自身 [就是]④ 一种规定性，即整体的简单的规定性，这种规定性在自己以外有对立的规定性。关系的自我等同的东西是一个从其不等同性中返回着的东西，一种扬弃着这种不等同性的东西和因此⑤ 本身是一个对立的东西，不过这

(117)

---

① 英译本增补。——译者
② 英译本将此校改为"就是圆圈的定义"。——译者
③ 译者增补。——译者
④ 同上。
⑤ 依据英译本译出。——译者

个对立的东西本身已根除了不等同性的形式，并因而自身只具有普遍性的形式，但实际上是特定的、抽象的。

因而，认识把这两种关系等同起来，因为它在它自己内把漠不相干的整体的规定性分裂为二。但这个分裂为二和它的反映一样实际上始终是一个特定的分裂为二。认识的运动因而虽然是普遍的东西，但是那个如此运动着的东西却是一个特殊的东西；因为它是一个**这个**，一个个别的东西。或者说，它是形式的和跟它的内容不等同的，内容是绝对不普遍的。

作为漠不相干的整体之分离开为起初漠不相干的部分，构造正因为如此自己本身就是完全漠不相干的；它成为一种分离开为要素或过渡到分类，即有差异的关系；但是它作为漠不相干的分离开在自己之外有着这个差异的原则，而它的分离开，就这分离开是由第二次的分离开决定和支配而言，对于整体说来就是漠不相干的——或不是由它自己决定的。在数学的认识里，虽然是在终点得出这个构造对于证明是必要的，但构造证明了自己是必要的不是通过自己本身，而是 [仅仅] [1] 通过这个证明。或者说，虽然漠不相干的东西过渡到有差异的关系被认识到了，但是这个过渡本身并没有被认识，它

———————

① 英译本增补。——译者

没有被理解。对数学证明的惊叹就是这种遗留着的
不满足，这种惊叹诚然从作图［中］^①作为偶然出
现着的东西过渡到联系^②的必然性，但并没有通过　　(118)
自己本身理解那种作图——因为它不是一个概念，
不是一个有差异的东西——因此也就没有过渡。

　　但是认识——漠不相干的全体从其分裂为二
和他在到其自我等同性的这种反映——还是形式
的，这种情况的产生是由于定义是自我保持——或
者说规定性作为一个这样的规定性回到自己本身内
的反映，一个简单地设定起来的特定的东西，一个
存在着的东西。定义过渡到分类，或者说它作为普
遍的东西成为有差异的否定的统一；定义的辩证东
西把它引导到那里；而认识本身起初无非是定义到
分类的这个过渡。它们之间的过渡是空虚的东西，
是定义成为分类的要求，两者一般的等同性，［它
们的］^③联锁；但是，**等同的东西**，即它们的中项还
没有出现。因为定义这样地过渡到分类，它本来就
已经预设绝对不确定的分离开中唯一真实的分离开
为它的［中项］；或者说其实定义必须在同样程度
上向后走，从定义到构造。但是至今只指出来了
"一条"道路，即运动的道路，而不是这个，即定
义和分类从总体本身那里突然降落。

---

① 　英译本增补。——译者
② 　英译本将"联系"译为"证明"。——译者
③ 　英译本增补。——译者

正因为如此，总体性或认识虽然是这个反映，它从定义出发经过分类而回到总体性和使两者等同起来或者说扬弃由第二个要素产生的不等同性。但是由于认识本质上仍然是分类，这样定义就不是作为它曾是的那个东西来保持自己；自我保存从属于有差异的统一；而定义在其出自分类的重建中成为一个不同于它曾是的东西。

定义的反映到自己内的规定性，[或]① 个别东西划分着自己地过渡到内在的差异，过渡到定义的一种两重化；而重建起来的统一性就是两个定义的等同性，但正是在这个等同性里第一个规定性本身扬弃自己。就是这个规定性使特定的分离开可能的，这种分离开重新缩小为简单的东西，但是诸部分 [中]② 的一个本身就是定义的那个规定性；这个规定性是分离开着自己的普遍东西，而且本身就是诸部分之一。在毕达哥拉斯定理里直

(119)　角的规定性 a）从一种外在的等同性（或者 [换句话说]③ 从在自己旁边有同它等同的东西的等同性）成为 [诸项]④ 的一种内在的等同性，这样一些项的两个——弦和勾股——都是在图形那里设定起来了的；直角仍然是等同的东西，普遍的东西。

────────────

① 　英译本增补。——译者
② 　同上。
③ 　同上。
④ 　同上。

b）成为一个别的东西，一个跟它对立的部分。它从一种关系成为［一条］^①线，商，特定的大小，勾股与之对立的弦。直角因而是弦的平方和勾股的平方之和的等同性，并且是作为一个要素，作为这个关系的一方面。定义借以产生出来的是：它的规定性成为普遍东西，成为关系的指数，这个指数作为关系的方面同时扬弃自己；但是在那个方面里指数作为同别的方面对立的规定性曾是普遍地返回到自己之内的；而这个［就是］那个丢掉了的东西。所以在定义本身那里，在认识中保持自己的东西不是这个，即定义是反映到自己内的规定性，而是相反，保持自己的东西是反映，和这个规定性的扬弃，但又是一个别的规定性的已生成了的存在，因为被扬弃的规定性同它的对立的规定性一起成为一个简单东西，[一个]^②在自己之外重新有着对立的规定性的东西。或者说，认识是**演绎**。第一个要素表达概念，而概念是整个范围的普遍东西，概念的实现被设定为这样一个普遍的东西——简单的东西，非被反映的东西，非对立的东西；在其反映中普遍东西成为这个，并同时按照它的这个规定性成为扬弃了的。始终与自己等同并保持自己的东西是作为统一性，作为

---

① 英译本增补。——译者
② 译者增补。——译者

联系的普遍东西（尽管有联系的东西成为一个他物，并这样地成为整体）。始终与自己等同的东西只是一种形式上的保持等同，而通过构造和证明的实现则是定义到分类和从其自身是构造的诸部分的这两者到两者的集中的一种过渡，两者的这个集中是一个不同于定义的他物，正如迄今在概念的实现中对于我们来说总是产生了一个不同于它自身曾是的他物那样。在其总体性中保持与自己同一的那个东西，是纯粹的统一性，但这个统一性成为一个扬弃它自己的规定性的否定的统一性。结果是范围的普遍东西是一个被演绎的东西，对于这个东西来说，观念的和在它里被抹去的诸对立都是作为简单的要素（这些要素对于曾是它的概念的那个他物来说曾是真实的要素）。而普遍的东西自身同样地实现自己，始终与自己等同地双重化自己，因而构造自己。这些真实的要素（普遍的东西在其规定性中本身是这些真实的要素之一，在观念上被设定为扬弃了的，在一个否定的统一性中）构成① 普遍东西的总体性，这个总体性是实在性和一个不同于普遍东西的概念的他物。

(120) 这就是个别东西上升到普遍东西的对立的道路和普遍东西到个别东西的对立的道路直接地结合起

---

① 此处原文为"ist"，英译本根据上下文将此译为"构成"（form）。——译者

来了。被演绎的范围是一个个别的东西，否定的
"一"，作为先行要素的统一。作为重新自己实现
着的，它自身是一特定的东西，和作为在其规定
性的对立面里与自己本身始终等同的，它同时直
接地作为个别东西是一个普遍东西，或者说一个
特殊的东西。但是在总体性中这些规定性是杂乱
地消灭着的，它就是普遍的东西。反过来说，范
围作为未实现出来的是一个普遍东西，这个普遍
东西双重化着自己地成为特殊性，并作为其双重
化的否定的统一性［成为］① 个别性。

　　这两条上升和下降的道路彼此交叉着并在作为
特殊性或坏的实在性的中心里会合，不是在绝对的
中心里。范围只在同一个他物的联系中是它的演
绎，一个个别东西，这个个别东西不是在他物在其
中是普遍东西的联系中——或者说不是在它自身的
范围内。② 因为在它自身的范围内他物就是普遍的
东西；而作为总体性它又成为个别性，但是一种另
外的不同于它从前曾是的个别性。

　　因此，认识作为独自的绝对的反映和［作为］③
简单联系和两种关系的等同性，自身就具有这种不

---

① 　英译本增补。——译者
② 　拉松本此句为：范围是只在同一个他物的联系中；它的演绎
　　［是］一个不在它在其中是一个普遍东西的联系中的，或者说
　　不在它自己的范围内的个别东西。——译者
③ 　英译本增补。——译者

等同性，这种不等同性看起来仍然与上面指出来的诸方面不同。贯穿在 [这个] ① 反映的这个圆圈里的那种东西，即内容，自身并不就是绝对的圆圈；而内容和认识是分散地出现的。内容在其到自己内的反映里宁可说自己成为一个他物，与此同时认识是演绎，甚至是一个圆圈，这个圆圈在其返回中是到另一个圆圈的过渡。认识在其重复里，即在其过渡去的不同范围里是相同的。但是内容却是一个不同的内容，并成为与自己本身不等同的；它到自己本身内的返回宁可说是到一个别的内容的滚动，因为它的否定的统一性改变着诸要素，它的否定的统一性就是诸要素的否定统一性。作为把自己封闭在自己本身内的否定统一性，那种返回出现在认识以外，同认识之成为他物相比是被动的东西；返回作为内容，[或] ② 在认识中自己运动着的否定统一性，在自己内区别自己，反倒成为与自己不等同的。内容或者自己保持着自己，那么它就出现在认识以外，并在自己以外有认识；[或者] ③ 它是认识的运动，那么它就超出自己本身，成为一个不同于它自身是的他物。

因此，不等同性达到这样一点，在那里认识自身与在一切领域内始终与自己等同的认识相对立，

---

① 英译本增补。——译者
② 同上。
③ 同上。

与作为从个别东西到普遍性或倒过来到内容的差异
性的过渡的认识，即与这种正在过渡着的东西相对
立，因为它在它的反映中（[就是说]①，在对自己的
发现中）是一个别的东西。自身，与自己等同的东 　　（121）
西，不是作为那种反映到自己本身内的设定起来的
东西，而是认识；但是，这个——作为这种过渡的
和在反映中变化的运动——是普遍的东西，这个循
环的诸要素则是普遍东西的特殊性，但是普遍东西
以一个内容，一个否定的"一"为前提，而这个内
容或否定的"一"的静止是由普遍东西而被设定在
运动中的。但是，实际上静止着的东西、结果、产
物的这种形式本身就是认识的一个要素，是作为互
相扬弃着的诸要素的凑合。而就本身而言的认识是
一个纯粹的，与自己本身等同的循环。因为认识是
演绎，它由以出发的那个东西——否定的"一"——
本身又是认识的最后的东西。对于认识的普遍性
来说只有对立诸要素的统一；而它们的规定性则随
着被演绎的东西是一个不同于它由以出发的他物
这个事实而消失；反之，演绎同一般的认识重合起
来——或者说自身就是反映。然而站在这种自我等
同的[循环]②正面对的是自己变化着的内容。在内
容那里认识本质上是演绎；因为内容作为简单的统

---

① 英译本增补。——译者
② 同上。

一性是反映到自己内的规定性，这个规定性在其实现中不是回到自己之内，而是另一个简单统一性的要素。内容作为普遍的东西由于它的规定性必定闪到一边去；认识在其要素中虽然本身是一个特定的东西，但就本身而言[它是]① 普遍的东西，因为它是它的诸要素的统一，整个的循环。在内容那里规定性被设定为反映到自己内的，为一个无关紧要的东西；在认识那里只被设定为一个被扬弃的东西；因此，内容的要素在认识那里不是否定的"一"，无关紧要的规定性，而是否定的统一性、无限性，是绝对的（即是说，扬弃着自己本身的）规定性，这种规定性［已确定]② 自己本身是它是的那个东西。因此，从认识分开自己来的那个东西就是无关紧要的"一"，漠不相干地反映到自己之内的规定性，因为认识固定自己为否定的统一性，它作为这种演绎进程扬弃自己，这种演绎进程无休止地向前和向后跑下去直到成为坏的无限性——作为一种论证其根据按其本质自身又需要论证。因为它虽然作为否定的统一性把被论证的东西的对立联锁起来，但是作为特定的东西本身又只是一个要素，这个要素作为否定的"一"必须加以演绎，但在这个"一"必须构成根据的那个证明里本身只能是作为要素。

① 英译本增补。——译者
② 埃本这里增补的为［扬弃]（[aufhebt]），拉松本增补的为［抓住]（[festhält]）。——译者

根据作为这个特定的内容必须加以演绎，并这样地　　(122)
倒退至无穷。作为范围的普遍东西——或者说作为
根据——特定的内容并不是正在联锁着的东西，反
之，它曾是作为演绎结果的这个。作为范围的根据
特定的内容是构造的基地、普遍的东西，但在证明
中它只成为"一个"要素并被扬弃，因为它是否定
的"一"，而认识则从它前进到总体性，在总体性
中它成为了一个他物。但是，就它是普遍的东西
[或]① 构造的基地而言，总体性就是它的实现。根
据在这实现中成为否定的"一"；根据的特殊化不包
含在根据里面，除去在它作为特定的东西把自己放
到一边作为要素的范围内，即只在它扬弃自己的范
围内。但是只要它只被看作是普遍的东西，而这普
遍的东西始终是实现的全过程，在这个范围内它的
实在性就同它对立。它是漠不相干的，被设定为本
来地存在着的；而那从它前进到实在性的认识运动
则是一个对于它来说陌生的东西。因为这种进展的
必然性将会是只在于其规定性，但这个规定性，因
为根据应当是独自存在，就在不予考虑之列，并将
会在进展中扬弃根据。

　　认识是作为总体性的普遍东西，因为在认识里
面普遍东西的整个内容显示为阐明了的；它摆脱了
内容，内容作为漠不相干的东西同它的规定性抽离，

---

① 英译本增补。——译者

并使它在自己以外同自己分离了。但是通过求助于内容的规定性的认识，内容如其在自己本身那里那样地被设定起来，也就是作为一个别的内容。认识的普遍性本身是这种漠不相干性的形式，内容就出现在这种形式里；或者说认识仅仅是内容，即在这种漠不相干形式里设定起来的东西。规定性自己只有通过认识的形式才成为内容；但是认识本身在内容那里这样地表达自己，以致它的如此设定自己是一种演绎进程——或者说以致内容发生变化。因此，内容的本性和认识的本性是相同的；内容作为反映到自己内的规定性就作为规定性过渡到他物，它实现它的被反映的状态，并扬弃作为这种漠不相干的东西的它自己，而成为一个别的漠不相干的东西。认识本身正是这个过渡；内容分散地出现，它是一系列漠不相干的东西，这些被截断的东西的每一个都是独自出现的。统一性是认识的有差异的统一性；诸漠不相干的东西形成一条直线，统一性是一个圆圈，而且仅仅是演绎，本身是一系列内容那里的圆圈，或者从内容方面来看的一系列圆圈。内容本身重新是到自己内的反映的重复；因为内容的每一个

(123) 个别东西都是反映到自己内的东西。内容的规定性，或内容对于认识的差异而言所是的那个东西，在于它在自己旁边有别的内容。这个 [后面的] [1] 内容不

---

① 英译本增补。——译者

是代替内容的，就是说，它不是内容的有差异的统一性；反之，这个有差异的统一性是认识，认识的内在的东西或外在的东西，都是相同的东西；只不过不是内容被设定为是的那个东西。认识的自我等同的圆圈以这种方式甚至是一个对内容漠不相干的东西，自内完全完备的，到自己本身内的绝对的反映，但仅仅作为普遍的东西。

　　认识作为普遍的东西自身从否定的统一性方面扬弃作为漠不相干的内容。这漠不相干的内容本身是从认识产生出来的，而认识则过渡到内容。认识从定义出发通过分类成为认识；而认识本身就是一个定义，而且它并没有把自己作为定义加以扬弃。它自身还是形式的。它是从定义出发经过分类到一个别的定义的过渡，而它作为定义又与作为一个别的定义的前一个定义对立。前一个定义当然会被扬弃，但认识自身却被规定为一个从那里正在产生出来的定义。前一个定义因而是在同等程度上代替它的，或者说是一个别的定义。因为认识作为这种运动或扬弃是同从前的静止或存在对立的；而定义作为不处于静止中的，作为不存在着的，作为认识的一个要素是一个不同于认识的东西，它是认识的要素。它独自地是反映到自己内的规定性；但认识作为独自存在着的是规定性的被扬弃状态，认识作为普遍的东西甚至过渡到这种静止，并由于这个原因它成为与别的内容并列的内容。因为它绝对地而非形式地是它的概念，它自身就将会必须是它自己的内容，它的要素；而这样要素就将会是同整体或普遍东西不可区分的。

认识因而是到自己本身内的自我等同的反映，这个反映自身不是要素，也不是被设定为个别东西，它作为普遍的东西却具有一个不同于它自身的内容，但它是这个内容的运动。认识的自我等同性保持着自己，是由于它扬弃那是一个跟它不同的东西的内容，使 [它] ① 成为它自身的一个别的内容。因此，对于这个陌生的[内容] ②，认识坚持在它看来它不是陌生的，而是被设定作为一个陌生的东西是扬弃了的。但是，这个作为陌生的东西的扬弃了的东西自身又是一个内容，因为它对于自己来说被设定为不被扬弃的，是与认识同时发生着的，是一个别的东西，因而又是一个特定的东西。但那第一个对于认识而言还是陌生的那个东西，即一个没有

(124)　由认识所规定的东西，是在认识之外，或者说正因为这样也就是认识的内在的东西。两者在一起，认识就还是 ③ [朝着] ④ 内容，作为运动或宁可说作为有差异的统一性规定着它，正如在前面的要素中作

---

① 英译本增补。——译者
② 同上。
③ 编者注：这之后遗失了第 39 大张里面的一层（两页）。——译者
④ 拉松本增补。——译者

为肯定的［统一性］^①一样。那第一个东西，作为自己内有区别的总体性，决定在后两者里面认识作为总体性跟它的诸要素的对立，或者说以对立的方式决定内容的规定性。

认识自身是普遍的东西，或者说是三种考察方式，或认识自身的被设定为彼此相对漠不相干的这三种规定性的基地。认识是自己本身存在着的东西，绝对东西，因为它是封闭在自己之内的东西，是绝对的反映，而因为它作为这种反映自身就是在这种普遍性中设立起来的诸对立的普遍性。反映，作为同内容对立的，就这样地自己反映到自己本身之内，即它在其诸要素的总体性中表达这个对立，并且是直观——或者说诸要素的自己本身等同的漠不相干。

这个如此就其自身而言的存在着的东西或认识是最后的、直接停止下来的东西：因为它在圆圈里返回到自己之内，并且虽然内容是永远变化着的，它在这变化着的东西里始终与自己等同——自己不再向前滚动，而是作为内容（即是说，作为特定的、立于特定的内容对面的东西）宁可说不是内容——而是完全地出现在认识运动之外，［它］^②不是［作为］^③要素，而是根本的。认识因此是从关

---

① 拉松本增补。——译者
② 同上。
③ 同上。

系里出来的东西；因为内容（内容相反地是有差异的）仅仅请求与其为了自身在内容里面没落和在它的循环里被规定和被改变，倒不如去改变和去规定。认识在这种方式上就是实现了的无限性，这种无限性把自己分散地投入到了双重的关系里、并返回到了自己；它的诸要素曾是一些抽象，认识的诸要素本身都是无限的，都是关系。整个的道路无非是这些要素的一种丰富。认识作为这个摆脱[了]①

(125) 一切同他物的联系，而其种种要素自身都是种种反映到了自己内的总体性的"自身"，就不再是把形式一直构造到其绝对具体性的逻辑学的对象，而是形而上学的对象（在形而上学里这种总体性必然实现自己，就如同直到目前已表明自己只是作为绝对总体性的种种要素存在着的种种总体性一样）。实现在这里 [必然]② 获得什么意义——是否这个理念自身这样地 [必然] 过渡到某种别的东西，是否 [它]③ 甚至本身还有一种规定性——这将从这门科

(126) 学本身中得到阐明。

---

① 拉松本增补。——译者
② 英译本在此注明用较温和的 "will"（可能）代替了 "must"（必然）。——译者
③ 英译本增补。——译者

[下篇]^①：形而上学

---

① 译者增补。——译者

逻辑学停止在关系停止的地方，同时是关系的诸项作为独自存在着的分别所在的地方。因为认识作为到自己本身内的反映成为它的第一要素；这个第一要素就展开为被动的、在认识以外独自存在着的东西（作为另一个具有到自己内的反映的要素）；它是它自身的他物；而作为它自身它是同另一个的联系。这个有差异的认识作为与一个他物联系着的，设定这个他物自身为一个他物自身；它对我们不再是一个他物，而反倒是对它自身[是一个他物]①；或者说它否定自己本身。因为反映的统一性是在认识的诸要素里始终自我等同的东西；而这个东西自身的他在则是为认识自身的。或者说，这个他在是认识的要素；"他在"自身就自己而言是观念的。这对于我们来说就是，认识的这个对象是整个的认识；这对于它作为形式的认识来说就是，它在对象里是一个被否定的东西，一个他物。它的他在只具有它自身的否定的意义；对象只[是]被规定为这个他物；他物自身在它里面只是被否定。形而上学的"自身"就是认识的这个形式：对认识来说否定的东西。形而上学的进程——或者说认识的从其不一样的东西到达自己本身，成为认识的认识——就是这个漠不相干的他物（一个对于认识来说有差异的东西）只把自

———————————

① 译者增补。——译者

己规定为这个漠不相干的他物的否定，认识因此成为唯一肯定的东西，[或]① 真正的"自身"。

作为对于它有一个他物的普遍东西，认识最初是同这个他物简单地联系着的；它是这个他物的漠不相干的空间，而它的运动作为到自己本身内的反映就是：这个他物在作为简单联系的认识里面运动，出现和消逝；在认识的空间里一个他物被设定起来，而它又回到自己里面去，[以致]② 这个他物扬弃自己。作为同时有差异的同这个出现着和消逝着的东西相比，认识自身就是这个出现着和消逝着的东西的否定的联系。因为他物是"自身"，即是本质的东西，所以认识的有差异的联系就只是表面的；有"自身"在认识的对面，认识的运动毕竟是本身独自的。如上所述，这里只有两个被动的、两个独自存在着的、因而两个本身独自的运动，这两 （127）个运动从而恰好是彼此相对漠不相干的。但是，这些作为运动直接地在一种纯粹的漠不相干中，在"一种"普遍性中，在"一个"空间中；而这种普遍性③ 直接地被规定为否定的统一性，为无限性，因为它是这些彼此相对自身有差异的运动的统一性，而它是它们差异的本质，它们的绝对的差异，或无限性。因为否定的反映，出现和消逝，这个原

---

① 英译本增补。——译者
② 同上。
③ 拉松本为"这种空间"。——译者

来直线式的运动，是同它的被动的自己本身等同的存在相联系的；它把这个直接运动弯曲为一个圆圈。那种必然性是由这个认识规定的，所以直线式地成为他物就必须把自己反映到自身内，或者说必须成为与它的自己本身联系相等同。而因为认识这样地 [使] ① 那第一个运动消逝（正如认识的被动的没有打开的自己本身联系同它的圆圈运动相重合一样），所以一切都是封闭在自己内的。而被动东西的"自身"就还只是一个否定的东西；认识绝对地是扬弃着种种别的统一性的运动的否定的统一性；因而同时是一种别的潜力和这种潜力的第一要素。

　　认识，因为它是对逻辑学的有差异的联系的扬弃，就从辩证地前进和扬弃中挽救出了理念的诸要素，把它们确定地设定为漠不相关的，或独自存在着的，并且从它们那里否定了这种自我扬弃。它们都是认识的种种要素，而作为这样的诸要素本质上都是本身独自的，因为它们迄今都是完全漠不相干的（就是说，对于它们是否是无差异或有差异都是无所谓的）。因为认识自身是它自身的这种否定，或者说，是他物的独自存在——就是说曾经被设定为有差异的、为观念的，[或] ② 要素 ③ 的他物

---

① 埃本为 [必须]。——译者
② 英译本增补。——译者
③ "观念的，要素"，埃本为"观念的，[作为] 要素"，拉松本为"观念的设定起来的东西，即 [作为] 要素"。——译者

的独自存在。认识作为到形而上学过渡着的东西，就是对作为辩证法或作为唯心主义的逻辑学本身的扬弃。

首先与此相反地认识转向于，将其反映的诸要素明确地设定为独自存在着的，不是作为可能消逝着的，而是明确地作为常住的。它用诸要素制定出种种绝对的**原理**。 （128）

I. 认识作为诸原理的体系

　　作为已成为简单的反映，认识是在对立中甚至依然保持着的自己本身等同性；一种否定地把自己明确地设定为普遍性的、是独自的普遍性的普遍性。逻辑的普遍性曾是一种没有争议的普遍性；而现在是这样一种在它里面观念的东西已被设定起来、并因而是从"成为被扬弃"中再次挽救出来了的、而且是被设定为排斥着"成为被扬弃"的普遍性。认识中的消失和出现 [的东西] [1] 纯全只是一种相对的东西，一种"就……而论"；但是这种否定的统一性，[这种] [2] 不同是扬弃了的；它自身这样就是本身独自的。认识的内容这样地作为常住着的，无非就是普遍的规定性，认识自身的诸要素，这些要素作为不被扬弃的东西表达一切事物的绝对的存在和本质。认识，作为自己本身等同的自己反映，反映着整个逻辑学的这进到自己内的进展，设

---

① 英译本增补。——译者
② 同上。

定这种进展与自己等同，扬弃诸要素之成为他物，
并设定它们为"绝对存在"的一个体系，以致对立
物从一种有差异的东西仅仅成为一种多种多样性的
东西，[它的诸组成部分]① 彼此漠不相干地并列持
存。直到目前我们的考察方式的一个要素是：每一
个结果，或一般说来每一个规定性首先都被作为某
种肯定的东西接受下来，然后再扬弃它。那种肯定
的接受下来曾被认作是这样一个方面，通过它对于
规定性还没有什么被决定下来；它一般说来曾是一
个思想，一个属于我们的东西。这里，在认识中，
这个肯定的东西是独自地设定起来的，而规定性则
是从其两方面来切掉的，向后，从它的这方面看它
曾是结果，向前，从它的这方面看它过渡成了他
物。认识的"自身"诚然已经扬弃了个别东西。实
体性在普遍性里沉没了；但主体，否定的"一"则
通过分裂在认识里（或认识的形成过程里）沉没
了。主体赋以独立存在的诸规定性都是认识了的规
定性，都是被设定为本质上是从成为被扬弃之中提
取出来的规定性；因而都是主体自身的诸要素，因
为主体是这个不能扬弃的普遍。

　　到目前为止讨论的肯定的方面不仅是一个［在］
思维［里］设定起来的存在。而且，由于它的思维　（129）
里设定起来的存在它就还是内容，或诸规定性本

---

① 英译本增补。——译者

身，诸普遍的东西；而逻辑学曾从作为自己本身等同东西的单一性开始。逻辑学［不］曾在这件事上为自己辩护过；这件事情在这里才发生；因为"自身"在这里设定自己为一种自己本身等同性，所有的要素都是被消灭在那个"自身"里，它就是从这种消灭中来的。上述由以开始的那个单一性是结果，但它是结果这件事在它那里完全没有透露出来过；它曾是一个主观的结果，关于它我们可以推测，为了从它开始，必定有许多是先行于它的。这里，在绝对的到自己的返回中，［单一性］① 是作为这个结果的。就它不曾被设定为结果而言，它是一个任意的开端，这个开端绝对有许多［别的东西］② 同它并列，它是一个偶然的第一的东西。在这里它表明自己是绝对第一的东西；或者说表明自己是一个这样的东西，它在它实现自己以后就事实上把绝对的众多同自己对立起来，或者作为联系就事实上把绝对众多的联系——［就是说］③ 关系同自己对立起来。它在返回到了自己本身时保持了自己，但是作为一个这样的如此返回了的东西，它消灭了众多、不同东西的可能性，并且是一个"自身"，这个自身作为认识（［就是说］④，作为这个运动和反映）扬弃了

———————

① 英译本增补。——译者
② 同上。
③ 同上。
④ 同上。

自己本身。从这个单一性出发的前进恰好正是这个
单一性的"未被认识的存在"，或者说是这个：单
一性是他物的可能性；这就是扬弃自己的那种反映
的运动，而它只把诸要素作为多种多样的东西留下
来，它们在其规定性中是独自存在着的东西，而且
本身（就这个本身在认识中具有的意义而言）是作
为超越扬弃的诸要素。诸要素迄今，按其形式，都
正是这样的普遍东西，是 [它们] ① 从绝对简单的东
西出发而被认识了的东西，或者说它们的形式是认
识的形式，众多性的扬弃了的存在的形式，虽然它
们自身就内容而言都曾是特定的；例如，原因等等
是特定的，但不是像一种动物随之就是性别那样的
普遍的东西，而是认识的普遍的东西，在这些普遍
东西那里一切规定性都消灭了，除去它们在对立中
具有的那个规定性以外，这个规定性是它们作为结
果所具有的；[它是] ② 必然的规定性，就是说正是
它们仅仅在这个循环里才获得的那种规定性。它们
前此的形式作为已被认识了的 ③，现在则是它们的
本质的东西；或者说 [它们是] ④ 与自己本身等同的
形式，以致认识，作为在它们那里自己运动着的反
映，消灭了。它们是认识的"自身"；这就是那个对

---

① 英译本增补。——译者
② 同上。
③ 英译本此处为"作为认识的对象"。——译者
④ 英译本增补。——译者

于它来说它们都是本质的形式的那个认识本身。

（130）

因此，单一性或自己本身等同的东西是同一切差异性的消灭在一起的，并且是"自身"，以致在单一性旁边有他物；单一性作为这个在其外有他物的特定的东西，或者说［作为］^① 在其同他物的联系中始终在他物里漠不相干地保持不变的东西。同样地，那与它对立的众多也是如此独自的，未被消灭的；它作为独自地对立的东西，是同自己本身对立；并且作为这个"+"或"−"保持着；这里绝没有任何它会自己扬弃于其中的第三者。所以，最后两者的联系，即第三者，同样是自身，而特定的东西因而就只是作为这样地同它的他物有联系的，并［作为］^② 在这种联系中存在着的。

A. 同一律或矛盾律

自我等同的东西对任何规定性都是漠不关心的；A=A；这个 A 随便意味着什么；规定性在这种自我等同性中是设定起来了；不过以这样的方式：这种自我等同性不受规定性的影响，并且完全消灭了规定性的他在，这规定性本身现在^③

---

① 译者增补。——译者
② 英译本增补。——译者
③ 拉松本将原文中的"itzt"（jetzt "现在"）校改为"ist"（是）。——译者

[是] ① 本身独自的。规定性作为质，或者也作为普遍的东西和作为主项，是独自地在存在的形式中设定起来的，不过以这样的方式：它的本质必须是特定的，并且它由于这个原因就必须不是从一般的成为他物中、而仅仅是从一个特定的他在中提取来的。但正因为这样它就不能摆脱被扬弃，因为它总是遭到被扬弃的。在这里与之相反设定起来是绝对的自己本身等同性，一种一般说来对于反映的否定，对于向一个他物的过渡的否定。不是说规定性 A 是本来的，而是说它是与自己本身等同的这点是本来的，仅仅因为它在事实上作为这个规定性中止了，仅仅因为它是完全观念的；或者说是被设定为一个被认识了的东西，它是与自己等同的，以致 A=A 表达出一种差异性（[即是说] ②，两个 A 的差异性），但这种差异性，这个他在③并不直接地在；两个 A **应当**不止是等同的；这不是 A=B：B 也应当是个 A。而是 A=A；[就是说] ④ 在两边的 A 是同一个 A。它们不是像在判断里那样由于位置而具有一种不等同性；而只是由于它们被写时在右或在左，或者说，当它们被说时在先或在后。这些差异

---

① 英译本增补。——译者
② 同上。
③ 原文为"Anders"（他物），英译本将它译为"他在"（"other [ness]"，德文为"Anderssein"）。——译者
④ 英译本增补。——译者

（131）性在那里面直接消失了，[因为]① 我们不[能]说哪个是左或右等等；并不是好像这一个是右，另一个是左；每一个都是这一个和另一个。

自我等同性在这里成为一个定律，而这个就是表达绝对的等同性本身② 的那个东西；因为绝对的等同性以这种方式展示为一种反映到自己内的等同性；不过这样的等同性却是到自己本身内的反映作出的；以致反映的假相是作为对反映的反抗，但这种反抗事实上也是完全扬弃了的，是纯粹的假相。

这条等同性的定律，被设定起来的、自己本身存在着的等同性，因而就是从辩证法中提取出来的，它不能被扬弃，因为它已经完全扬弃了一切的扬弃，一切的对他物的联系本身，它在其中表达自己的那个规定性 A 是彻头彻尾漠不相干的，而这个自身差异的——仿佛具体化的东西——纯粹是为着表达的目的设定起来的。但是，为了表达到自己本身内的反映的完成，[或]③ 自己内对立的假相——这正是这种自我等同性的非自身存在直接表现出来的所在，——就有必要接纳任何一个规定性（虽然这个规定性对自己是漠不相干的，然而正

① 英译本增补。——译者
② 英译本将黑格尔此处的副词"an sich"（本身、自身）校改为名词"An sich"（本身、自身），并用逗号与前后文分开。——译者
③ 英译本增补。——译者

因为如此就不是扬弃了的）。对立是完满地被扬弃
了，而规定性正因为如此就被设定为非本来的了。
但是，规定性事实上就是那个在自我等同性的形
式中被设定为本来存在着的：A=A；如果我们抽掉
A，那么整个定律就被扬弃了，如果我们设定它，
那么关于它作为一种规定性的自我等同性就被肯定
了；而这个肯定直接地消解为无。"树是树"［这个
命题］① 是对树的认识的虚无。树作为规定性是一
个没有反映到自己内的东西，而是恰好相反；而它
却被设定为一个这样的东西。纯全非本来存在着的
东西被设定为本来存在着的。对这个矛盾（或者说，
同一律扬弃自己本身）的感觉这样地表达出来了：
用这样一个命题完全没有说出什么来。"树是……"，
人们期待着关于树会说出某种东西来，它会把树表
达为一个在某种规定性里自我保持着的东西，在谓
语的规定里始终与自己等同的东西。但是"树是树"
恰好没有表达出树的"自身"，因为它没有把树描
述为一个反映到自己本身内的东西。为此，对树已
进入和已从其中恢复过来了的那个对立的表达就会
是必要的了。树［兴许需要］② 从那个对立里面展
示出来，而且在它那里设定起来了的对立 ［兴许
需要］③ 反映自己。A=A 这个定律分离开为两个"就 （132）

① 拉松本增补。——译者
② 英译本增补。——译者
③ 同上。

这方面来说"，即两个方面，这两个方面在定律那里是彼此相对漠不相干的，一方面对另一方面都是一个完全外来的和偶然的。规定性之于自我等同性是很偶然的，以致为了有自我等同性，就必须抽掉规定性，反之亦然。两者事实上是相互有联系的，并且是被设定为一，所以每一个都扬弃另一个。虽然自我等同的东西和规定性是联合在一起的，可是它并不是以规定性必须包摄到自我等同东西之下、并会被作为观念的这样的方式联合在一起；而是相反地，规定性对于自我等同的东西是完全漠不相干的。以这种方式事实上就只有绝对的众多的一种联系，不过这个众多是设定为一个没有联系的东西，为一个独自存在着的东西；但是，在事实上必须有联系，即一个由另一个规定。

B. 排中律

被独自地设定起来的众多，正如自我等同的东西和规定性一样，不是同第三者对立、并与之有联系，而是同它自己本身相联系、并彼此绝对地对立（因而也彼此有联系）。一个不是另一个所是的东西，否则它们就没有任何规定。众多作为一个反映到自己内的东西（或作为自身存在着的）是被设定为排斥着同它对立的东西，即它在其中成为观念的和它不是作为一个对立东西的众多，而是作为一个

被扬弃的、非对立东西的众多；它因而排斥这个第
三个，即它之成为被扬弃。

众多，作为认识了的、反映到自己内的东西；
不再具有漠不相干性（区别和与他物联系的在它外
面存在），而是在自己本身那里就具有在它外面存
在。它不是一个一般的他物，而是一个他物自己本
身，而这样它就只为［它的］① 对立物决定。这样
的众多是自己本身等同的，而这样它就是与单一性
相反的，但正因为如此就不是与单一性相区别的，
因为单一性是自己本身等同性。在这里，众多却不
是一般的众多，自己本身等同的众多，而倒是如它
在这个等同性外自己本身是的样子——一个反映到
自己内的东西。众多，如它自身是的样子，因而就
完全不是那种有他物与之并列的漠不相干的规定　(133)
性。这样，直到目前为止，众多就只是在同它的对
立物的联系中来加以考察的——这可能如同以单一
性为开端那样，看起来是同样偶然的。但是，正如
已表明了的，"自身"［是］② 反映到自己本身内的
存在（区别的被消灭了的存在——或者说单一性），
而哲学则考察"自身"或绝对，所以"自身"就直
接地是单一性和哲学中的最初的东西。同样地，众
多由于同单一性的对立而直接地参加进来了；但众

---

① 英译本增补。——译者
② 同上。

多作为众多对于诸众多是彼此相对漠不相干的，还是仅仅在相互联系中这点是漠不相干的。那些漠不相干的诸众多把自己设定在同单一性的联系中，并作为"一"与之连在一起，即作为自己扬弃着的；而这种联系看起来是一种对于众多很奇怪的考虑。但是，在这里设定起来的是众多事实上自身只是作为对立物，只是作为在同他物的联系中。而非哲学的思维必须首先从直观上升到的，实际上就是这种差异，它必须从众多的漠不相干性中走出来，达到这样的一点：众多自己本身完全只在同对立物的联系中。

这些对立起来的东西现在就是单一性和众多本身。首先众多曾出现为与单一性相对立；正由于这样单一性自身就是一个对立的东西，包含在众多里面，是众多的"一"。而众多之所以不再是一个漠不相干的众多，仅仅是由于它的诸众多**都被设定**为以这样的方式规定起来的：一个是非众多或"一"，另一个是非"一"[或] [1] 众多。众多因而划分为一个是一个众多的众多和不是众多的众多。众多在它自身那里就是这样的。

这个众多，就其自己本身的样子说，排除一切第三者。[因为] [2] 第三者将会是众多的对立双方的

---

[1] 英译本增补。——译者
[2] 同上。

统一，但这个统一①自身就是众多的成员之一。众
多对于第三者的排除因而意味着，不是说还会有
他物在它之外，而是说在它之外绝无他物。一切
他物都在它自身那里；它自身的他物是在它自身那
里；它具有单一性，它自身的对立面作为它的成员
之一。它所排除的并不是一个漠不相干的东西，因
为否则这个就不会是一个被排除的东西；被排除的
东西是被它否定了的东西，然而正由于这样它就是
在它自身那里设立起来的，而这个被排除的东西，
这个为它所否定的东西无非就是单一性本身；因为
它自身的他物恰恰就是它为了是其所是而所排除的 (134)
那个东西；为众多所排除的东西正就是众多所不是
的那个东西和众多为了是而加以抵制的那个东西。
它因而就是众多的他物；但是众多就是它自身的他
物，而它就因此［是］②这个从它自己那里被排除
的东西。

　　众多这样地如其自己本身所是的那样把自己设
定为一个是一个众多的众多和一个绝不是众多的众
多［两者］③——［设定自身］④为它为了是而从自
己那里排除的那个东西，或者宁可说设定为不是它
自身，而是它自身的对立面——这样的众多就是那

①　统一（性）或单一性为 Einheit 的异译。——译者
②　拉松本增补。——译者
③　英译本增补。——译者
④　同上。

219

个扬弃着自己本身的东西。它自己本身事实上就是它自身的无。它不是无，因为它又是它自身。作为是单一性的众多，它是被根除了；作为是它自身的众多，它是它自身，是同自己本身等同的。因而它既不是它自身，也不是它自身的对立面，而它同样既是它自身，又是它自身的对立面；两者不是在它之外的或它对之漠不相干的不同考虑方式；它们不是一种可以在它那里不设定起来的进行区别和对区别的扬弃。相反地，它在它自身那里就是这个——自己本身就是绝对的矛盾或"一"中的无限性，或被设定为一个不可分的、自己本身等同的统一性。它因而在事实上并不是作为一种"非此即彼"的众多——那个只分开为对立成员的众多——，而是这些对立成员的第三者，或者说两者的绝对的、直接的统一性，和一种单纯的自己本身内毁灭，即那个在它自身那里就是规定性的和扬弃了的规定性的对立的绝对的概念。所以，"自身"既不是第一个原理，也不是第二个原理，如它们自己曾显露出来过的那样，反之，它们自身就是第三个原理。(1)

（1）所有个别东西都自相矛盾。

C. 根据律 ①

规定了的东西直截了当地是它自身的他物，或

---

① 即理由律或充足理由律。——译者

者说，是与它的对立面结合为"一"；而这个统一
性仅仅是它的"自身"，或者说是它的根据：它返　　（135）
回到其中去的东西同样是它从其中出发的东西；就
是说，它在其中扬弃自己的东西是它是的东西，同
样作为一个自己本身等同的规定性。规定性的存
在是它的作为一个自我等同的东西设定起来了的
存在；而在同它的反映的联系中这个就是它的出发
点。作为这种自我等同的规定性它成为它的对立
面。或者说它展示为它是的那个东西，即一个众
多；[它]① 回到自己内，而这样一来就是它自身和
它的对立规定性的统一性。这个统一性是它的根
据，根据就是作为自己本身等同的规定性的统一性
自身。"规定性有一个根据"，这意味着双重的东西：
规定性是被设定在自己本身里作为一种它自身和它
的对立面的统一里；它作为这个特定的 [规定性]②
以这个统一性为它的根据，这个根据划分为它们③
（就是说划分为规定性和规定性的④ 对立面），或者
说，把它们产生出来。它们从它们的根据里"被产
生出来"无非就是这个根据面对自己本身，使自己
成为一个方面，并作为它自身的对立面而同自身相

---

① 英译本增补。——译者
② 译者增补。——译者
③ 拉松本此处不是"它们"（sie），而是"自己"（sich）。——译者
④ 原文和拉松本此处不是"规定性的"（ihr），而是"根据的"
（sein）；现根据英译本校改译出。——译者

对立。就规定性显现在差异中而言，规定性作为漠不相干的就叫作"根据"，它自身的根据。而另一方面，规定性是根据作为设定起来有差异的规定性和规定性作为它对之是有差异的东西，或者说和规定性自身的对立面的这种统一性，因而是规定性在其中扬弃自己本身的东西。

因此，根据显现为认识自身的反映；[显现] ① 为封闭在自己本身内的简单东西。认识以这种方式达到了自己本身，因为它达到了根据；它发现自己作为"自身"。它 [先前] ② 对于 [我们] 是自身，它 [现在] ③ 对于自身是"自身"，因为根据是为"自身"的。

认识曾是返回到自己本身进程的圆圈运动，并因而是自身。作为这个"自身"，它扬弃自己本身。作为在其中设定起来的东西发生着变化的东西；认识是自己本身等同的东西，在这个东西里一个不同于它的东西作为自己本身等同的东西仅仅是同自己有联系的东西。认识的内容是自己本身存在着的规定性，按照第一条原理，被设定为一个自己本身等同的规定性。它对于认识首先是形式的"自身"，或者说它设定自己本身为它的第一个要素；而且根

---

① 英译本增补。——译者
② 同上。
③ 同上。

据这个第一要素的规定性，[它设定自身] ① 在简单
的形式中。从已成为的状态出发再次成为自己本
身，在此之际以第一次乘方的形式做出了一种从自
己开始——这样做的必然性就在于，认识作为反映
自身成为点，同时它作为运动是圆周。在它的运动
中肯定的自己本身同一性仿佛是它的普遍的空间；　（136)
但它同时是否定的统一性，是点的"一"，是在其
中它的诸要素的区分扬弃自己的东西，是一种在其
中认识被扬弃了的作为诸要素的否定联系的统一
性，这个统一性是它的要素，并在它的运动中与它
对立，这个运动是直截了当地与此有联系的；而这
个"一"就是作为认识的内容出现和成为根据的那
个东西。

　　认识的这种实现是它的第二个形成过程：在第
一个形成过程中它成为不同于它是的他物，在第二
个形成过程中它成为本身独自的；成为根据的那个
内容就是认识在它自身内部的形成过程，或者说，
就是它的形成过程独自本身。但是，虽然这个根据
在它② 是为认识的范围内是认识，然而在认识的到
自己本身内的反映中（或者说因为它是作为根据），
它的这个内容作为否定的统一性（或者说诚然是它

---

① 　英译本增补。——译者
② 　"它"译自原文 derselbe，指"根据"；但黑格尔最初用的是
　　dasselbe，指"认识"。拉松本和英译本在此都用的是 das-
　　selbe。译文仍依照原文 derselbe 译出。——译者

自身，但是作为"一"）就同时是在这个规定性之内。内容作为自己本身等同的规定性成为一个不同于自己的他物，因为它作为根据成为了总体；但这个"成为他物"现在是完全确定的，因为这个循环就是它自己的循环。这样它就保留着它向外去作为同认识相对立的东西或作为认识在其中否定自己的东西所具有的规定性。它是自身，并且作为根据它成为到自己本身内的反映；但是它依然还是在自己本身那里作为被否定的认识。认识还没有**承认**① 这另一个认识是它自身。根据**是**一个认识，但是作为一个认识了的东西，作为一个同认识相比还受到对立的影响的东西；这个差别还没有被扬弃。或者说，它**是**被扬弃了，但是认识还不曾扬弃它。

必须肯定，根据或认识（它们对于我们是相同的）如何在它们自身那里显示出来，只要它们就它们自身说还不 [是]"一"，而是设定在彼此对立中。因为它们是完全的到自己本身内的反映，这种与一种差别纠缠在一起的状态在于，这个反映的诸要素就相互而言都还是彼此外在地，或者说彼此相对漠不相干地设定起来的。我们回到最初做出的同样的规定，有这样一个区别，即在根据中这些要素当然

---

① 手稿此处原文为"a n erkannt"，英译者将此译为"re-cognized"；中文只好勉强译为"承认"。——译者

都同样是漠不相干的，但根据是认识的内容；因而
[它是] ① 这样一种具有漠不相干的诸要素的认识，
[这样一种认识] ② 是形式认识的这个总体，本身就 （137）
是形式认识的要素。而别的诸要素恰好 [是] ③ 在
诸要素的规定性中的这个总体，并且是彼此漠不
相干的。区别，正如根据之被设定起来一样，就
是：根据是为认识的和在认识中的。因此，根据
就不仅是在认识那里，而且设定起来了这样的必
然性：根据要经历反映的道路；它是独自的，但同
时是认识的第一个要素、确定的内容。认识不可
能同根据一起停止不前，相反地，它为根据指明
它的道路——根据必须实现自己。在迄今的进程
中，那作为结果或一个范围的总体显现出来的东
西，曾是总体，而且总体仿佛是由于一种外来的、
才附加上去的考虑而重新成了它的第一次乘方④；
这个总体是否不会是不必须这样地通过到自己本身
内的反映才会实现 [自己] 的最后的总体，这是不
确定的。相反地，在这里因为根据在认识中被设定
为在认识运动中发生着的对于认识来说的点，根据
就直接地从它的自身存在、也从跟它的自身存在的
运动的对立中夺取出来了。因而，路并不是由于第

① 英译本增补。——译者
② 同上。
③ 同上。
④ potenz，乘方或潜能。——译者

一次走才显示出来，而是预先就已勾画了的，正如走这条路的必然性由于路事实上已经被踏上就设定起来了。

把根据这样地规定为到自己本身内的反映，为认识自己本身，并同时与认识有联系，这样规定的根据是与非反映的逻辑学里的要素符合的，这个要素曾被称为存在的关系，而这种关系现在被设定为本来存在着的，封闭在自己内的和从辩证法中的消逝过程得知到的。它在认识中经历的那条道路虽然本身即是它的辩证法，但是正就是道路的这个方面还没有为认识设定起来。或者说，首先被设定起来的无非是它同认识的联系：认识同时是反映的运动；但上述根据在这方面被设定为自己本身——就是说，自己虽然自己运动着，却被设定为对运动漠不相干和通过运动不变化的。相反地，存在的关系被设定为无可无不可的，或既可能受到改变，也可始终是漠不相干的。在这里这种关系却被设定为在自身那里存在着的，为这样的被反映到它自己本身内的东西。存在的关系过渡到普遍性的宁静；但根据在它自己本身那里就是普遍的东西，这个普遍的东西观念地把诸否定的"一"（或那些［是］在关系中的诸实体）包含在了它里面，不过是以这样的方式，即它们在其观念性中同时也［是］独自的。或者说，根据作为它们的观念性在它自身那里是被否定了的，因为它自己就是它的第一要素——［即是说] ① 在观念上被扬弃了。作为根据它是它们的观念性；它们是被设定为只在它里面，而在它们的在根据里设定起来的存在里（不仅仅就它们是为它的而言）它们同时也 [是] 独自的。根据就是这些东西在它里面的发生和消失；而它对它们是漠不相干的，正如对它自己的这种变异一样。而它里面诸实体的发生和消失对于它们的自身存在是漠不相干的；同时它们在它里面的存在对于它们自己的非反映的运动是漠不相干的。而根据的这种漠不相干的规定性是设定起来了的，因为它自身是在认识中与认识有联系的；根据里面诸要素的运动，作为独自存在着的东西（或作为认识的反映着的运动在其中否定自己的东西）就具有这种彼此相对和对作为它们的统一性的漠不相干性。根据是认识的内容，而且是认识的第一个自身等同的要素，而认识的规定性就是这种漠不相干的存在的规定性：不是作为一个也可能成为不漠不相干的，可能把自己分开为自己本身和其对立面的漠不相干的存在，而是作为[一个] ② 排斥其对立面的，并因而在其规定性中将会是自身的漠不相干的存在。

(138)

　　根据，总体——只要它从作为认识内容的认识诸要素反映自己，因而被设定为第一次乘方 ③ （虽

---

① 英译本增补。——译者
② 同上。
③ potenz，乘方，潜能。——译者

然根据应当是自身、并这样地设定起来）就迎面看到根据在那上面成为他物并从这个成为他物重新成为他物的道路；而这条道路就是根据的实现，在这种实现中它将把它的真实的总体给予自己，诸要素的一个整体就是根据本身。

II.① 客体性形而上学

　　根据，如其已被规定为在自己本身那里存在着的那样，同认识所是的东西是相同的，只要认识有一个内容，或者说，只要认识规定内容——因为认识是在认识中，认识与内容比较是有差异的。而同时认识在其对内容的规定中否定自己；或者说让内容独自地存在。和认识一样，这样的规定的根据是一个自身等同的东西，这个自身等同的东西诚然按其本质是否定的统一性，它扬弃诸要素。但是作为绝对的反映[它]② 也同样扬弃自己本身；或者说[无论]③ 在对诸要素的规定中，或在它们的观念存在中，它同时设定诸要素为独自存在着的，因而作为一种其诸要素是独自地、绝对地被分离开的综合：反映，和作为被否定的反映——一种是交互作用的漠不相干的"在完全一致中"的综合，一个和另一个都同样是能动的东西，也都同样是受动的东 （139）

---

① 手稿为 B.。——译者
② 英译本增补。——译者
③ 同上。

西，即特定概念形式中的规定性。

这个根据或认识就是称为**灵魂**的那个东西。

A.^① 灵　魂

既然根据已经充分地说明了，而灵魂就是作为根据实现的第一个要素，这样灵魂就因此在同等程度上被规定了。灵魂的漠不关心性或它的统一性，由于它是到自己本身内的反映而被认作绝对的统一性。作为这样的统一性它是特定的，并且同样地绝对是它的特定存在的扬弃了的存在。它的特定存在——或者说它被设定为一个扬弃了的东西——是[为]^② 灵魂自身；因为灵魂是这个，仅仅由于它作为在其反映的简单性中的根据，就恰好成为这种简单性的规定性和它自己的第一个要素——这个要素对于灵魂因而就成为它的本质上在它之外存在着的内容。因为这个内容是那成为第一个要素的根据（可这根据是作为绝对的反映的诸要素的总体），因而内容是同根据相比有差异的东西，作为扬弃着根据、与之否定地联系着的。作为这个有差异的统一性、跟第一个自己与自己本身联系着的统一性相对立，根据只存在于那种对立中，并因而是一个特定

---

① 手稿为 I.。——译者
② 拉松本无此字，英译本亦然。——译者

的东西。统一性作为那第一个要素对之施加作用的
受动的东西出现。但是，这个东西同样地是一个特
定的东西——并且同样地是通过它的对立物，通过
否定的统一性。而它就是一个通过这个否定的统一
性设定起来的东西，它们彼此互相规定。而那第三
个东西［或］① 综合的东西则是认识的内容，不过
内容的诸要素被设定为彼此外在地、独自地出现着
的，每一个都在另一个里被否定，都是自身存在着
的，以致唯有这个综合是在灵魂中。只有［因为］②
这个否定的或综合的联系作为认识的内容（正如内
容被设定为从相互独立的东西中产生那样），而在
这种不完善的联系中的灵魂就是在差异的诸要素
中。所以灵魂就必须把自己反映到自己内，必须扬   (140)
弃这种联系，并必须在其到自己的返回中设定自己
为简单的、漠不关心的。灵魂这样就既扬弃了它的
内容，又扬弃了它同内容的联系。但是，因为灵魂
只有作为根据才是这种否定——但作为根据本身一
般地就本质上具有一个对立，一个规定性，不过对
于这个规定性灵魂是无所谓的——这样灵魂的到自
己本身内的绝对反映就是到特定存在对他物的漠不
相干性的返回，这个他物同它一样是在自己本身那
里的。而反映是内容的彼此外在地出现或其两个方

---

① 英译本增补。——译者
② 拉松本无此字，英译本亦然。——译者

面的分离。因为灵魂作为这个被分离开的东西同样地是 [成为了] ① 一个特定的东西，即是说，属于漠不相干性的东西——这样灵魂就是通过他物反映到自己本身内；而内容的消失同样地是内容自身 ② 的一种自由的、不依赖于灵魂的运动。

作为这个排斥着自己的、并在排斥中自身等同的否定的"一"，灵魂就是实体，这个实体不仅是在它里面兴许会设定为相互联系着和在其设定起来的存在中在自己之外有着其可能性的那些偶性的差异。相反地，它们的可能性是在它们自身那里设定起来的，或者说它们是被设定为观念的，被扬弃的。而实体宁可说就是主体，在这个主体里规定性不是作为一种现实的规定性，而是作为一种特殊的规定性——就是说，是从它同它的对立物的联系中取来的。但是，这个主体自身并不是一个普遍的东西，一般的自己本身等同的东西，而是表明自己是这样的东西：作为分化着它的自身等同性，从那里领回着和领回了自己——或者说反映着自己。规定性只③是作为一种自身具有对别的规定性漠不相干的规定性，不过④是这样的：规定性的交替作为一

---

① 英译本删去。——译者
② 英译本将 seiner selbst（内容自身），译为"soul itself"（灵魂自身）[如是，德文则应为 ihrer selbst]，有误。——译者
③ 埃本和拉松本在"只"之前都增补了 [不]。——译者
④ 原文此处为"sondern"（而是），编者注明应读为"aber"（但是，不过）。——译者

种交替同样有偶性，而在这种交替中规定性依然保持着一种漠不相干的规定性的性格。灵魂因而就是实体性和主体性的"一"；而既不是真实的主体，也不是真实的实体：不是前者，因为诸偶性的漠不相干性；不是后者，因为诸规定性的差异、交替。这些偶性，通过它们的漠不相干性和主体的非特定存在，通过它们，本身就同时是：[a] ^① 实体，[b] 并同时作为这样的实体在其交替中独自地观念化着自己，[c] 而且在同主体的联系中同时是综合的。灵魂是整个的圆圈和圆圈的圆周运动，这个运动同与作为中心的灵魂相联系，又同时作为直线不定地延伸——不确定地延伸，就只要灵魂是中心，因为就此而论圆周就是同灵魂对立的和独自的。 （141）

作为反映到自己本身内的、使自己成为其第一个要素并成为其自身的内容的东西，灵魂就是这个内容的根据，或它自己作为一个要素的根据。跟第一个要素对立的第二个要素，正好就是根据本身，这个根据与作为它的第一个要素的自己本身有差别地相联系；而到自己本身内的反映则是灵魂作为其内容的、它作为一个受动东西的和它作为一个与此相比有差别的东西的扬弃。但是，这种扬弃具有这样的性质，即受动的东西在扬弃中终止为一个由有差别的灵魂所规定的东西，而重新成为"自身"；

---

① ［a］及以下［b］、［c］符号为英译本增补。——译者

这两者——灵魂作为这个有差别的灵魂和灵魂作为它的内容，重新作为被分离开的、独自存在着的"自身"彼此外在地出现。灵魂作为根据虽然与认识是相同的，可是这样一来根据或①认识就都被设定为彼此对立的，而灵魂则独自具有这个规定性。而灵魂的到自己本身内的反映因此就是这种形式的东西，即这个反映只扬弃作为它的内容的灵魂（或者说，第一个要素的形式）和扬弃自己——作为它的与内容不同的统一性。但不是它具有的那种本源的规定性：作为认识，这认识将会同根据相对立，或者作为根据，这根据将会同认识相对立。相反地，反映发生在这个规定性之内；而灵魂的完备的反映（或者说它之成为总体）本身就只是一种与另一个"自身"相对的彼此外在的出现，或者是它自身的否定和与此分离开的肯定。它的总体仅仅是使规定性回到自己内的形式的纳回，以致那是灵魂的形式的漠不相干性保留着一种是特定内容的内容。漠不相干性只 [是] 一种它和另一个东西所共有的东西，而纯粹的"自身"则被分开为各种在反映运动中只在作为一种综合统一性的中心里（即只在不同的灵魂的第二个要素里，不在总体里）才具有它们的统一性的不同的 ["自身"] ②。

---

① 英译本此处为"和"。——译者
② 英译本增补。——译者

　　这个规定性是在灵魂的本质里；而扬弃它的要求则直接在本质是一个规定性这个事实里。这个要求表达在主张和证明灵魂不朽的种种试图里。但是这个规定性能够被扬弃，仅仅在认识或根据作为在一个跟另一个相对立的这种规定性下设定起来的，或者在认识或根据被扬弃作为灵魂的条件下。

　　灵魂，作为漠不相干的、有一个另外的"自身"漠不相干地在自己旁边（或者说，作为在那个在其进行规定中自己被规定的反映运动中），直接地是诸存在着的东西、反映到自己本身内的东西的众多"自身"，这些东西以一种表面的方式彼此联系着，是一个综合的链条；这些东西的"自身"是不出现的东西，因为它们的存在，在其彼此相对的漠不相干中，直接成为一种它们杂乱无章地"成为特定的"过程，因为一个是另一个的内容。每一个独自地是一个被否定的认识；但正因为[每一个是]①一个特定的东西，和与他物作为与它的认识有联系的东西。或者说，它是一个受动的东西，这个东西作为受动性直接是反映活动的第一个要素。灵魂事实上由于它的规定性（只要规定性是独自的）本身只是这个受动的要素；而既不是作为被反映到自己内的东西（或者说作为这个受动的东西），也不是作为与这样一个受动东西相比有差别的东西，即绝对的

（142）

————————————
①　英译本增补。——译者

"自身"；而在事实上设定起来的是一个由多个部分组成的反映到自己内的东西，这个东西作为自己本身等同的是另一个的第一个要素；或者说作为自己运动着的与一个这样的另一个相比是有差别的。

B. 世　界

灵魂以世界和自己本身作为在世界中为前提。因为灵魂的规定性无非是这个：它本源地在其"自身"存在中既是另一个的要素，而另一个在同等程度上也再次是它的要素。世界不会是别的，无非是综合作用的交互作用的减弱到完全的静止。但是，世界把自己分开和使自己处于运动之中，这是由于如此相互联系着的那些东西不仅是在这种同他物的联系中，而且实际上也是在同自己本身的联系中，因为它们从这种与他物的联系返回到自己本身，并在它们的必然性中是自由的。因为它们的自由就是这个：它们是认识或根据。因为在它们里面，一个不同于它们自身的他物是要素，它们这样就是必然的，但是它们同这个暂时的东西的这种联系就是它的观念性。它们扬弃它们的这个差别，并且是独自自由的：它们彼此外在地出现，对他物漠不相干。但是这个自由，如在灵魂那里所指明的那样，是一（143）种形式的自由；因为这个自由只同对形式的对立的扬弃有关，在这扬弃中灵魂确实仍然是这个本源的特定存在，因为这个特定存在是本身独自的，它就是一个他物的要素，因而在其自由中自身就是被决定的。但是，事实上把许多东西区分开的那种东西就是这种形式的自由——作为自己孤立化着的，或作为对立物之一，不是作为交互作用的普遍东西，在这种交互作用中没有任何一个立足于其中的东西是设定为独自存在着的——［就是说设定为］^① 从规定性中撕下来的。因为这种自由在联系中，或在同他物的统一性中，事实上也并不在这种联系中，而是退出这种联系。

　　自由和必然的这种同时存在并不是一种通过扬弃其一或其他方可得到校正的假相；它们既是漠不相干地并行的，也不是同一件事情的不同的侧面，这件事情正因为如此就将会是一个不同于它们的一个他物，而它们则漠不相干地在它们之外。相反地，这种同时存在是认识的实现中的一个必然的环节。自由是不能［被］取消的，因为否则的话一般说来一切运动和一切唯有通过运动才有的对立就都被取消了。同样，必然性也不能被取消，因为必然性就是为了自由存在而被自由扬弃的那个东西。它们并不是两个相互穿插、彼此不相接触的系统，两者（就像我们想象时间和空间那样）仿佛是一起而没有联系，以致我们关于谁都不能说，它在

那儿、另一个不在，并且在它们结合为一的存在里彼此会绝对地没有影响。相反地，每一个系统都是另一个系统的要素。自由是与自己本身有联系的受动东西，这个受动东西正是这样对于他物就是要素；而这种联系是这个受动东西的必然性，这个必然性又直接地作为到自己内的反映过渡到自由，即过渡到与自己本身的联系。两者都是同一个整体的要素——但不是它可以置于不顾的对整体的考察方式。

不久以前，在根据或认识里这个整体曾是已成为内容的"一"，这个"一"这时以不同的方式与内容有了联系，作为与它为其所决定的某物有了联系，而它相反地同样决定了某物。但是，这个内容消失了；因为"一"回到了自身并因此而重新成为了内容。所以现在这就设定起来了：这个内容、"自身"事实上自己就是反映到自己内的东西和反映着自己的东西；以及：内容、"自身"在自己之内的情况因而也是这样的，只有灵魂的情况曾经被设定为

(144)　相反，现在灵魂本身进入了"这种如此情况"之列。但是，灵魂并不是以一种特殊的态度来面对它与之在联系中的他物。反之，这个他物同样是一个自己反映到自己内的"自身"；这个"自身"自己通过一个他物来规定它的规定性，从而扬弃它和在观念上设定起它。或者说，这个他物同样是一个作为灵魂的单子；鉴于单子作为自己反映到自己内的，在

特定存在里漠不相干地保持着自己的，它就是独自
存在着的总体，对于这个总体来说他物则是一个在
它里面被否定了的东西。而差异只能是一种程度的
差异和单子以或大或小的自由在许多方面始终保持
漠不相干的事。因为在单子自身那里的差异是它在
其中是内容、受动者的形式和它在其中是有差异的
统一的形式之间的这种交替。单子在能动的链条
（这链条在一切点是向一切方面伸展）上的消失在
于，它更多地作为包裹起来的、未打开的受动者出
现，并作为以一种较小的宽度，在一种较为有局限
的范围内和同较少的东西相比的有差异的东西。因
为每一个都是自身，把自己反映到自身内，把自己
从他物排出，所以这种排出也就在每一个那里设定
起来。它是一个绝对特定的东西；而逐渐的过渡是
在自己内无限地分开了的。它作为绝对特定的、否
定的"一"是一个**这个**。但是这种个别性在它自己
的总体中毁灭了。因为灵魂或一般地说单子在这个
世界过程中同时获得一种别的意义；或者说，自由
与必然的对立——这种对立不久前曾表明是世界过
程的要素——甚至必须以另外一种方式把单子的这
种联锁分开。

因为世界的进程曾表明是这样的：同一个东西
一会儿是内容，对一个东西而言受动的东西，另一
会儿它自己对另一个是受动的东西而言是能动者。
而这同一个东西从它的分化回到自己内，并因而自

己就在一种与自己本身有联系的东西的形式中。这样回到它自身的东西就保持为一个设定起来了的"自身"，为被反映的东西，因为它成为总体。但是它在总体中也成为一个他物；作为它的规定性的总体，它面对着作为要素的自己本身，在这些要素中它同样地是简单的、否定的"一"——作为它是有差异的统一性。它不是作为一般的规定性进入对立之中，它自己已经被设定为要素。相反地，它仅仅对于我们是要素。它作为主体，作为否定的"一"，作为反映到自己内的东西出现；而它自身在它的规定性中是绝对的规定性，否定的统一性，这个否定的统一性在其由一个他物所规定的存在里设定自己本身为不被规定的，[和]① 设定规定性为在它自己那里被扬弃了的——就是说，[设定它自身]② 为一个**这个**：一个在其无限多种多样的规定性中的简单东西。这样一种坏的无限性直接地被设定为绝对的无限性，为"一"，为点。这样否定地同对立物有联系的，它就是能动的东西。而受动的、同自己本身联系着的东西对于他物同样是一个"这个"；但对于能动的东西它就仅仅是一个自己同自己联系着的东西。能动的东西从它的这个规定性自己反映到自己内时，就扬弃作为一个"这个"的自己本

(145)

---

① 英译本增补。——译者
② 同上。

身，并作为总体性［成为］^①普遍的东西，它从最终状态成为它的定义；而它的自我保存的过程宁可说就是它的个别性的没落和类的实现。那是一个到自己本身内的反映的单子，就仅仅是作为一个"这个"。单子是另一个要素；但这个另一个自己就是"自身"。或者说，它是独自地在第一个要素的形式里；不过只要它是这样的，它就是受动的。它作为简单的东西或作为灵魂把自己反映到自己本身内并保存自己；这种反映一般说来就是灵魂的反映。但是它也作为第二个要素或作为一个"这个"保存自己^②；而且它是一个"自身"，对另一个而言的能动的东西。那第一个自我保存是观念上的，即他物消失在单子里的那种观念上的保存；这第二个自我保存则是他物的消灭而非其相对的消失的自我保存。但是，这另一个自我保存，作为另一个要素，正因为如此也就直接地是另一个要素自身的对立面。它是从自己本身那里的解放和另一个要素作为一个"这个"的扬弃。

灵魂在世界里成为单子。就此而言，就只有诸单子的绝对众多性，这些单子都表象着世界和漠不相干地与自己本身有联系地继续存在在这种表象活动的差异中。灵魂是单子，但仅仅是单子；或者

---

① 拉松本无此增补。——译者
② 拉松本此处不是"保存自己"（erhält sich），而是"它的情况是"（verhält sich）。——译者

说，作为这种与自己本身有联系的存在，作为一个
要素，灵魂仅仅对于有差异的要素而言才是单子。
但这个有差异的要素就是灵魂自身的发展，灵魂作
为它自己的根据否定自己本身。作为简单的东西灵
魂成为自己的在其实存之外的根据。它的这个实
存（或者说它成为自己的根据 [这件事] ①）是：灵
魂作为自己与自己联系着的反映，或作为形式的认
识，是绝对的规定性，否定的统一性。它的在自己
本身内的自由，作为绝对的反映，直接是它的那种
把他物从自己里面排除出去的排斥和诸绝对地存在
着的东西的一种联系。灵魂的前一种自我保存以
自由告终，这个自由直接是自由的这种差异，[就
是说] ② 是否定的统一性对于单子形式中的它自己
的差异——对于它自己作为在自由中的那个对于自
由是作为受动东西的被否定的东西的差异。认识自
己变成一种作为"一"的绝对的认识，而世界就从
而设定起来了。对于一个绝对在自己那里存在着的
东西、就是说对于一个在我们看来是独自的受动东
西的这种差异的扬弃，就是对于这个"一"本身的
扬弃。从而对这种差异的扬弃就是作为普遍东西的
总体性——不过这个总体性本身正因为它直截了当
地是在自己本身内的联系，就重新在等同性的规定

(146)

---

① 英译本增补。——译者
② 同上。

性下作为第一个要素出现。

世界作为类的这个进程把自由作为一个转而反对其较低领域的较高领域提出来。不久前自由一般说来曾是作为到自己本身内的反映的漠不相干的东西；而第一个要素，单子，既是一个在自己内自由的东西，又是第二个要素，而且是作为本身就是第一个要素［中］① 的简单东西、并回归到第一个要素的规定性的总体性。但是，第一个反映，作为形式的"自身"或它的概念（自由不久前曾是这个概念），现在就是总体性的较高的自由，单子和能动的东西本身都是这个总体性的要素。这个总体性，类，从今以后就是"自身"，并且它自己超越那到第一个要素的形式的回归，作为在第一个要素里始终是自己本身等同着的东西，而它的那种回归宁可说是它自己的到受动东西或单子和能动东西这两个要素里去的伸展。作为整体的"自身"它是诸要素的本质，这个本质在诸要素里双重化自己；而作为它们的类它是它们的普遍东西。而过程——即类的自我保存过程——就像成为类一样，真正说来就是个别东西的保存过程。

他物一般说来作为受动东西同有差异的"自身"对立；它的保存就是"自身"的消灭，但同时是它自己的消灭——或者说成为类，类本身（作为类自

---

① 英译本增补。——译者

身的绝对的反映）把这个同有差异的统一性对立的
他物展示为这样一个从绝对的总体性回到第一个要
素的规定性的东西；或者说，这个受动东西事实上
就是只在第一个要素的形式中的类。能动的东西，
在其自我保存中扬弃着自己时，就在这种无限性中
自己本身成为它自己的对立面；并在其对立面里保
存着自己，作为自己与自己本身对立。它在它的对
立中不是否定了自己本身，而宁可说是肯定的。另
一个"自身"并不是它自身的否定；反之它在他物
里认识自己本身。类把自己撕开为性别差异——从
认识进到承认。在类的过程里没落的个别性是观念
的，不过被设定为观念的东西；[它是] ① 观念地在
（147）　一个他物里。但是，[一旦] ② 设立起来，观念的东
西本身就是独自的。个别性已经到了这样的地步：
第一个要素本身就是一个认识，[就是说,] ③ 一种
自我保存，[一种] ④ 自己与自己本身相联系，并在
其中是 [一种] ⑤ 自我扬弃，以致它的存在自身是
一个不同于它自身的东西。个别性的到自己本身内
的反映是已生成了的类；但个别性通过它的这个扬
弃保存自己，并在一个他物里发现自己。类不仅是

---

① 英译本增补。——译者
② 同上。
③ 同上。
④ 同上。
⑤ 同上。

普遍的东西，而且也是无限的东西。个别东西在总体性中自己成为了整个过程，而在整体性中这个过程则作为一个双重化的东西分离开。这个总体性的过程，在其总体性中，才成为第一个要素。

　　类的诸要素是实存着的个别性。类自身作为绝对的反映，仅仅是作为沉淀着和在自己内分解着的诸要素的这种循环。因为类作为普遍漠不相干性的规定性①同它们作为要素对立，它本身宁可说是诸要素的"一"；但它同样是未被规定的普遍东西，或未被对立起来的漠不相干的东西和它们的观念性或同样地它们的存在。类是超越循环诸要素的自由的东西，独自地是自己本身等同的东西。这些要素的存在才是**实存**；一切迄今的存在只有在一种不曾是完全的到自己本身内的反映的规定性中才是存在。在这里，因为类是绝对的到自己本身内的反映和作为这样的东西也自己成为它的反映的诸要素，只要它是一个不同于这些要素的东西，和这些要素相对立，是［一个］②要素，真正的实在就设定起来了。

　　不久以前，灵魂被看作认识或根据，那是无所谓的（只有一个限制：灵魂是作为一种对立的规定性）。但是，在实存中这种无所谓就被扬弃了，而

---

① 拉松本此处为："因为类作为普遍东西的规定性——漠不相干性……"——译者
② 英译本增补。——译者

这两者被设定为有联系的。根据是在认识的对面，或者说［它是］^① 被设定为"自身"和无对立的普遍东西的绝对反映。认识是相同的类，但是作为自己到自己内反映着的要素，认识到自己本身内的反映是它的无非是对准类、普遍东西的、作为简单东西出现的、到自己本身内的反映的自我保存；与自

(148) 我保存有差异的那个东西一般说来曾是一个已被综合、被规定、又消失了的独自存在着的东西。曾经设定起来了的只有自我保存的概念；现在反映实现了，于是这个他物对于反映来说就直截了当地是受动的东西，无非就是类，要素自身的整体，这个整体面对作为要素的他物，并且是独自存在着的东西，自己与自己本身联系着的东西。设定在整体里本身被否定的个别性，扬弃整体自己的这个否定，并这样地保存自己；它在整体那里仿佛才把它的本质接受到自己本身内来。

到自己本身内的反映的区别因而以如下的方式产生。认识和根据是一个东西，不过是对于我们而言的。而这样认识就是灵魂，是漠不相干的，独自的；它的差异是一个"自身"的某种漠不相干的出现和消失，对于这个"自身"来说［它］同样是自身。在世界进程里，这个不同的"自身"成为在实存中彼此相对有差异的；自己本身保存

---

① 英译本增补。——译者

着的个别东西过渡到类；而世界的进程就是类的
进程，类作为在其诸要素中保持不变的总体，设
定这些要素为彼此相对有差异的，并实存在它们
之中。

认识作为它的概念是灵魂；灵魂作为概念的这
个规定性是自己反映到自己内这样地成为类的个别
东西。同样地实现着自己的类是一种性别中的分
裂，自然事物的实存和类的保存；而自由则作为类
的保存面对类的进程。自由是认识的循环或类的进
程的永远与自己本身等同的内容；而真实的认识则
脱离了形式的认识。众单子作为实存着的东西只表
达那同一个普遍。它们的众多性以及它们的运动的
规定性是纯全偶然的东西；而与个别性相联系的实
存着的东西事实上［是］^① 仅仅可能的东西。在类
里个别性是被扬弃了，而它的自我保存宁可说是它
的扬弃。个别性实存着，与其说是因为它没有成为
类而回到自己本身内，不如说因为类是在自己与
自己本身联系着的东西的形式中的东西^②（或者说，
是那种个别性转而反对它和扬弃它的受动的东西），
并且是自由的。反过来说，类是个别性自我扬弃于
其中的那个东西；**类**是有差异的、在其中诸个别性
是自身成为类的诸要素的统一性。这两种自由——　　（149）

---

① 英译本增补。——译者
② 拉松本删去了"的东西"。——译者

个别性的自由和类的自由——是彼此对立的，而
[这样] ① 两者就[都是] ② 必然性：一种必然性，在
其中类仅仅是作为受动的东西，与自己本身的联系
仅仅作为要素，而另一种必然性，在其中自我保存
着的个别性则反而这样地成为类，正如类退回到是
要素一样。因为这种退回的原故，类就不是绝对的
根据，不是绝对自身漠不相干的东西；类的确是这
样完美地封闭在自身内的，因为它的最后的东西又
是它的最初的东西。但是，在这种直接的转变中类
本身不是被设定为自由；反之它的解放宁可说成为
仅仅 ③ 受动性；类是那种自己本身成为循环的循环，
或者说自己本身 [也] ④ 作为它的诸要素运动的循
环；但这个循环并不是绝对自由的。甚至它只不过
是在必然性的形式中——或者说，通过一个中心点
把自己从一边抛到另一边去，这个中心点的确就是
作为普遍东西或宁可说作为共同东西的类。但是，
[它] ⑤ 不是作为随着其要素状态的消灭才出现的这
样的类；反之，类是仅仅是在实存的形式中设定起
来的；而类本身并不是实现了的灵魂，这样的灵魂
兴许是对变换和过渡彻底漠不相关的自己本身等同

① 英译本增补。——译者
② 拉松本增补。——译者
③ 拉松本将"wird nur"（成为仅仅）校改为"wird zur"（成
　了）。——译者
④ 拉松本和英译本均未增补 [也]（[auch]）。——译者
⑤ 英译本增补。——译者

的反映。认识作为绝对简单设定起来的反映或简单
性是还没有设定起来的。灵魂虽然曾是这个简单的
东西，但它的内容却是不确定的东西。现在这个内
容或充实有了；内容作为循环的诸要素是全部的反
映本身，不过它也仅仅是内容。因此这个内容事实
上也就仅仅是作为在对立诸项的形式中的。项只是
作为保存自己本身的受动要素，即作为这样的个别
性，它同作为一个陌生东西的类对立，而把类吞入
自己之内，并借此跳回到类的差异。类不像在前一
种情况里那样作为一个陌生东西同这种差异对立，
而是作为一个和它等同的、在他物里发现自己的东
西，亦如他物在它里面发现自己一样。只不过以这
样的方式：它们不是独自地，而是只作为它们的漠
不关心来表达类。而因为它们表达类，它本身又重
新是 ① 那第一个对立的要素。

　　如果自我保存只是认识里一个陌生东西的这种
出现和消失，那么在类的进程里类的保存本身也就
只是设定自己本身为在自己之外的自己本身的诸
个别性的出现和消失。而这就不是作为到自己本
身内的绝对反映的认识，或这个认识作为简单的
东西。

---

① 　拉松本此处的动词不是"ist"，而是"sind"。如系"ist"，
　　则主词"sie"应指"类"（Gattung），如系"sind"，则主词
　　"sie"应指"它们"。——译者

（150）
但是，作为普遍东西类必须［是］① 作为那个在实存的这种形式中的同样的东西，或者说它在其实存中和它作为自己本身等同的东西必须是互相等同的；而在事实上在类的这种实存中唯有类才是自身存在着的东西和实存着的东西，扬弃自己的否定的东西，而类自身就是这个否定的统一性。简单的、自己本身等同的自己到自己内的反映（它正因为如此就是一个绝对被反映的东西），和作为必然性的在其作为被分离的类的方式中的否定的统一性绝对地是"一"；那显现为不同于这种统一性的东西纯粹是一个观念的东西，非在自己本身那里存在着的东西。

类是实存着的诸个别性及其联系的根据，或者宁可说是它们的联系本身；但是不仅这个，而且联系事实上是绝对的统一性，因为有联系的东西，即诸个别性，不是"自身"，而是绝对地相互挨着② 自己扬弃着的。

C. 最高本质

在类作为世界的实存的进程里，如已指出的，总体性自身只是在它的诸对立里和它们的统一

---

① 拉松本增补。——译者
② "相互挨着"(aneinander)，拉松本为"相互"(einander)。——译者

性里 ①，过渡的空虚的中心。而事实上有的始终只是过渡的两方面；这两方面是被设定为在自身那里存在着的，不过本身是以其对立物来标明的，或者说，它们自己运动着以便在对立面里消失。

这个运动的本质是必然的。因为在运动中，正如运动是被设定为过程一样，只有个别性的自我保存和类的自我保存之间的对立的显现。过渡，二者的统一，是没有显露出来的"内在东西"；或者说，是对于这种交替来说没有被设定起来的东西，而仅仅是被我们设定起来的东西，或者说"外在东西"。但是，对于自我保存着的个体而言，作为认识着的个体或它自身与它的对立面的统一，这就是它的不存在或它的消失。因此对于它自身来说就有这个矛盾。而因为它感觉到自己是类里的一个他者，于是这就是直接对立的：它的本质只是作为同一个他者的联系而不是在自己本身那里就有，与此相反，它的到自己本身内的反映则作为自己本身保存着。而两者的统一性就在自我保存着的个体之外，因为它只是这个矛盾的主体。因为这个矛盾的统一性（个体就是这个矛盾的统一性）是它的本身独自存在；就是这个统一性，它作为形式的反映闪到一边，并在类的自己本身等 (151)

① 拉松本此处为："而它们的统一性［是］过渡的空虚中心。"——译者

同的肯定东西里扬弃自己，而在自己之外拥有这个扬弃和这个自己本身等同的东西——或者说，作为内在的东西，作为它的根据，可是它与这个根据是不同的。

自我保存同类的联系有这样一个方面：每一个别个体对于他者是绝对偶然的，因为作为自我保存着的，每一个都是独自的和对他者漠不相干的。它们对于类是同样偶然的，因为类是在自己本身那里的；而那种在自我保存里的规定性（由于这种规定性个体［是］① 一个在双重意义上绝对规定了的东西——纯粹的点和一个无限的、在点里交错的诸线的聚集体的点）并不是为类的。相反地，为这个作为普遍东西的类的是自身仅仅具有普遍规定性的独特个体，或者说是作为特殊者的独特个体，这个特殊者已经回到了自身，已使那堆通过它延伸到无限的诸线弯曲到它的反映的圆圈里了。

但是，各个个体相互之间以及对类的这种漠不相干性扬弃了自己，因为它们事实上是互为的——任何一个个体都仅仅带有同他者相联系的规定性和一般说来同样地作为类下的个别个体，因为它的线上的各点都正就是这样的"自身"。它作为点落到这条线上，这条线独自地是一更高级的到自己本身内的反映——即是说正就是类；那个把自己同自我

---

① 拉松本增补。——译者

保存着的东西对立起来的异己东西——而它自身就
是一个这样的异己东西——自身无非就是代替自我
保存着的东西的类本身。个别的东西对于个别的东
西是必然的，对于类同样是必然的。因为类对于自
己来说是作为第一要素，并在这个要素中作为形式
的反映，作为未被反映的东西。或者说，类本身在
其诸要素里不仅仅是特殊的东西，而且是独一无二
的东西。

    但是，这种必然性是坏的必然性，联系作为
联系或联系自己本身并不在坏的必然性里，相反
地，联系仅仅在对立的东西那里。但是，联系总
的来说是自身，而对立的东西则是在绝对的必然
性里；因为它们的坏的必然性事实上就是绝对的必
然性。前述那种坏的漠不相干性就像坏的必然性
一样都不是什么自身，而个别的东西则只在绝对
的漠不相干性和类的必然性里，这个类的必然性   (152)
是它的本质，是本质的本质，不仅按照一般的规
定性（形而上学的必然性），而且按照它作为个别
东西的绝对必然性。

    如果 [a] [①] 自我保存的过程（作为这样的过程，
在其中绝对被规定的东西设定自己为自己本身等同
的，设定众多的规定性为观念地在自己之内、并且
在它们的扬弃中漠不相干地始终是自己本身［等

---

① 英译本增补。——译者

同的]① ）我们称之为"思维"；[和]② 但如果[b]③
类的进程是这样的进程，在其中个别的东西自身仅
仅在普遍东西里，甚至是一个观念的东西，否定的
东西，限量；它的本质是自己本身等同的东西，个
别的东西仅作为否定，而否定作为同自己本身等同
的东西有联系的，作为限制（由于这个原因普遍的
东西事实上，如空间一样，不为在它们里面设定起
来的诸规定性所限制——或者说普遍东西绝不是空
间会不在那里的点）——如果我们 [现在]④ 称这
个普遍东西为"存在"或"广延"作为全靠它某
个东西才是可能的那种东西，于是，因为上述两
个 [条件]⑤ 是"一"，思维和广延或存在就绝对地
是"一"。

由于类或普遍东西并不 [是]⑥ 作为任何一种
特定的类，而是作为绝对的类，这个类是到自己本
身内的反映，它自身即是这个反映的诸要素，所以
它一般说来就是最高的本质，这个本质自身不是要
素，不走到一个别的类的特定实存里去，宁可说是
绝对的实存本身；不是一个必然的东西，而是必然

———————

① ［等同的（gleich）］，拉松本无此增补，英译本也删去了这个
　增补。——译者
② 英译本增补。——译者
③ 同上。
④ 同上。
⑤ 同上。
⑥ 拉松本增补。——译者

性本身；不是那种是共同东西的空洞的普遍东西，而是它兴许只是其共同东西的普遍东西的理想性，因而是类的本质或它的实体。

　　既然提供给这个自身存在着的东西的是对个别东西的这样一种表面的联系，所以这种联系是空洞的。如果这个个别的东西被设定为在自己本身那里存在着的，那么它对最高本质就有漠不相干性的一面，而这个最高本质就有一种在自己之外的实在性。最高本质的存在作为"自身"本身则还是以另外一种方式设定起来的，即是说作为一种与存在就会不是一码事的广延，一种为某种外来物所决定的东西，这个外来物的决定就会不是本来观念的或扬弃了的，即否定。但是，广延或存在在最高本质里是直接与个别性或与否定为一的；个别性因为它里面的区分仅仅是一种被扬弃的存在，就纯全是简单的；而在个别性里被区别开的众多性就是类，即反映本身的简单性。如果一种独自存在应归诸于众多性的话，那么众多一般说来就成为只与自己等同；而它的差异则是它在他物中的存在——就是说是它的扬弃；而它就仅仅是无，这个无是存在的简单性，而且是与它不可区别的。所以，量的、纯粹普遍东西的诸规定性仅仅是这个否定的东西；而这个否定的东西在自己本身那里就是简单的，而且是普遍东西本身。不可能设定起来任何外在的、跟普遍东西不等同的规定性，或者说，这个普遍东西不能

(153)

在一种异于存在的、可能从外部加以决定的广延那里设定起来；这个外在的决定者是无——而且是完全简单的，因而就是存在本身。

这个最高本质有着自我保存着的东西或思维和存在或广延的对立，只纯全作为一种属性，作为要素，作为自己内观念的东西，而不是作为实体，[或作为]①自身存在着的东西。反之，它宁可说是它的"自身存在"，而诸区别只属于观念性，即无自身。

在那个显现为不等同的东西里如此自己本身等同的最高本质，就是这个不等同东西的绝对根据。因为这个不等同的东西在它自己本身那里无非就是最高本质性本身；而由于这个原因它就是独自的，同它分离开的，就是纯粹的否定。而为了自身存在，它只能努力扬弃这个否定——或它的独自存在——并且 [必须]② 牺牲它的自我保存的领域，在那里它把自己和一个异己东西对置起来——它虽然在类的进程里曾看到它自身，但只是作为一个它自身的他物——这个自我保存的领域只是最高本质的否定性。最高本质是如此地自己等同：以致它就是直截了当地反映到自己内的东西，以致在它里面没有这种反映的运动，而是在它的发散中，在作为

---

① 英译本增补。——译者
② 拉松本增补。——译者

众多性的现象中绝对地是相同的。

已证明：最高本质是唯一的东西，而且唯有它是"自身"。它是无限外向的东西，进行了无限的创造，不过它的创造就在这种创造里个别东西作为独特的东西分离出来而言，事实上仅仅是否定；这个如此被否定的东西在自己里面仅有这个矛盾：作为否定保存自己；可是，因为它仅仅是否定，作为自我保存着的必须返回到非实存和最高本质去。

否定作己内自负的恶的原则在其自己本身等同性中直截了当地与最高本质对立。这个黑暗是不在最高本质的纯粹光明中的；因为黑暗对于光是无，(154)而光明对于光是绝对地作为自己等同的，但是正如没有黑暗就没有光一样，[没有]光同样就没有黑暗，最高本质创造了世界，世界对于最高本质是属于以太式光亮的透明和光明的；但它本身独自地是黑暗的。

已证明：只有最高本质是自身；但是世界的这种独自存在直截了当跟这种必然性对立；这种独自存在的存在是一个非存在；但是这种"非存在**存在**"自身是跟那个绝对存在对立的。它融化、消失在绝对存在里。可是它这样地消失是以它存在了或者说它保持着它的独自存在为前提；而这个独自存在和绝对本质始终是被分离开的。证明回到这个绝对本质，但它不是从这个绝对本质出发。相反地，它从一个不可理解的出发点——就是说，从实存的出发

257

点开始；这个出发点当然必须扬弃自己。但是，如果说这个出发点仅仅必须是这个，那它就没有存在过；而它没有存在过，它就不存在。这个本身只能是一个证明的结果，证明的运动和证明的出发点先于这个结果，但不是证明的**构造**。个别性来自最高本质的"溢出说"是一个空洞的思想；因为将用以充满个别性的那种东西只会是一种类的绝对统一性不能做到的不等同性。

但是，这个最高本质在这点上是自己本身等同的，即它本身是绝对的否定，而绝对否定是绝对单纯的；它需要做的不外是把这个绝对否定本身展示为单纯的东西。而否定只［是］作为绝对单纯的到自己本身内的反映，即作为"自我"或作为智力的这个单纯的东西。

Ⅲ.^① 主体性形而上学

绝对的本质作为绝对的类是实存的诸要素里自己本身等同的东西；而实存是否定的东西。绝对本质作为否定的东西消失在存在里，是和存在本身等同的；但为了它的消失，这就是必然的：它是跟存在对立的，并在其对立中只有它的这个扬弃本身是自己等同的东西。

这个否定的东西无非是无限性，不过现在是实现了的或绝对无限的无限性。而在其实现中的简单联系的两个要素——单一性或存在（被规定为 （155）否定对它而言纯为某种外在东西的限量）和无限性（它［是］在自己本身内的扬弃）——前者在以前，后者在现在都在这里被设定为实现了的。单一性被设定为从对立的总体性中回来了的；无限性被设定为正在从那里回来的。其无限性是自我的那些［要素］^② 本身就是些无限的到自己本身内的反

---

① 手稿为 C.。——译者
② 英译本增补。——译者

映；它们不是单纯的圆圈，而是这样一些本身就具有诸圆圈作为它们的诸要素，并且是这些圆圈的诸圆圈。自我保存本身已经是某种反映到自己内的东西，是那种在不等同东西里保持与自己等同和从其特定存在中返回到自己的绝对的个别性。异己的要素对于个别性而言是普遍的东西，它与这普遍的东西结合起来是一个综合的东西，一个特殊的东西，它从那个特殊的东西又重新上升到普遍的东西。通过特殊东西的综合统一性而同普遍东西联锁在一起的个别性，本身就是这个上升的运动，个别性作为普遍东西又直接地是个别东西，因为它作为普遍东西把个别性同作为综合东西的特殊性对立起来了。它把这两者设定为观念的：普遍东西作为与实体对立的，个别东西作为与特定概念对立的。它是否定的统一性或个别性，而且这样地返回到它的出发点去了。站在个别东西对面的普遍东西就是个别东西自身，反之亦然：而在这个反映中异己东西是这个[普遍东西和个别东西]①，它们每一个都彼此相对地具有这个规定性，而它们的统一仅仅是为我们而言的。在世界中——或类的进程中，这个进程对于反映着自己的东西来说扬弃自己本身；反映着自己的东西作为这个完整的循环是同自己对立的——

---

① 英译本增补。——译者

两个自我保存 [进程] ① 现在因此相互不再是一个
原则上异己的东西，因为那第一个反映不仅回归到
个别性里，而且是以这样的方式：它作为已生成了
的总体性回归。而作为总体性就本身而言甚至在
自己内就具有它的个别性，作为一个要素，[作为
一个] ② 扬弃了的东西和作为一个仅仅观念的东西。
结果是：因此总体性再次是个别性，这个别性同时
是一个被扬弃的，因而 [它的] ③ 对立的东西就不
是一个异己的东西，而是一个和它等同的东西。这
种对立状态对于第一个个别性来说仅仅是一个被扬
弃的个别性，一个透明的东西，透过它个别性看到
它自己，并且是一个认识着的东西。因为它在那里
面直观到的不是一个被反映的东西，而是一个反映
着自己的东西，即是其本质的那个运动。

　　它们两者都是反映的绝对的自己本身等同性；
而那个与自己本身有联系作为与一个他物有联系的
个别东西——但在个别东西看来那个他在也是单纯
的形式——自身就过渡到类，或者说过渡到自相等　　(156)
同的东西。而到第一个要素的返回则不是为那个要
素的；因为它是作为个别的东西，它是仅仅作为自
我保存着的；它不能坚持这样的通行，它在其中没
落，而这种过渡则是一个别的个别东西的成为存

---

① 　英译本增补。——译者
② 　拉松本增补。——译者
③ 　英译本增补。——译者

在———一个个别东西的成为存在，因为它是一个自己本身必然的第一个要素，而且是同被推进到一个更高范围的那个个别东西对立的。个别东西能够不下降，能够不成为第一个要素，是因为恰好实存包含在这个范围内，而到另一个范围的过渡则[是] ①实存的终止。但是，向第一个范围② 的回归仅仅是对范围的绝对普遍东西说的。对个别东西来说这个回归却是它的消失，而它的回归了的存在则是一个别的个别东西的产生，消失和产生对于它们两者本身都是同样偶然的，而仅仅是普遍东西的绝对必然性。

　　普遍东西作为最高本质或作为类，是个别性的途程中的那个唯一的是实存的反映或绝对的实存的自己本身等同的状态。对于我们来说它同样是自己本身保存中的等同东西或作为类而同自我保存着的个别东西对立的东西。对于个别东西来说，异己东西③ 是它的还不是一个反映了自己的东西，或者说，它受到一种绝对规定性的影响，因为规定性的扬弃了的状态在总体性中是在暗中；[就是说] ④，它为一个别的个别东西存在。但是，这个在这里达到规定性的绝对的无的个别东西就不再存在；另一个

---

① 拉松本增补。——译者
② 英译本将此译为"要素"。——译者
③ 同上。
④ 英译本增补。——译者

个别东西正在从其酝酿阶段显露出来，因而天生完全自由地和漠不相干地直接站在那儿。但是，因为它的漠不相干的本质就是这个从否定中走出来，即反映了的**存在**（因为除了在反映了的存在里外，就没有什么漠不相干），所以它事实上是同被否定的东西有联系的，不过它作为个别东西却对之漠不相干(就是说，它同它有联系作为同一个绝对异己的、在自身那里存在着的东西有联系)；而对于个别东西来说，这个异己东西不是"自身"，而只是扬弃了的东西，或与自己本身对立着的类。对于我们来说，保留在自我保存中的漠不相干的对立和类（在性别中）的对立是相同的。第一个对立就是作为在观念上设定起来的第二个对立，自我保存中的异己性就是扬弃了的性别的等同性，反之亦然。

最高本质就是这个作为普遍东西返回到第一个潜能或返回到开端的等同的东西；但是，它不是作为个别性，而只是作为普遍的东西返回到开端，因为在那里设定起来的个别性是不同于已成为普遍东西的个别性的另一个个别性。　　　　　　　　　　　(157)

但是，正是那个已成为普遍性的个别性，不仅是实存的诸要素里自己本身等同的东西，而且是诸要素的否定的统一性。它是绝对的个别性，绝对的规定性、无限性。个别东西成为普遍东西的生成状态是个别性的扬弃了的状态。但是，这个简单性并不是个别性的无，由于这个原因它就会具有与自己对立的个别性。正相反，它是直接与个别性为一。对于我们来说自我保存的个别东西在认识的概念的形成过程里有它的形成过程。这个正在返回到第一潜能，即返回到它的开端的东西，是作为一个别的个别东西返回，即不是作为上述个别东西，而是作为那个已经成为普遍东西的个别东西。

个别性和普遍性的这个绝对统一或**自我**就在于，因为个别性是自我，个别性现在就作为对立的东西是直接简单的，或者说，对立的东西对于它仅仅是作为一个扬弃了的东西；在其对立和同对立的联系中［它是］①一个消灭了规定性的**一切**漠不相干性和一切不完全的联系的普遍的东西和自己本身等同的东西。从简单的总体性返回的自我保存并不是一种其中出现只具有普遍性形式的漠不相干的异己东西的漠不相干性。因为个别性与此同时成为有差异的东西，而这个漠不相干的异己东西是在这个有差异的东西里面，这个漠不相干的异己东西就与自己对立，作为两者的一种综合；并且这样地扬弃这个对立；两者重新成为无联系的、漠不相干的东西。相反地，特定的对立东西对于个别性本身而言只是作为普遍的东西；因而在其规定性中［它］②直接［是］③一个扬弃了的东西。对于个别东西来说

---

① 英译本增补。——译者
② 同上。
③ 同上。

自我保存中的异己东西本身就是类。

A.① 理论的自我，或意识

那不是这种单纯的规定性，而是按照一切维度、在其一切要素里都是绝对反映的个别性（作为无限性），是简单的；或者说，它在它的诸要素里 (158) 的运动本身就是这个透明的普遍东西，即在其对立状态里扬弃了的个别性。在灵魂里特定的东西是一个异己的东西和一个通过对它的抽离（即通过它的消失）加以扬弃的东西。但是，在自我里特定的东西作为独自存在着的东西，作为异己的东西，直接就是一个观念的东西；一个在同自我的联系中自己本身漠不相干的东西，因为以前对于灵魂来说它曾是一个不同的东西，一个异己的东西，一个把某种不同于自我的东西设定到自我中去的东西。

单子表象着世界，而它表象的界限，即它止步之处，就是它的对立面，或它陌生的东西。普遍的表象活动是不受这个界限局限的，反之，界限是彻头彻尾非肯定的东西，是自己本身纯粹否定的。但是，这个否定状态对于单子来说不曾存在，反之，对于单子来说界限是某种肯定的东西，因为单子的本质是个别性，对一个他者的否定，即排斥。对于

---

① 手稿为 I.。——译者

自我来说这个他者通过置它于不顾并不是无，因为置于不顾只允许别的东西代替它；反之这个别的东西在它的他在中直接是一个和自我等同的东西——或作为别的东西的某种被扬弃的东西。它是一个在自己内概括起来了的东西，或者一个作为某种自己本身等同东西的众多，正如在哲学的开端中众多立即就被扬弃了一样。这个，它现在并不是为我们的；相反地，它这样为的这个我们现在是"我们"自己考察的对象。

在单子里曾有过如下两者的这种交互作用：通过单子里曾被设定为异己东西的那个东西，单子就本身而言曾是对之发生某种作用的那个东西的综合，以及反过来，单子又把一个跟这个异己东西相异的异己东西设定到它里面去，并把它作成一个这样的综合：使自己作为这个综合的东西同自己作为漠不相干的东西隔离开来，把自己纳回到自己之内、并这样地扬弃了前一个东西 [①]，因为它消失了。与此相反，自我是在自己本身那里的，并且**对于**自己是普遍的东西；异己东西的漠不相干性或独自存在无非就是普遍性的形式。但是这个形式属于自我；而异己东西，只要它因而是独自的，它自身就是通过自我决定的。而且它纯全只是第二个综

---

① 按手稿原文这里的"jenes"应指"综合的东西"，英译本认为应指漠不相干的东西。——译者

合（异己东西通过自我的被决定状态），不是第一
个综合（自我通过异己东西的被决定状态）；而事
实上就没有什么异己的东西在自我里设定起来。自
我到自己本身内的反映不再是形式的或否定的反
映，在这种反映里类对于自我来说不是类，不是普
遍的东西，而是某种别的东西。反之，类的开端
就是反映到自己内的类本身，即自我作为类；而个
别性就是类成为自我的第一要素和其他要素的这
个[发展]①。这个走出来就是绝对的概念，[或]②
作为单纯否定的无限性，这个否定是无限性自身的
对立面，而这个对立面，即在自己本身那里的对立
面（就是说再次是对立面自身的对立面，即在自己
本身那里的他物，就是说，它自身的他物），自身
作为他物是扬弃了。[这是]③自我的无限性，作为
无限性自身的对立面，而同样作为这个对立面的对
立面。对立仅仅作为一个反映到自己内的对立、扬
弃了的对立，或者作为一切异己东西的被消灭了的
状态。

　　自我，以这种方式即是一种反映到自己内的
类，或在其个别性里绝对地即是普遍的东西，拥有
纯全只作为一个与自己相对的普遍东西的异己东

(159)

---

① 埃本此处为[发展了的状态]，拉松本为[扬弃]，英译本为
"个别性就是类从它自身[流出]到自我的……"。——译者
② 英译本增补。——译者
③ 同上。

西。但这样一来，这个对立东西事实上就只是被扬弃了，它就不是一个对立东西。因为这里有一种对立在它自身那里，那被描述为普遍的东西（观念的东西）本身就必须同时是一个被决定的东西或一个与自我对立的东西；并且[它必须] ① 具有这样一个方面，从这方面看它不是由自我决定的，或者说[它] ② 不是跟自我等同的。正因为[它必须是] ③ 不作为自我本身，而是作为一个已成为一自我的东西，或作为通过它的普遍性、借助于对立自身承载着它的存在的普遍东西。自我本质上只是绝对普遍的个别性，因为个别性从世界返回来了，仅仅作为一个反映了的东西。而类作为个别性正因为这样自身就是特定的东西的特定的否定，并且是自身规定了的。自我作为成为它自身的对立面的无限东西，这个自我就成为一个本源地规定了的东西——就是说，成为一个是一个特定的无限性的[自我] ④。尽管反映和否定是世界的一个部分，一个在否定的形式里设定起来的部分，但因此就是一个特定的否定东西。因而，自我在其自我保存中没有面临什么异己东西——一种不是对着异己东西保存自己的自我保存——因为它兴许才得到一个它现在兴许又必须

---

① 英译本增补。——译者
② 同上。
③ 同上。
④ 同上。

加以扬弃的规定性；反之，因为它是独自的、并保存着自己本身，规定性就在自我保存中出现的对立之前；它可以说是意识带来的一种规定性。这种自我保存的进程比第一个进程简单些；在这进程中没有加倍的互相的决定。综合［不］是这种综合：异己东西会首先是本质的东西，即会在作为被动东西的自我里设定自己的"自身"和在自我里一个他在会这样地不通过自我本身产生。反之，过程立即从这个事实开始：在对立中不是本质性变异和转变，而是自我作为无限的东西直接是本质的东西。对立自身以某种本质东西和非本质东西的不等同开始；　（160）自我作为本质的东西具有仅仅作为一个被动东西的他物、并且决定着它。他物并不是好像当着自我的面给自己产生出它的规定性，反之，这个规定性是自我所不可理解的，是无意识的，而自我保存中的对立因而就是完全内在于自我之中，或者说，自我只是对立存在于其中的**它的**那个无限性。那应归于具有上述本源规定性的对立的东西，并不是一个对于自我来说异己的东西；或者说，这个规定性和自我的联系不是一个综合的统一性，而是绝对的统一性，即在自己实现着的类的总体性中综合着自己的统一性，这个统一性虽然是作为总体性的完全纯粹的统一性，但由于它来源于个别性和已扬弃了个别东西之故，就是一个特定的统一性。最高本质作为这个在自己内扬弃个别东西的东西，自身就是个别

的东西，并这样地重新进入实存；而因为它[是]^①
绝对的本质，这个否定的个别东西就必须自己扬弃
自己。最高本质作为在自我保存和类的这样两个进
程里自己等同的东西，仅仅是一个形式上的等同的
东西，在其总体性中[它]^②才这样地成为实在的
等同的东西，以致它与前一个不等同的东西比起来
是有差异的（它从前对它是漠不相关的），并且扬
弃它。但是，规定性因而本身就只是综合，或者
说，是作为扬弃了的设定起来的东西；而这样一来
最高本质就返回到它的作为自我的开端，在这个返
回里自身是它自己的第一个要素或者说特定的要
素，而它是这个，因为它[是]^③绝对地被规定了
的东西——就是说，它把规定性接受到它的本质里
去了。

因此，这个规定性对于意识显现为一个本源的
规定性，因为它不^④是在对立中或在自我使自己与
之对立的规定性中才有，而是根据，是两者共同的
东西。它因此首先显现为一个从根本上说是在自我
本身的内在绝对本质中的无限的推动，而它的反映
本身对于自我而言不是一种对于上述规定性的扬
弃，而是对于是在这个循环里的规定性的扬弃。或

---

① 英译本增补。——译者
② 同上。
③ 拉松本增补。——译者
④ 英译本此处为"不仅"。——译者

者说，对于自我本身而言这个规定性是一种形式的规定性。自我的自我保存只是某种被对准它自身、它的意识的东西。因为在它里面作为在灵魂里面设立起来的那个自我保存的第一个圆圈，对于它来说还只具有综合东西的一方面，即异己东西的通过自我的被决定状态的一方面，或者说，它就自身而言是一个扬弃了的东西。而它的到自己本身内的反映并不是这个综合东西的扬弃或让这个综合东西瓦解，而是对于好像在这个这样的综合东西里实际上会有某种异己的组成部分似的错觉的扬弃。这个反映仅仅是对于好像自我会是"一个"综合东西似的错觉的扬弃，并将它恢复为一个单纯的东西，为其本质里的本源的规定性。而对立物在自我看来因而甚至就是形式的反映，或者说它的返回就是它之[得到]意识——[就是说]①，对立东西就是它自身。对立东西只是一种错觉——就是说，一种自己本身内的无；或者说，它是形式的反映——就是说，是那个实际上在自己内不包含任何异己东西、并且自己只作为一个异己东西显现的循环。

（161）

对自我来说灵魂的自我保存本身就是对象；因为这种自我保存是异己东西仅仅是暂时地在其中的反映。作为自我的对象异己东西是返回到自己内的反映，是规定性在其外的整个形式的圆圈——或者

---

① 英译本增补。——译者

说反映并不首先在圆圈里出现，而是始终是内在的东西、同自我的本质为"一"的东西。而自我的自我保存恰好就是这种把异己东西从那个圆圈拿出来，以致这个圆圈始终只是普遍东西，仅仅普遍性属于自我的对象本身。而且自我为自己要求归还那个异己东西，不让它从自己内消失；它设定自己为一个扬弃了的东西，而且把这个异己东西设定为与它的本质为"一"；并且它设定它的本质自身为这个规定性。这样一来对象就是类本身的①自己本身等同的东西；而它的"自身"不是自我在它里面的否定，而宁可说正是这个自己等同的东西或反映的圆圈。异己东西的扬弃不是一种剔除，而是一种纳回到自己之内；而对立和它的纳回完全是一种包含在自我里的东西。

自我作为决定着的，或者说这样的自我——对于它来说异己东西仅仅是作为被它决定的东西（作为一个自身普遍的东西，而不是 [作为]②个别的东西 [或]③决定着的东西出现）——在自我的自我保存里是差别的要素，反映的要素，已形成了的自己本身等同性的要素。它是规定性之到自我的本质里的纳回，是承认 [规定性]④（作为它的规定

---

① 英译本此处为"本身中的"。——译者
② 英译本增补。——译者
③ 同上。
④ 译者增补。——译者

性）和异己东西（仅仅作为一个与自己等同的东
西）。然而，这两者作为自我的两方面现在就这样
地彼此分开了：自我与异己东西的自己等同的合而
为一的存在和自我与它的规定性的合而为一的存
在；前者，自由的自我和后者，本源地被决定的自
我，[它们]① 是"对立"的两个要素。对于我们来
说它们是作为自身等同的类和从实存发生的那个实
存的规定性。但是，对于自我本身来说它们是仅仅
因为自我自身作为无限的分裂为不等同的自我保存
和自我的自己本身等同存在，并使前者作为纯粹的
反映，又使它作为规定性与自己等同起来了。但是
这样一来又进行了另外一种类型的划分。 (162)

　　从第一次划分到第二次划分的转折和首先成为
类、并作为类分裂为自我保存着的个别东西到类的
过渡和到绝对的类的过渡这样一个过程的转折是相
同的。[它是]② 自己实现着的概念的过程，概念这
样地从自身中出来只是在坏的实在性里，把自己从
这里总计起来到概念里，成为绝对的实在性。被扬
弃了的第一次划分或成为意识到自己本身的东西就
是这个：自我既显现为本源地被规定了的，又显现
为本源地被划分了的；而自我认识到那在划分里的
规定性是它自己的规定性，扬弃它，而且首先把形

①　译者增补。——译者
②　英译本增补。——译者

式的划分或无限的反映设定为自己本身，设定为自由；并把规定性同样地设定为它自己的规定性。自我不能再过渡到形式的扬弃，过渡到一般的否定东西；[它]^①不能再让对立物消失，因为它是实在的，它是普遍的东西。它同时也^②只是综合的，不是纯粹普遍的东西。因为自我只把自己规定成了普遍的东西，对我们而言则规定为实存中自己等同的东西，[而]^③不是规定为那个本身独自地即是这个等同东西的东西。

通过对于自己内的这种潜能的反映，自我在对立物里达到了作为一个普遍东西的自己本身，但还不是作为一个特殊东西。诚然规定性属于特殊东西——它自身就是特殊性；但是上述反映，自我的绝对的、被自己本身发现了的自由只有通过分离。而自我并不是作为整体反映在自己内。它把分离的形式东西认作它的无限性，但却仅以简单的非反映的方式把规定性设定为与自己合一。规定性在对立中没有成为它自身的他物，而是作为本源的规定性保持与自己本身等同。

普遍的、正在寻找自己本身的自我，使它的无限性同它的特殊性分离了，它的特殊性就作为自我

---

① 英译本增补。——译者
② "也"（auch），埃本为"作为"（als），拉松本为"完全"（durchaus）。——译者
③ 英译本增补。——译者

本身而同它对立；自我保存的过程作为形式的东西
通过自己本身而过渡到实在性的自我保存过程。自
我是单纯的、普遍的反映，它使这样的反映同自己
分离了，又把它与自己设定为"一"了；[是]^① 单
纯的、反映到自己内的反映。它直接地把自己本身
（作为一个肯定地反映到自己内的东西）同这些如 （163）
此单纯的、自己只与自己本身联系着的东西对置起
来。自我本身就是这个反映到自己内的东西；它正
是这个实在性，不过是这样的：实在性本质上被规
定为个别性。而因为那个单纯的反映同时是作为一
个个别东西的这个自我的普遍的方面，所以自我直
接地转而反对它的这个矛盾，并且从不同方面积极
地反对它。

B.^② 实践的自我

　　如果说理论的自我感到了自己是形式的、但是
绝对的、反映到自己内的反映，那么自我作为实践
的就必定感到自己是绝对充实了的。
　　找到了自己本身、并成为了简单的等同的东西
的形式的、绝对的反映，发现自己面对着作为个别
性，作为规定性（这规定性是它的本质本身）的

---

① 　拉松本以及英译本均未作此增补。——译者
② 　手稿为Ⅱ.。——译者

自己本身。而自我必须扬弃这个规定性，这个对立。它同样必须按照规定性的方面成为一个自己本身等同的简单的东西，并把整个条件体系——或者说它的观念的起源纳回到自己内去。因为在这里考察的这种规定性就本身而言已经是类本身的或作为一个实存着东西的绝对本质的否定地设定起来了的东西。

这个被视为无的规定性作为一个规定性是不能被扬弃的；因为它的扬弃将会永远是规定性通过自我的一种规定，而结果绝对无非是一个将会本质上总是在自己本身那里具有一个异己东西的（一再重新加以规定的）本性的综合。而按照单子的方式，如果自我的规定仅仅对着一个异己东西，那它，如果说没有一个异己东西的话，就没有。而当一个他物必然代替它时，自我的否定在同等程度上就只是一个抽象。

自我不是一般的规定性，而是同它的本质等同的规定性，或者绝对的规定性，即作为类的被设定为扬弃了的实存的规定性。它是绝对的规定性，是绝对普遍东西的自己成为他物的整体。规定性由于（164）它作为个别性本身就是普遍的而把自己提高为绝对的规定性。被决定的自我这样就直截了当地作为理论的自我；只要它把自己作为被决定的东西同它的绝对的反映对置起来，它就没有停止为一个理论的东西——就是说，不把规定性设定为它自己的、本源的；反之，在自我看来规定性总还不是自我本身。把规定性纳回到自身内，认为①它是本源的，不外是说，把它设定为本身独自扬弃了的。规定性总的说来在个别性里已把自己提升为绝对的规定性。类作为对立或实存的否定地设定起来的东西本身就是无限性；在这里还是设定为否定的这个否定地设定起来的东西无非是认为②否定地设定起来的个别性不是规定性——就是说，绝对的个别性是无限性，这个无限性和普遍东西是相同的简单东西。一个个别的自我完全属于世界进程的假设，在这个假设里有许多个别的自我或同样地有众多（它们是在自己那里存在着的、反映到自己内的、相互交替被动和主动的）登场。这个实存在实现了的类里扬弃自己；而自我（这个自我将会把规定性设定为来源于类、设定为一个这样的漠不相干的分离状态）就后退到那个阶段、后退到自己本身中去了。作为一个对普遍自我而言的被分离状态，规定性纯粹是一个不同的规定性，因为自我仿佛把一切"自身存在"都纳回到自己本身之内了。自我是它自己的圆圈的圆圈和别的圆圈或对立东西的"自身"的圆圈的圆圈；而对这个"自身"来说再没有剩下别的了。这个回到自我里去的规定性就是无限性本

① 英译本将"认为"（erkennen）增补为"[承] 认"（anerkennen）。——译者
② 同上。

身，或者说正就是那些在类里实存着的东西的那个在自己本身那里扬弃了的关系。因而这个无限性直接就是两个反映的统一：自我找到的反映和自我本身所是的反映的统一——或者说，那个刚刚找到自己的反映和那个仅仅因为它找到自己、自己才刚刚有的反映的统一。自我仅仅作为一个正在寻找自己的东西——不是同它也许以前作为找到了自己分离开的，反之，自我 [是] 这种对它自身的寻找——这个就是它的绝对的无限性。而实践自我的对立仅仅在于，它对于自己来说是这个尚未找到自己的东西。深深埋到自我里去的规定性，不外是被设定为作为一个自己本身等同的东西、只自己同自己联系的东西的无限东西本身。自我在其个别性里直截了当地是一个普遍的东西；它的本源的规定性是它的

(165)　绝对的个别性或它的无限性———一种在它自身那里扬弃了的规定性，这个规定性作为被决定的自我不过是实践自我扬弃的那个假相。正如理论自我是对于"跟它对立的东西是**一个**普遍东西"的认识一样，实践自我就是对于"这个对立东西实际上是**这个**普遍东西本身"[的认识] ①，而规定性则是绝对的规定性。自我作为理论自我是精神一般；作为实现了的、实践的自我——对于这样的自我规定性本身是绝对的规定性或无限性——它就是绝对精神。

_____

① 拉松本增补。——译者

C.① 绝对精神

迄今概念在其实在性里成为一个他物，并因此而作为总体性本身或作为反映到自己内的东西向另一个范围过渡的进展，在这里突然中断。总体性[现在]② 是绝对的总体性，因为一切的规定性都扬弃了，或者说，是绝对的规定性本身。认识作为"自身"存在（因为它是包含在自己内的东西③）是在绝对精神里实现的。认识的理念是：定义的方面（它表达个别性、实存和在实存中众多作为一种漠不相干的东西，[众多的]④ 每一个都是置其对立面于不顾的东西）和另一方面是一致的，这个方面就是普遍性和在自己内以一种简单规定的形式具有的那个发展了的个别性。认识之所以是形式的，是因为它的到自己本身内的反映仅仅在这样的范围内是完全的：个别性自己本身一般说来同时是它自身的反面，[就是说]⑤ 普遍性。但是，上述个别性是一种特定的个别性，是从自己里面排除别的特定东西的个别性。它作为纯粹的个别性是点，简单的，不

---

① 手稿为Ⅲ．。——译者
② 英译本增补。——译者
③ 拉松本为"包含在自己内的存在"。——译者
④ 英译本增补。——译者
⑤ 同上。

279

过因此是同它的诸规定性的多样性对立的，这些规
定性是作为排斥着它们的对立的种种质的。这个个
别性是这些质的统一性。但是，虽然它是否定的
"一"的个别性①，它这样就仅仅同别的被排斥的东
西有联系，不是同那些与它有联系的诸规定性有联
系。它不是这些规定性的否定的统一性，而宁可说
只是一个整体，一种漠不相干的、并不否定地影响
(166) 诸规定性的普遍性，因为它只有通过它的诸对立东
西才能是这个，但这些对立东西却都被排斥了。个
别性因而只以一种量的方式才是否定的；或者说它
是外在地被限制的。而对于它的限制的积极的否定
并不是个别性本身，而是一个别的东西；而与此同
时这个否定同样是把诸限制置于个别性里去的某种
新的设定，这些限制同样是漠不相干地**在它里面**和
为它的。这个个别性——在它的种种规定性里被设
定为一个简单的个别性，以致一切规定性都概括在
它作为普遍东西的特殊性之内——仍然只是一个特
定的而不是绝对的特殊性。而普遍东西作为自身划
分着的，诚然把诸规定性的完整的总体性都包含在
自己之内，但是这些特殊性同样是彼此相对漠不相
干的。证明就是普遍东西的这种划分或它的构造，
普遍东西的划分不像定义那样划分为普遍东西（作

---

① 按英译本译出。按手稿原文应为："但是，虽然它是个别性
否定的'一'"。按拉松本则为："虽然它是个别性，否定的
'一'"。——译者

为点）与之对立的种种纯粹的规定性，而是划分为
甚至自身就具有整体的本性的部分。在证明中这些
部分的独自存在通过它们的相互联系的补充，以致
普遍东西自己既展示为它们的普遍的统一性，也展
示为它们的否定的统一性，而个别东西同样地是作
为普遍东西，不过个别东西现在有了真实的意义：
[是] 关于包含在它里面的、对立的诸规定性的否
定的"一"。认识的这个概念是到自己本身去的形
式上的返回。普遍东西在自己本身内被划分开——
规定不是一种外在的规定——，普遍东西不是一个
定量，而是诸定量都包含在它里面。但是，诸规定
性彼此相对的这种漠不相干性——它们在自己内具
有整体的本性，都是特定的和独自的——与此同时
就扬弃自己。证明的运动表明，它们实际上是彼
此相对有差异的，只不过是在联系之中，因而是
观念的；同时[它表明]① 第一次划分不是一种任意
的、外在的划分，而是整个唯一地为否定的统一性
决定的；或者说它就本身而论所具有的无非是漠不
相干地显现着的东西的相互联系。结果是整体的个
别化，实际上是绝对的个别性，而在整体里显现的
规定性是绝对的规定性，因为诸规定性全都从属于
整体本身，整体因而 [是] 它们的、它们都同样地
被扬弃在其中的统一性。作为第一个要素，整体被

---

① 英译本增补。——译者

动地出现，只同自己本身联系，与自己本身等同，而它的分离开作为某种它对之漠不相干的东西，作为绝对偶然的，这个东西作为一个异己东西绝对地不影响它。划分的意义在这里是一个完全隐藏起来的、没有说出来的意义。诸部分相互具有的那种秘密的联系，在显露出来时，就扬弃了它们彼此相对的漠不相干性；它们直截了当地只表现为一种关系，或者说表现为种种作为单一性与众多性这样地相比的要素，以致两者是绝对等同的。以前的漠不相干的关系成为真实的关系，而且前不久是在普遍东西之外的一个对它异己的东西，现在是它自身的一种关系①。先前的诸部分的情况［现在］②是作为整体对诸部分，而因为它们是"一个"整体的诸部分，即处于作为整体对诸部分的情况的诸部分，这样它们就在它们的规定性里扬弃了（由于部分在观念上完全是整体，而其他从整体分离开了的诸部分本身和整体是等同的）。③因为这个规定性是它们自身的对立面；而整体就是绝对的个别性。它们的否定就是个别性自身，而在它们自身那里没有对

(167)

---

① 拉松本此句为："而且［正如］前不久……异己的东西［一样］，［那么］现在［则］是……"——译者
② 英译本增补。——译者
③ 拉松本此句为："……这样它们就在它们的规定性里完全在观念上扬弃了（由于整体的部分和其他从整体分离开了的诸部分本身都是和整体等同的）。"——译者

282

[任何] ① 一个异己东西的排斥着的联系；作为诸部分的显现着的东西的独自存在，[即] ② 实存，因为它们的存在仅仅本身是有差异的联系，就与理想性完全汇合为一。整体的那个实存，作为一个同它的划分对立的整体，是它自身的一种关系；**它**是作为诸要素——彼此等同的普遍东西和特殊东西的这种对立的统一：普遍东西把整体表达为整体的一个要素；特殊东西则把同一个整体表达为一种区分，同样作为整体的要素。结果是这种区分就完全地返回到了它自己本身；因为它仅仅 ③ 不是诸独自存在着的东西的一种众多性，而且是诸要素的一种众多性。而这些要素作为有差异的要素，它们只是它们的联系；而这个联系就是整体。这个反映的转折点在于：被区别的东西纯全只作为有差异的区分，表现为不同的联系，并过渡到关系——就是说，过渡到诸部分作为要素的存在。那第一个区分因而自身仅仅由于这第二个关系；或者说，关系不[是] ④ 什么偶然的东西，而是那个在证明中表现为必然性的东西。必然的内容是构造的规定，结果是它只构造自己，只要它是有差异的统一性，如它首先在证明中显现的那样。

---

① 英译本增补。——译者
② 同上。
③ 拉松本为"[不]仅仅"。——译者
④ 拉松本增补。——译者

这个认识本身是圆满的；个别东西是和普遍东西联锁在一起的。但是，那如此地在自己内自己运动着的整体自身对于认识仍是一个特定的内容。它只是这个认识的运动，而这个运动本身 [是] 绝对地在自己那里的；但是，它的运动的诸要素并不同样地都是这个认识本身。因此认识是形式的；而个别性在认识里同时就是绝对的个别性，同时是一个转向外面的个别性；它有这样一个方面，从这方面看它是一个量的规定性。漠不相干的划分成为一种非漠不相干的划分；但是自己本身等同的东西在划分中并不是决定着划分的东西。或者说，它还不是从这样的认识开始，即漠不相干的划分事实上无非是一种成为漠不相干的划分和不同的划分的划分。认识过程的这"两个"要素本身还没有作为统一性，作为第 一的东西，或作为绝对的内容设定起来。仅仅如果这个设定起来了，那么上述第一个划分就立即是通过整体自身的了。或者说，认识本身并不是作为内容被划分开的那个东西本身，以致认识作为自己划分着的在它那里将会直接是除去这些名称外、不能分解成为任何其他可通约的名称的必然性。仅仅在证明里这种构造的必然性才表现出来。构造在自己本身那里就必定是证明的划分；这样一来整个的认识就作为"自身"设立起来了。

这个"自身"的理念实现在形而上学中，因为认识成为它自己的内容：或者说，反映的圆圈，作

(168)

为这个运动，作为"自身"本身，现在就是那个通过它的圆圈的东西。形式的认识作为区别于那个做圆圈运动的东西的圆圈，是独自的，自身封闭的，[和]① 对它的内容的规定性漠不相干的。它是一个单子，或者说甚至是理念，这个理念是不受其规定性影响，但又是特定的，因为有它们中的许多理念；而有它们中的许多理念，因为它们作为只与作为"自身"的自己本身联系着的，是被动的。它们都拥有作为一种外在规定性的规定性，或者说，规定性不是作为绝对的规定性与它们对立。因为否定的统一性和作为要素的普遍东西（可以说）只是一度在理念里，这样分开就是一种划分，因为它不是两个要素的统一——换言之，整个圆圈仍然与自己对立；不然的话在另一方面就没有什么东西保留下来，而事实上并没有任何越过。

认识是"自身"的理念或理念一般。这个单子是漠不相干东西的规定性；并因此这样地指向自己本身，以致它否定外部的东西——脱离外部的东西。它的规定性只有这个向外的否定面。它因而是自身完整的实体关系；而它的实现则是按照实体关系的方式；只是在那些完全的思想的关系里，处在联系中的东西本质上仅仅是这个作为它们在联系中是的那个东西，因为与此相反在这里那个在实现中

① 英译本增补。——译者

(169)　　　正在进入一种外在联系的东西，本质上不是作为它在进入联系中的那个东西，而是本质上自身封闭的认识的圆圈。正如存在关系实现在普遍东西里一样，单子则实现在最高本质里，在一种绝对的自我等同里，在那里面认识作为一种对立的、双重化的认识自己本身仍然是绝对简单的统一性。最高本质作为绝对普遍的东西（就是说，[它的] 在它里面扬弃了的诸 [要素] ① 都是"自身"的诸整体，反映本身的诸整体）是它们的自己本身等同的**存在**，它们的扬弃了的**存在**。成为绝对的统一性和简单性，这是绝对本质的"一个"要素。单子或理念的独自存在，因为它是一种漠不相干的众多性，一般说来就只能在它们彼此相对的运动中扬弃自己；因为它们的规定性，只要它们是排斥着的，就具有这样的性格：它们本质上是独自的，它们的本质对于它们来说是独自存在——或者说，它们只具有关系的意识。它们自身和对于我们来说是更遥远的。但是，关系是首先在单子里观念地设定起来的那种东西，就是说，单子是关系的肯定的和否定的统一：单子是在关系中，对关系同时是漠不相关的。因而，在世界进程或类的进程中② 自我扬弃的东西是：对于单子来说，单子作为一个特定单子的独自

––––––––––––––––––

① 英译本增补。——译者
② 拉松本此处不是"在……中"，而是"在……那里"。——译者

存在——这种规定性是形式的认识带来的——消失
了。对于单子来说，在这种消失里由于它的实现就
只有它的本质的东西，即它的独自存在的否定性
（或自我等同的普遍性）。对于我们来说，就［有］
作为理念、作为实存着的诸理念的一种关系的否
定统一性的普遍东西——或者说实存的、常住的
类。［它是］^①一种无限性，对于这无限性来说，单
子的规定性不是一个已转向外的规定性，就像它对
于单子来说是在其自我保存里或其理念里那样，而
是一个已转向［反对］单子的、反对认识本身的规
定性^②。两者的规定性在两者的漠不相干里消亡了。
单子的自我保存就是它对一个别的东西的否定，这
个别的东西和它一样是一个认识，而它的否定在这
个别的认识里同样地成为某种扬弃了的东西。单子
的自我保存本身独自地扬弃自己，因为它对别的东
西的否定扬弃自己，"对别的东西的否定扬弃自己"
意味着别的东西对于单子来说成为单子自身。否定
不是对一个别的东西的否定，而是对它自身作为一
个本质上个别东西的否定，否定对于单子来说是绝
对普遍性的一个彼岸。　　　　　　　　　　（170）

　　自我保存的过程的要素是对规定的外在性的扬

———————

① 英译本增补。——译者
② 拉松本此句为："而是一个已转向反对认识本身的规定性。"
　　埃本为："而是一个转向反对认识本身的单子。"——译者

弃和［单子的］① 成为类。另一个要素是对被扬弃
的外在性的单纯否定的扬弃和规定性的（作为一个
与单子等同的东西的）存在和一个为单子的存在。
但同时［它是］② 一个对于单子来说对一般规定性
的本质性的扬弃——或者说成为绝对的独自存在。
首先规定性成为一个无非是单子的东西；而规定性
本身则成为一个认识；接着对单子来说发生这种情
况：规定性［是］③ 等同于单子的，而由于这种情况
单子的本质性对于它来说也［是］④ 被扬弃的。首
先规定性对于我们，接着对于它自身成为与单子等
同。这样一来单子作为一个仅仅作为规定性、作为
某种外在东西是排斥着的否定的"一"，对于规定
性本身来说则是扬弃了的；而对于单子来说就只有
作为一个外在东西、作为绝对彼岸的本质的存在。
实际上对于我们来说这个外在东西是单子的一个内
在东西。或者说，单子与它的作为一个它的本源规
定性的规定性重合一致。对于单子来说，它的彼岸
是最高本质，而它作为个别性是扬弃了的。但是，
最高本质事实上就是类，在类里个别性却仅仅作为
一个被扬弃的个别性，作为一个未被消灭的、而仅
仅穿过了无限性的零点的个别性。但是对于单子来

---

① 英译本增补。——译者
② 同上。
③ 拉松本增补。——译者
④ 英译本增补。——译者

说个别性是作为一个被消灭了的个别性。它的自我保存只是一种指向于通过上述的零点和通过剥去规定性去挽救个别性、去把个别性作为不朽的，作为绝对的个别性保存起来的渴望。

因为单子把它的对立东西看作它自身，个别性实际上作为外在的或量的规定性就扬弃了，而是绝对的或纯粹的个别性，一个简单的、自己本身等同的东西。但是个别性［是］这个还不是对于单子而言：对于单子来说个别性仅仅消灭自己。但是，因为个别性实际上并不消灭自己，所以这种消灭只是一个"应当"。个别性作为绝对的、简单的，就是自我。对于自我来说规定性不是作为一个外在的、自身保存着的规定性，而是仅仅［作为］① 一个应当消灭自己的规定性设定起来的。而自我独自本身只是理念。单子作为理念在这种规定性里就与自己面对，或者对于自己② 来说是作为一个自身是观念的这样的东西，［但］③ 对于自我来说则还不是这样。单子自身已渗入到了"自身"的理念，正如作为单子已渗入到了关系一样。　　　　　　　　　　　　(171)

因此，自我就完全排除了规定性的自身；

---

① 拉松本增补。——译者
② 手稿最初这里不是 sich（自己），而是 sie（指规定性）。拉松本和英译本均作"规定性"（sie）。——译者
③ 英译本增补。——译者

单子①完全只是在同自我的联系中，或者说它是自我的本源的规定性。单子是一个普遍的东西，一个在自己本身那里作为规定性被扬弃了的东西；但又重新仅仅是一个应当被消灭了的东西，不再是一个"自身"和一个通过自我的特定状态，而是和一个完全通过自我被决定的东西的综合。但是自我本身就是这个被决定的东西；它就是普遍性和规定性的综合，以及同自我对立的东西。别的东西是同自我等同的；但两者在它们自身那里是彼此不等同的东西。个别性只是在这种意义上在普遍东西里消失了，即它将不再是一个外在的个别性。但它还是相同的链或线，不过只作为一个不同的、被单子扬弃了的个别性。单子本身是特定的单子。但是使自己同自己本身脱离的单子就成为自由的。而因为规定性这样地被认作理念自身的绝对的规定性，这样它就无非是无限性，而实践的单子就在本质上认为自己是无限的。以致"自身"就是这个：单子作为个别东西面对自己作为普遍东西，而它就将会设定它的个别性为绝对的。理论的自我发现自己作为最高的本质，作为在我们看来它的实现［已经］②过渡到其中去的那个东西——或者说作为自我曾设定为

---

① 手稿在此最初作"sie"（可能指规定性或其他）。拉松本和英译本均作"sie"，不过英译本将"sie"直译为"monad‹英›即 Monade‹德›"（单子）。——译者
② 英译本增补。——译者

它的绝对的彼岸的那个东西。它发现自己是从一切
规定性的消失中产生出来了的绝对自己本身等同的
东西。它发现在自己内同它对立的那个东西正因为
如此就是它自己本身，就是"自身"；或者说，它
作为反映的封闭的圆圈发现反映的封闭的圆圈。它
发现自己本身；它是精神或者说是合理的。对于不
朽的渴望和最高本质的彼岸是精神向一种较低范围
的一种倒退，因为精神在它自身那里是不朽的和最
高本质。

但是，这个精神自身是形式的精神——最高本
质，但不是绝对本质或绝对精神。因为对于精神来
说只有跟它对立的它自身的一个方面，而对于它自
身的发现甚至只有通过分离。最高本质发现自己不
是作为实存着的；而是相反地它发现实存作为一个
否定的东西，或发现自己本身在其自由中是被禁闭
在不可理解的限制中。它现在发现不等同的东西、
规定性是彼岸，正如它以前发现自我等同性是彼岸
一样。

但是，这个规定性对于我们来说，甚至就不再
是别的，而是无限性，或在类中不再是对准一个外
在东西，而是对准自己本身的规定性。它作为本源
的规定性是为自我的——就是说，是作为一种处在
自我的自由的彼岸的规定性，它是与自我作为一个
简单的、自己本身等同的、自己与自己本身联系着
的东西一致的。但是，因为它是与自己本身相联系 (172)

的，这个规定性作为类的进程的规定性，本身无非是自我已发现自己所是的那个反映的绝对简单东西。

自我作为已发现自己本身的简单的反映，是与规定性作为它的规定性对立的，并转而反对它以便扬弃它。自我转而反对自己，不是就其作为反对一个个体或一个个别东西的规定性而言的，而是就其作为反对本源的、普遍的规定性，即规定性自身的规定性，或者说实际上就是转而反对普遍东西本身。自我的自我保存是对它作为已发现自己的反映的保存，或者说是对它作为被否定的个别性的保存，而［这个反映］在自己那里就是类。与形式的精神对立的东西是相同的、如其是在类里的那样的个别性：无限性。而实践自我在自我保存中自己不再与自己作为一个独特东西相联系，而是与自己本身作为类相联系。它作为已发现了自己的东西——作为普遍东西保存自己。它为了保存自己所否定的那个东西就是作为独特东西的它自己。而实践自我的独特性在普遍性中消失了。自己转而反对某种规定性，那只是从它想是实践的而来的一种错觉；因为它转而反对的这个东西是它自身，而它自身如它已发现自己是的那样是简单的无限性。它转而反对的那个东西是简单存在本身——或者说是无，自己与自己本身联系的东西，被动的东西。

已发现自己的自我，或者说精神，是自己与自己本身联系的两种反映的统一：一个是保存着自己本身的、但已成为普遍的反映；而另一个则是类的反映，或在自己本身内具有绝对的个别性的普遍的反映。这个精神是自内完成了的；这就是使精神对于我们——和对于它自己还是实践的东西。对于它自己来说[精神是实践的]①，因为它作为已达到自己本身的这两个反映的统一，在自己之外拥有它的自身疏远状态，并要对着它保存自己。对于我们来说 [精神是实践的]② 因为它确实把自己认作自身等同的。但是，既不是不等同东西自身作为自己本身，也不是无限性本身已认识了无限性是什么。精神对于我们是无限的，但还不是对于它自己。对于它自己精神仅仅是自身等同的。精神注视自己本身，但不是无限性；它不把自己看作他物。

形式的精神独自地是形式的，因为它作为一个简单的东西把反映的无限性，无限性自身或无限性的纯粹概念跟自己对立起来。因为它的实在性不是关系，或者说类的进程，因为形式的精神设定这个进程里面的实在东西或自己本身等同的东西为与自己等同的。但是，精神把无限性在自己本身之外同 (173)
自己对立起来；因为无限性是这个：精神已扬弃了作为实存着的、作为固定的点的自己。正是这个扬

---

① 英译本增补。——译者
② 同上。

293

弃了的东西是精神的对象，但纯全是作为某种扬弃
了的东西；精神在它已扬弃了自己这件事中发现了
它自己。对于精神来说有一个纯粹的否定东西，它
对这个否定东西是实践的；这是它的无。精神不是
对准它的实存，而是对准实存的无。精神的实存可
能已发现自己是精神，而它作为精神与之斗争的是
无。因为它是精神，它的自我保存就是它的绝对的
自己与自己本身作为一个被发现的东西，或精神①
认作是自己本身的一个它—自身的联系②。它的否
定是对准它的③没有发现自己的东西，它的非精神
存在，它的某种对自己异己的存在。但是，对自己
本身是一个异己东西的那个东西就是它自身的对立
面，是在自己本身那里扬弃自己的东西。它是无；
或者说它是作为它自身的绝对的对立面；而作为它
自身的这个对立面又重新是对立面，绝对的不安
静。它是绝对的概念，无限性。因此，保存着自己
本身的精神，作为某种已发现了自己的东西是对准
无或无限性的；它的自己本身等同性[是对准]④这
种绝对的不等同性的。但是，无，无限性，绝对不
等同性，本身就是绝对单纯的、绝对返回到自己内

---

① 拉松本此处为："或［与］精神……"——译者
② 英译本此句为："或精神［承］认自己本身是那一个它—自
　身。"——译者
③ 从此开始依次的3个"它的"为英译本译文中有的。——译者
④ 英译本增补。——译者

的东西，完全自己只与自己本身相联系的东西，而它和精神所是的东西是相同的。精神发现他物作为他物，作为绝对的他物，作为扬弃着自己的东西，作为自己本身；或者说，它不仅凭直觉知道自己是自己，而且 [它凭直觉]① 也知道他物作为他物是自己。**精神**是与自己等同的，而且是与他物等同的；他物是那个扬弃自己本身，并与自己本身等同的东西。这个统一性就是绝对精神。它不能被问及无限东西怎样成为有限东西，或怎样从它里面出现的，以及诸如此类无意义的表达。因为自己本身等同的东西把无限东西认作是一个等同的东西（而把自己本身认作一个自己本身等同的东西，认作无限的，或认作从他物来到自己本身的东西），认作是仅仅存在着的，因为它 [作为]② 他物来到自己本身那里；而这个他物同样是它自身，如同它自身是他物一样。因为精神这样地认识无限性，所以它就理解自己本身，因为它的理解在于：它设定自己为与一个他物有联系。它理解自己，因为它设定自己与一个他物有联系——就是说 [设定]③ 自己本身为它自身的他物，为无限的，并且这样地与自己本身等同。

---

① 英译本增补。——译者
② 拉松本增补。——译者
③ 译者增补。——译者

(174)

这个［就是］① 绝对精神的绝对循环。发现了自己是自己本身等同的那个东西，把自己看作是一个这样的与自己不等同的东西，它自身的他物；它是无限的：而这个无限性就是它自身，因为他物是自身的对立面；它是自己等同的东西。而这就是这样地在不等同东西里直观到自己本身的精神。

在绝对精神里构造和证明绝对是"一"。构造中的划分正就是在证明中自己展示为"一"的那个东西；即是说证明中自己本身等同的统一性和无限性就是那个设定自己为"一"的东西，而这两者也都仅仅是构造的诸部分。构造本身作为这样的是必然的，因为它自身和证明是一致的。或者说，精神自身是这个：它发现自己是精神，而它在其中发现自己的东西，或者宁可说它发现作为自己的那个东西，就是无限性。精神仅仅是作为这个发现着自己的东西；而这个东西就是它划分为自己本身和它自身的他物的必然性，这个他物是独自存在着的绝对的他物——或者说，在精神自身那里的他物，无限东西。

绝对精神是单纯的无限性或自己与自己本身联系着的无限性。作为无限的这个单纯的本质直接是他物或它自身的对立面；作为单纯的东西，作为自己与自己本身联系着的东西，它是特定的；它是受

---

① 译者增补。——译者

动的东西；而自己本身等同的东西面对着这个它的
他物。"自己本身等同的东西是一个他物"意味着
它设定自己为一个自己与他物联系着的东西；而作
为那第一个它就是这个作为自己本身等同的他物。
但是这个他物或这个受动东西是无限的，是它自身
的对立面，它是在他物里存在着的东西。同样地，
能动的东西是对立面自身；它是在自身等同里存在
着的东西。而他在，自己本身等同的精神的联系，
作为自我保存着的和否定着他物的——即是说，自
己与自己联系着的东西——就这样直接地是它自身
的他物，或返回到了自己的存在。它对他物的否定
直接是他物的存在，因为对他物的否定是自己与自
己本身的联系，而他物正是这个与自己本身联系。

　　绝对精神是自己只与自己本身联系的自己本身
等同的东西；对精神本身来说，正是这种与自己本
身联系是受动的东西，因为精神的东西是这个：它
在自身的他物里发现自己。但是自己本身等同的东
西并不是那种发现自己作为自身的他物的东西。自
己本身等同的精神因此正是精神发现是自己本身的
这种他物自身。但是，精神与自己本身的联系，作
为这个他物，同样直接地是它自身的对立面，或精 　　（175）
神发现作为自己本身的那个东西。那在它自身那里
同时是它自身的他物的精神与自己本身的这种联
系，就是**无限东西**。它无非是那个曾称之为逻辑学
或知性逻辑学的第一部分的东西。单一性或自己本

297

身等同性对于自己来说成为绝对的他物；单一性成为众多，而整体作为自己本身等同的东西、单一性和众多性的漠不相干的统一成为无限性。这个无限性［是］这样的东西的统一性，这个东西作为无限的完全在其独自存在中（而且它独自地被设定为统一性的他物，同时只在与它的对立物的联系中），自己作为这样一种统一性或作为关系，甚至是一个他物和与此一道是一个加倍的东西，因为关系同样地拥有一般他在的特征。无限东西的划分，以及它的诸部分的存在本身，正因为如此也不是什么漠不相干的东西；而是在自己本身那里扬弃自己的东西，而［得到］实现则仅仅是因为设定起来的东西在自己本身那里是绝对不同于它被设定起来［是］的那个东西。它的这个他在是它的到一个他在的过渡；而被设定起来自己与自己本身联系着的无限性在它自身那里同时是自身内成为一个他物的运动；而无拘无束的自己与自己本身的联系正相反是自内无限的。

　无限东西作为简单联系的体系——简单联系成为它的对立面或无限性、并划分成两个对立的无限东西或关系，就在简单联系的这种构造中过渡到了自己本身等同的东西，过渡到了返回到自己本身内的圆圈。这个体系的整个内在运动作为"自身"存在着的东西出现；但是，被移动的东西是观念的，或者说仅仅被设定为扬弃了的东西。认识是无限性的"自身"，绝对不等同性中的绝对等同的东西，简单联系和无限性的统一，简单联系和无限性曾在无限性中破裂，而两者自身则是无限性的两只绝对的胳臂或两个绝对的要素。结果是第二只胳臂作为不等同的东西又重新是无限性本身，正如简单联系本身仅仅是第一个要素一样。认识作为"自身"是与他物或无限性联系着的精神。从无限性的方面看，精神如其作为与自己本身有联系的样子，是一个对于自己的他物；或者从精神方面看，则是精神从其他在，从无限性来到自己本身的样子。无限性和认识将再次构成对立——或者说构成在认识自身那里的对立或被设立起来的［对立］。无限性，(176) 他在这里才是本身独自的；认识本身和它的内容对于认识来说甚至破裂，然而不久前无限东西仅仅对于我们来说分开了，对于自己本身来说则漠不相干地瓦解了。无限东西在其诸要素中本质上是有联系的——对于无限东西来说它不曾是这样有联系，本质性曾是它的内在东西或未设定起来的东西；认识才是两者：它是诸要素的本质的联系，设定起来了的无限性；而对于它来说无限东西作为诸要素的区分开则是一个漠不相干的内容。迄今这种漠不相干性是**对于**我们的，就是说我们曾是漠不相干的统一性，彼此并列或前后相续，以及它们的运动。无限东西在其发展过程中成了我们的对象；它的成为他物对于我们来说也曾是一个不同于认识运动的

299

他物①。这样认识的运动，作为对各色各样、作为对要素的设定，在这里就被设定为与一个漠不相干的内容有联系。这个在认识中才实存着的对立是无限性的要素，作为与自己本身的联系（这个联系**对自己**成为一个他物，[过渡到]②差别中），或在与精神的联系中（这个精神自身从作为不一样的东西的无限东西中来到自己本身，但作为从他物来到自己本身的就具有这个他物作为它的对立）。形而上学是发现了自己本身、是"自身"、在它的他物中发现自己本身的精神的要素。与认识对立的东西自身成为认识；精神的内容自身成为精神③；而这样精神就在它的不一样的东西中为自己本身发现了自己。那对于我们在其本质中曾是"自身"的无限东西，[现在]④对于精神自身也是这样；而在其不一样的东西中发现了作为自己本身的自己的精神，在其中⑤是只与自己本身、而不与一个他物有联系。就是说，精神重新是它的第一个要素，即一般的简单联系，或在其实在性中的简单联系，即无限性。

---

① 英译本在此加上一个注释，认为此句亦可读为"它的成为他物，作为认识的运动，对于我们来说也曾是一个他物"。——译者
② 拉松本为［进入］。——译者
③ 拉松本此句为："内容成为精神的内容，自身成为精神。"——译者
④ 译者增补。——译者
⑤ 拉松本此处为"纯粹……"。——译者

　　这个[无限东西] ① 是绝对本质的**理念**；它是仅仅作为绝对精神。它是这个：绝对精神从它与自己本身的联系成为对自己来说的一个他物。与自己本身的联系对于精神，就是说对于这个联系自身来说是无限东西；对于我们来说——就是说对于认识或对于正在来到自己本身的精神来说——无限东西是不一样的东西；而这样的是精神、并在无限东西中发现自己本身的精神，是只与自己有联系，或者说它是与自己本身等同的。精神又重新是它的第一个要素，并完全返回到了自己之内。

　　但是，这个返回也还不是一种自身的成为他物，精神的这个完整的理念仅仅是理念，或者说理念自身是自己的第一个要素。因为精神作为这种返回到自己本身内的运动，在"自身"里，即在认识的内容里发现了自己本身，并且仅仅是作为在其不一样的东西中的统一性的精神；它这样就仅仅是绝对精神。但它**自己**本身不是绝对精神，或者说没有认识到自己是绝对精神。它对于我们是这个，而不是对自己本身；形而上学是它的发展过程和它作为理念。精神**是**绝对精神，设定着他物为自己本身，到自己内返回着的无限性。但是这种返回重新是简单联系，或无限性自身；而在它的顶峰上它又这样地退回到它的最初的东西，退回到它的再次仅仅是

（177）

---

① 英译本增补。——译者

301

这个开端的开端——是把自己分裂成简单联系和作为对立东西的无限性的无限性，不是作为现在它已成为了的无限性，作为一种被精神认作它自身的无限性，而是再次仅仅作为不一样的东西。但是这被精神所认识了的不一样的东西因而是一个这样的东西：不一样的东西自身是精神对自己本身的发现从其无限性中打造出来的东西，一种可分解的统一性。而被揭示为精神的这种返回仅仅自己本身是不一样的东西，而且是对自己本身以及在不一样的东西里的自己的发现。那个是精神的循环，是连续不断地跑过这个循环的自身；而且[它是]① 在精神的形象中[这么做的]②，精神在它的诸要素中从未忘记它自身，而在诸要素中它就不会是作为本身独自的绝对精神。精神，如其被揭示的那样，因此只是理念，因为它仅仅是单纯的循环，[因为]③ 不在循环的一切要素中（既不在无限性中仅仅作为不一样的东西，也不在认识的反映中作为与自己本身的联系），[但因为它是]④ 仅仅自己本身成为精神的精神。[它是这样]⑤，当发现了自己的精神再次仅仅是本身独自的；不是当这个发现了自己的精神是一

---

① 英译本增补。——译者
② 同上。
③ 同上。
④ 同上。
⑤ 同上。

个对自己而言的他物，不是当它来到自己本身并发现了自己作为一个这样的、连精神作为精神都面对的精神（这个精神从无限性的这种下降中作为对一个精神的胜利者返回、并且同样也永恒地返回到自己）。只有这种返回的总体是自身，并且不再过渡为他物。精神是绝对物；而绝对物作为精神的理念是绝对地实现了，仅仅因为精神自身的诸要素都是这个精神；但此后就再也没有任何超过它的了。

精神的理念，或在作为自己本身的不一样的东西里直观自己本身的精神，直接又是与自己本身作为绝对精神相联系的精神。或者说，这是作为无限性的绝对精神，而对于它的自我认识（或对于从它的不一样的东西中成为自己的精神）而言，这是精神的他物。这个他物就是**自然**。单纯的、绝对的、(178) 自己与自己本身联系着的精神是**以太**，绝对的**物质**。而它作为在其不一样的东西中发现了自己的精神是封闭在自己本身中的和生意盎然的自然。作为同时自己与自己联系着的精神，自然是不一样的东西，是精神作为无限的和绝对精神的发展过程。自然是自己实现着的精神的第一个环节。

术语索引 *

* 德文历史考订版无术语索引，本书术语索引的选项主要依据英译本索引，并参照德文拉松本作了某些补充，按汉语拼音顺序制作而成。

[页码均按德文原版标出，在本书边码处]

hen）　71—73

D

大小（Größe）　12—13、13、
　17—19、24—26、28

单子（Monad）　144—146、149、
　158、163、168—171

定义（Definition）　103、106—
　123、145、165—166

对立（Gegensatz）

　质的～　16

　绝对的～　33—34

　纯粹的～　54

　反映发展了的～　111、124

　无限性和认识构成的～　175

对立（Entgegengesetzung）　4、
　22、47、54、58、65、72、
　73、131

　绝对的～　9、67

　形式的～　72、73

动力学（Dynamik）　51—53

对立物（Entgegegesetztes）　4

　～的统一　3、16、20、52、
　　69、74、102、103、108

　～的完全一致　75、76

对立面（Gegenteil）　42、75

E

恶（Böse）　153

F

范畴（Kategorie）/知性的～　50—52

反映／被反映（Reflexion/reflekti-
　ert）　35、77、78、122、123

　绝对的～　36、120、123、
　　124、138、139、140、
　　145、163、164

　我们的～　7、28、76、79、
　　96、107、111

　～陈述自己　112

　否定的～　127、158

　形式的～　151、158、161、
　　163

　也见认识；圆圈／圆圈运动

分类（Einteilung）　109—118、
　123、128、166—8、174

否定／否定／被否定（Negation/
　negieren/negiert）　5、6、8、
　44、68、72、126、133、139、
　140、146、152—161、163、

M

矛盾（Widerspruch） 29—31、42、58、75、77、102、130、131、150—1

绝对的～ 31、36、134

P

判断（Urteil） 88—93、130

全称～ 83

特称～ 83—4

单称～ 84

假言～ 85—87、91、92、93、98、103

否定～ 87—8

无限～ 89、93

选言～ 90—2、92—3、100、104

普遍/普遍性（allgemein / Allgemeinheit） 75—111、112—3、114、116、119、122、123、124、128、137、147、151、152、153、155、157

Q

全体性（Allheit） 10、83、102（页边）

R

认识（erkennen） 27、99、112—28各处

绝对的～ 146

作为演绎的～ 119—122

对绝对物的～ 35

无限的～ 60、69、125

～的理念 165

～的本性 115

～逻辑学和形而上学的对象 125

～作为反映 118、120、124、126、127、135、136、147、153

形式的～ 118、123、126、135、136、145、148、165、166、168、169

也见圆圈/圆圈运动；自身；根据；灵魂

人名索引 *

* 本书人名索引选项系依照历史考订版的人名索引。
　[页码均按德文原版标出，在本书边码处]

译后记

时光流逝，岁月匆匆。1978 年，贺麟先生在改革开放后第一次西方哲学拨乱反正的大型会议——芜湖"全国西方哲学讨论会"上，把盖有"自昭（先生字自昭）藏书"印章的、由格·拉松编辑出版的《耶拿逻辑学，形而上学和自然哲学》（简称《耶拿逻辑》）德文原著授予我，嘱我将它翻译出来，并说："翻译此书有一定的难度，相信你能克服"。我心想一定不能辜负先生的重托。

粉碎"四人帮"后面临着学园荒芜、百废待兴。我把面对择优录取的本科生的一线教学视为天职，并与良师益友陈修斋先生共同招收和培养研究生，共同出版、修订了《欧洲哲学史稿》的全国通用教材。有点空隙时间则译点先生交给我的新任务，但也很难坚持连续进行。2005 年《精神哲学》的译稿付梓后，才开始逐步多搞点《耶拿逻辑》的翻译。

在这期间继《德国古典哲学逻辑进程》、凝聚我数十年教学与研究心得的《康德〈纯粹理性批判〉指要》（合作）问世后，我还忙于完成了我的《康德黑格尔哲学研究》一书的定稿（于 2001 年正式出版），特别是在世纪交替之际，我主导和全力以赴的、百万字的康德"三大批判"新译的合作翻译工程历时七个寒暑。这一工作是分两步走的。首先于 2001 年 12 月出版了作为三大批判选集的《康德三大批判精粹》，接着陆续推出了《纯粹理性批判》、《实践理性批判》和《判断力批判》三个单行译本，并于 2004 年春在北京人民大会堂举行了隆重的首发式，全国人大副委员长李铁映、许嘉璐先生和首都、武汉两地的著名学者、教授应邀参加。在首发式上，当与会的我的学长汪子嵩先生、张世英先生等为此祝贺时，我心中感到无比欣慰与踏实。虽然大大松了一口气，我不敢有丝毫的懈怠，马不停蹄地集中精力、克服种种困难终于结束了历经漫长岁月的黑格尔《精神哲学》首译的工作，并在我步入八十高龄的 2006 年年初由人民出版社正式出版。

　　《精神哲学》问世后，我还是不敢多想能否完成《耶拿逻辑》的事，也许要抱憾终生了。因为直到 2005 年为止，我还只有贺麟先生交给我的此书前两部分——逻辑学和形而上学的初（粗）译稿，还有一半以上篇幅的自然哲学一个字也没有译，还继不继续搞呢？很是没有信心，我想是不可能再继续完成译完后半部这样大的工作量的。这时又穿插了写自己的学术回忆录的事。原本我是从不考虑写这类文字的，主要是因为自己就是老老实实做点学问，平淡无奇。由于现在学术界种种追名逐利、浮夸浮躁、学术腐败现象也使我陷入了极度的困惑，客观上促使我怀念、回顾自己在西南联大、北京大学，初到珞珈山时的诸多时光，好像高校在学术节操方面从来没有过现在这样的乱相丛生，问题成堆。我想回忆录如能写出联大先师们的大师风范，阶级斗争、大批判年代想做点学术的不易以及守护学术纯洁的追求还是有些积极意义的。我在这里要特别感谢我的终身伴侣肖静宁教授勤勉的、善于学习的付出。特别值得提出的是，2008 年天益网（后改为爱思想）为我开通了实名制的杨祖陶学术专栏，有了这一崭新的网络学术平台，我陆续撰写的"求学为学"、"译事回眸"的系列文章都是由肖静宁电脑打出、电邮寄出、在专栏上首发，还大多受到网管的首页头条推荐的。没有料到当"引领我进入理性哲学殿堂的恩师们"挂上后就引起了有影响的出版社相继约稿出书，这就一发不可收拾。我的 45 万字的《回眸——从西南联大走来的六十年》一书就是从网络迈向正式出版（人民出版社 2010 年 11 月）的一种可贵的意外收获，是我与肖静宁共同努力的结晶。《回眸》问世后产生了良好的社会反响，使我在实现自身价值方面进了一步。

难忘的 1978 年，终于结束了我在襄阳农村长达十载的"斗、批、改"，养猪的脏累劳动和战战兢兢的为"上、管、改"的工农兵大学生上课的生活。重返珞珈山的我，分外珍惜来之不易的新时期，奋发奉献，一直处于教学、研究与翻译的连轴转的忙碌之中。2010 年《回眸》出版应该说为自己的学术生涯画上了一个句号。但在我已进入耄耋快八十有四之际，心中禁不住又升起了重拾《耶拿逻辑》的愿望。这个转机是来自我的博士生何卫平教授知我曾打算译出《耶拿逻辑》，他是一个有心人，在德国做高访时特地给我带回一本 1986 年出版的英译《耶拿体系 1804—5：逻辑学和形而上学》的极为清晰的影印本。我一看内容即为《耶拿逻辑》的前两部分，我真是喜出望外！心中一闪，我不是已大体有了这两部分的初稿是否也就可以只译这两部分呢？我又从英译本的"引用书目"中发现有相同内容（即只有逻辑学和形而上学两部分）的法文译本（1980 年出版）和意大利文译本（1982 年出版）。有了这样的启发，我动心了，柳暗花明，我一下子有一种风雨过后见彩虹的感觉，真是无巧不成书，就这样办！我要拿出这样的《耶拿体系 1804—5：逻辑学和形而上学》中译本，我相信这是可行的。经过反复思考，2010 年 9 月

18 日清晨，我将这桩心事透露给尚未起床的肖静宁，我原以为她依我的身体状况和年龄太老不会同意我再搞翻译了，因为她看到我每搞事情总是把自己搞得太苦。谁知她更是激动不已，喜形于色，紧紧握住我的手，连声说，好，好！起床后就立即写给我一张卡片："听到杨工（从北大起她就是这样称呼我）愿拿出'耶拿逻辑'译本，我从清晨的薄雾中看到一缕阳光。有学问、有人品的人应该尽可能作出自己的贡献，能够实现自己的学术夙愿也是一种幸福。我将站在珞珈山上为呼之欲出的中译本翘首相盼，因为这也是我的心愿。2010-09-18"。有了她的这番深情的话语，我就更加底气十足了。远在异国他乡的子女也为高龄的父母的学术追求而感动和自豪，在日后总是关心着我的健康和译事进展。

肖静宁不是说说而已，随即粮草先行。在诺大的武汉大学校园来回奔忙：先到哲学学院资料室——再到校图书馆开通校园卡——再回到院资料室借来德文《黑格尔全集》第 7 卷（历史考订版）。现在实行规范化电脑管理只能借一个月，这次还书日期恰恰在元旦前一天的忙碌之际，肖静宁匆忙赶到院资料室要求续借，才知道不能续借，可以先还书，以后再借，或换一个卡再借，来不及了，她的卡还没有开通呢。于是肖静宁快步走到打印社复印下我所需要的部分，再抢在资料室就要闭馆下班时还了书。

我仍按照多年来的习惯做法，我拿着很清晰的《耶拿逻辑》复印本，第一件事是埋头读书，首先熟悉和理解书的主要内容，在理解其要点的基础上，写就一篇论文《黑格尔〈耶拿逻辑〉初探》，很快就在《哲学研究》发表了，最后一个注释说到希望自己在有生之年完成翻译此书的心愿，这无异于先期向学术界宣布了我正在进行的翻译工作，"开弓没有回头箭"，我只有一往直前尽快地拿出高质量的译稿了。

虽然在不同时期陆续积累了写在过去才有的七个练习薄上的"逻辑学"和"形而上学"初译稿，但当我正式开始对之修改时才发现，好些地方自己都不明白初译稿写了些什么，太不成型了。我这才意识到，这不是简单的"修改"的事，相当大的部分非逼着你重新译出不可。尽管此书的英译本对我的重译起了很大的参考作用，但这丝毫也不减少和减轻翻译所遇到的一些最大的困难和障碍。首先，青年黑格尔正处在思想形成的过程中，好些术语和概念尚未得到精确的制定，我要自己尽可能地找到合适的译法。其次，他的独特的思辨表达方式也正在摸索、试探过程中，令人难以捉摸，与我熟悉的黑格尔后期著作大相径庭，只有通过已有知识反观其含义。再者，特别是在逻辑学的内容上涉及我不熟悉，甚至不懂的高等数学如微积分、解析几何，以及有关物理学、化学等等自然科学的知识，要做到不犯或少犯常识性错误，也相当费思量，甚至搜索枯肠。我这才真正体会到贺麟先生叮嘱我的"翻译此书有一定的难度"这句话的分量。为了一个术语，为了一个句子不知要翻多少字典才能找到自认为恰当的表述。我以蚂蚁啃骨头的精神，以初译稿为基础一句一句、一段一段地推进。有时还是被卡住了，我反复自言自语："贺先生啊！把这么难的东西交给我"、"黑格尔老先生你究竟想说些什么？"这些都被耳朵尖的肖静宁听到了。有时我不禁冲着肖静宁喊："我都快哭出来啦！"在过去的译事中极少有这种体验。过去肖静宁对我的学术工作总是鞭策我先求成效，次求完美，看到这般情况她再也不催促我译事的进度了。她总是用贺先生话语的后半句"相信你能克服的"来安慰我，劝我走动一下，休息一下，并说你已经尽力了，如有不完善的地方自有后来学人会使之臻于完美的，你的开先河的中文首译本就算抛砖引玉吧！

　　经过"日出而作，日落而息"的不倦努力，2012 年的 3 月份已有了 10 万字的译稿。肖静宁开始为我将译稿打成电子文本，而婉言谢绝了人民出版社编审张伟珍女士曾向我打招呼可将手写原稿直接寄给她排印的善意。她说这样可以减少出版社的麻烦，《精神哲学》寄出的是手写原稿，不能老停留在那个水平，自己有条件就应该自己来做电子文本；这样可为以后看清样修改订正带来便利。其实在我看来最重要的是，她不是"照打不误"的打字员，她在打字过程中能及时发现和让我及时纠正一些不妥当的地方和难以避免的纰漏，这将对提高翻译质量发挥积极的作用。有一件事是令人难忘的，在打译文中她遇到有好几处数学方面的根号开方、分式、公式表述等"拦路虎"，她请教了物理学、数学、学报理科编辑，电脑高手都只是笼统地说要下载一个有数学公式的软件，具体问题仍然没有解决。在全书正文的翻译接近完成时，这个问题就变得更迫切了。意外的事情发生了，2012 年 6 月上旬，我的 96 岁高龄的亲家仙逝，女婿女儿从巴黎回武汉奔丧，女儿一下子就解决了肖静宁碰到的问题，她发现其实电脑中是有 Microsoft 3.0 公式的，没有具体操作过是不大会用的。女儿不仅解决了已有的问题，还让肖静宁举一反三地牢牢掌握了此公式的使用，在后来译文中遇到不同于前面的问题都能自如处理了。肖静宁说女儿从天而降是来救场的，是及时雨，这样译稿就完整了。我的继续翻译与她的打字大体上是同步进行的。她在我的完成的译稿的最后一页贴上了一个"2012-06-18"的标签，她在一周后就打完了，并在打印社出出全部纸质稿给我。我也快马加鞭，花了 12 天对着手稿进行编辑意义上的"校对"，还标明了德文原书的页码，经她在电脑上再订正，于 2012 年 7 月 7 日她就迫不及待地将电子文本发给了张编审。发出后我又对形而上学的一段正文作了校改，她订正后，次日又再校改了一次。她感到这一切好顺利啊。她觉得下一步我就可以集中精力拿出"译者导言"了。

但是，严格说来，上述的校对是以我的手稿为准进行的，那是远远不够的。当我利用电脑样本进行译者导言的写作时，发现译文还需要重新审核，于是又从头以历史考订本为准作了一次真正意义的全程校改，经电脑订正，这样我的"自译—自校"的翻译工作才算完成。2012 年 7 月 28 日肖静宁又第 3 次发出电子稿，并请删除前两稿。从这时起，我就全力投入"译者导言"的撰写了。按理说，经过几个回合，再次打出的样稿我也认可了，对内容也比较熟悉了，写导言应该是水到渠成的事。但是这一过程还是相当困难，其难度甚至于超过翻译，虽然难度的性质不同。"译者导言"是一项源于译文又超越译文的研究性的工作。其难点在于像黑格尔早期这样的"体系草稿残篇"它的价值和意义何在，怎样来把握内容结构的框架及其内在逻辑联系，特别是黑格尔的这第一个哲学体系与顶峰成熟时期的哲学之间的发展的内在轨迹。黑格尔的耶拿《逻辑学和形而上学》篇幅虽不太大，内容却非常丰富、深刻，具有后来哲学体系的雏形和根据。我在《论德国古典哲学的逻辑进程》一文中曾经说过，为了阐明德国古典哲学的逻辑进程，"人们必须有一个高出于他所考察的对象之上的视角和立足点。'人体解剖是猴体解剖的一把钥匙'（马克思语），每一个后来的哲学思想体系都是理解前一个思想体系的钥匙，每一种哲学的内在意义和思想价值，都只有在后来的哲学中才能得到深入的阐明和显示"。现在，我也应用马克思这一名言来努力发掘黑格尔早期思想和后来的逻辑学思想之间的联系。这也得益于我数十年来对黑格尔哲学的系统研究与领悟。近期论文《黑格尔〈耶拿逻辑〉初探》的基本观点也发挥了作用。

可以说写"译者导言"实际上就是我自己作为第一读者来认真读这个译本，其认真的程度不亚于读黑格尔的其他经典著作。我在肖静宁第三次双面打印并装订成册的译本上，依次在每页的空白处做了大量的摘记与心得批注，并标明与之相关的后期著作的书名和页码。用这种"笨办法"为自己寻找写作的根据，这一过程当然是很慢的。但对于我来说只能这样做，以求得对译本各部分及其相互之间的联系有一个全面贯通的理解和把握，也就是真正地消化其全部的内容。我的"译者导言"从本书的版本，对象、任务和使命，结构内容，历史意义四个方面展开论述。经过两个多月酷暑下的自我折腾和煎熬于 2012 年 9 月 18 日总算写出了两万四千余字的导言。肖静宁以最快的速度打出电子文本如期发送给出版社了。

回顾这一译事过程，正如肖静宁所说真是"如履薄冰"，在译事的关键时刻我还住院做了"白内障"手术，我的腰疾经常靠止痛片对付，在家中也是推着助行车而行。我毕竟是幸运的，因为最终我实现了自己的心愿。让我在这里深深地感激教育我、关爱我，把翻译黑格尔的《精神哲学》与《耶拿逻辑》的重担托付给我的恩师——九泉之下的贺麟先生吧！在这里我也要衷心地感谢关注我的译事进展，多方支持我的何卫平、郭齐勇、段德智、赵林、邓安庆、孙思诸位教授。最后，我要对人民出版社张伟珍编审给予的种种便利，为出版本书付出的辛劳与智慧致以最真挚的谢忱！

杨祖陶

于珞珈山麓

二○一二年九月二十五日

责任编辑：张伟珍
封面设计：王春峥
版式设计：马　龙

图书在版编目（CIP）数据

耶拿体系 1804—1805：逻辑学和形而上学 ／［德］黑格尔（Hegel, G.
　W. F.）著；杨祖陶　译.
　—北京：人民出版社，2012.12（2025.3 重印）
　书名原文：Jenaer Systementwürfte Ⅱ
ISBN 978－7－01－011519－1

Ⅰ. ①耶…　　Ⅱ. ①黑…　②杨…　　Ⅲ. ①黑格尔，G. W. F.（1770~1831）
　－逻辑学　②黑格尔，G. W. F.（1770~1831）－形而上学
　Ⅳ. ① B516.35 ② B81 ③ B081.1

中国版本图书馆 CIP 数据核字（2012）第 290204 号

耶拿体系 1804—1805：逻辑学和形而上学
YENA TIXI 1804-1805 LUOJIXUE HE XING' ERSHANGXUE

［德］黑格尔　著　杨祖陶　译

人民出版社出版发行
（100706　北京市东城区隆福寺街 99 号）

环球东方（北京）印务有限公司印刷　新华书店经销

2012 年 12 月第 1 版　2025 年 3 月北京第 3 次印刷
开本：880 毫米 × 1230 毫米 1/32　印张：11.5
字数：175 千字　印数：7,001－9,000 册

ISBN 978－7－01－011519－1　定价：46.00 元

邮购地址 100706　北京市东城区隆福寺街 99 号
人民东方图书销售中心　电话：（010）65250042　65289539